대한민국 자존감을 높여주는 인문여행작가
오동석, 김용호의 박물관 스토리텔링

나는 박물관 간다

글 **오동석, 김용호**　　사진 **오동석**

상생출판

필자는 인터넷카페와 밴드
그리고 소셜네트워크(SNS)를 통해
우리 역사에 관심이 많은 분들과 함께
국립박물관을 비롯한 여러 박물관 및 경복궁 투어를
다년간 진행해 오고 있습니다.

2

　박물관에 갈 때마다 소규모 그룹의 아이들이 선생님을 따라서 박물관 투어하는 모습을 보곤 합니다. 그런데 시대별로 나누어진 기계적인 설명에 아이들이 흥미를 잃기도 하지만 설명이 아쉬운 부분도 많습니다. 그동안 박물관 투어를 하면서, 내용의 흐름이 끊어지지 않으면서 재미있게 설명할 수 있는 방법이 무엇일까를 고민해왔습니다. 여러 가지 실험적인 과정을 통해 도출된 결론 중 하나가 한민족 역사가 낳은 세계 최고의 유물들을 박물관에서 만나게 하는 것입니다.

　일만년 가까이를 이어온 세계 최고의 우리 문화유산에는 신기한 이야기들과 역사의 발자취가 고스란히 담겨있습니다.

　박물관에는 수많은 유산들이 있지만 이 책은 우리나라 박물관에 있는 세계 最古와 세계 最高 문화유산에 대한 이야기입니다.

울산에 가면 세계에서 가장 오래된 고래잡이 모습이 새겨진 암각화가 있습니다. 그 암각화를 만들었던 신석기시대에 우리 선조들은 세계에서 가장 오래된 배와 세계에서 가장 오래된 빗살무늬 토기를 만들었습니다. 또한 세계에서 가장 오래된 농경문화 밭유적과 가장 오래된 볍씨도 남겼습니다.

전세계에 고인돌이 6만여 기가 있는데 그중 우리나라에만 4만여 기가 있습니다. 고인돌을 비롯해서 피라미드형 무덤 등 우리는 돌무덤의 민족이라 할 만큼 다양한 돌무덤을 가지고 있습니다. 그런 돌무덤에서 우리 민족만이 유일하게 만들었던 불꽃 형상 청동검(고조선식 또는 비파형 청동검)이 출토되었습니다. 또한 자세히 보지 않으면 지나치기 쉬운, 선형미의 극치를 보이는 청동거울도 나왔습니다. 지금 기술로도 만들기 어렵다는 미세한 문양의 청동거울 "다뉴세문경"은 정말 놀라움 그 자체입니다. 그리고 우리나라에서만 출토된 8개의 가지가 달린 방울 즉, 8주령이 있습니다. 이런 유물들은 광명을 숭상했던 우리 문화의 중요한 면을 보여줍니다.

또한 수천 년된 고인돌 상판에는 별자리 그림들이 새겨져 있습니다. 세계에서 가장 오래된 별자리 그림이 있음은 물론이거니와 당시 정확한 관찰을 통해 새긴 별자리 그림으로 판명되었습니다. 별자리 중에는 특히 북두칠성이 반드시 있습니다. 북두칠성을 숭배하는 오랜 문화는 고구려-고려-조선에까지 이어져 천상열차분야지도를 탄생시켰습니다. 고구려 때 그려진 천상열차분야지도는 눈으로 볼 수 있는 모든 별자리를 다 그린 천문도로는 세계에서 가장 오래되었습니다. 천상열차분야지도의 중심에는 하늘의 명당이 그려져 있습니다. 자미원 또는 자미궁이라고 하는 이 명당엔 천신(상제 또는 옥황상제)이 기거하면서 하늘을 다스린다고 믿어왔습니다. 옥황상제는 북두칠성이라는 수레를 타고 4계절 동안 온 우주를 돌아다니면서 우주를 다스렸는데 이를 '칠정'이라고 합니다. 옥황상제의 명을 받은 하늘의 아들(천자 또는 황제)이 지상의 명당에 궁전을 만들어서 지상세계를 다스리는 것을 정치라고 합니다. 경복궁이 대표적으로 하늘의 명당을 땅에 구현했던 궁전으로 천상열차분야지도에 그려진 대로 만들어졌습니다. 즉 음양오행의 원리에 따라 만들었고 각 전각의 명칭과 문도 음양오행의 원리에 따라 이름을 붙였습니다. 그러다 보니 경복궁을 좀더 들여다 보면 하늘에서 파견 나온 동물들로 가득합니다. 대표적으로 동쪽의 청룡, 서쪽의 백호, 남쪽의 주작, 북쪽의 현무 그리고 중앙의 황룡이 있습니다.

또한 우리 선조들은 오래 전부터 다양한 분야에서 우수한 문화를 창조해왔습니다. 고구려 등자, 개마무사, 고려의 금속활자, 비단 등 이런 문화들이 전세계로 뻗어나가 세상 곳곳에 남아있기도 합니다. 세상의 학자들이 부러워하는 한글도 만들어냈습니다.

얼마 전 '도깨비' 드라마가 큰 인기를 얻으면서 도깨비 문화가 다시 조명을 받고 있습니다. 도깨비 문화는 우리나라에서 쉽게 접할 수 있는 문화입니다. 도깨비는 고대 세계에 불패의 신화를 이룩하며 '전쟁의 신'으로 불렸던 배달국 14대 자오지 환웅에게 별칭으로 붙였던 이름입니다. 전쟁의 신으로 추앙받던 자오지 환웅을 '치우천황'이라고도 하고 '치우'라고도 부르는데, 이 도깨비 문화가 유럽과 남미까지 그 흔적이 남아있음을 발견할 수 있습니다.

또한 우리는 세계에서 고대 금관을 가장 많이 가지고 있는 나라이기도 합니다. 현존하는 전세계 12개의 금관 중 무려 10개를 보유하고 있습니다. 고구려, 신라, 가야는 고조선에서 이어져 내려온 나라들이므로 비슷한 사상을 각기 금관에 담았습니다. 신라의 금관에는 가장 해석이 어렵다는 곡옥(굽어있는 옥)이 주렁주렁 달려있습니다.

우리는 오래전부터 옥을 소중히 여겨왔기 때문에 최고를 나타내는 표현에는 항상 '옥'이라는 글자를 붙여왔습니다. 후손이 귀한 집에서 태어난 아이를 옥동자, 고운 여성의 손을 섬섬옥수, 좋은 피부를 가진 여성에게 백옥같다 하고, 임금의 몸을 옥체, 임금이 앉는 의자를 옥좌, 임금의 도장을 옥새, 천상의 가장 높은 신을 옥황상제, 하늘의 수도를 옥경이라 하는 등 매우 다양합니다.

이외에도 박물관에는 무수히 많은 이야기 거리들이 존재합니다.

박물관을 다니다 보면 우리 선조들은 밝음 즉 하늘의 광명(光明)을 숭상했음을 인식하게 됩니다. 하늘을 다스리는 옥황상제의 명을 받들며 지상세계에서 살려고 했기 때문에 하늘의 중심인 북두칠성이 지상에서 칠성문화로서 자리잡게 되었습니다. 또한 하늘이 움직이는 이치를 지상의 문화에 적용하여 음양오행의 원리에 따라 살았던 흔적들이 많이 남아있습니다. 대표적으로 풍수가 그러하고 오신도가 그려진 무덤과 거울, 도자기, 일월오봉도 등이 있으며 대한민국의 상징인 태극기에도 있습니다. 의식주의 거의 모든 부분이 오행과 연관이 있으며 우리 몸을 구성하는 오장육부를 다스리는 것도 오행의 원리로 풀이하고 치유했습니다.

결론적으로 박물관의 수많은 유물들이 우리에게 이야기 하고자 하는 것은 상제문화, 천자문화, 음양오행 그리고 광명문화입니다.

우리는 과거를 석기시대, 청동기시대, 철기시대로 기계적으로만 구분하는 경향이 있습니다. 돌을 다듬어서 쓰던 석기시대, 청동기로 도구를 만들어 쓰던 시절은 정말로 미개하고 원시적인 수준이었을까요? 비행기를 타고 날아다닌다고 해서 우리가 문명화되고 고차원적 삶을 살고 있는 것일까요? 고대 사람들은 비록 우리들처럼 인터넷이나 스마트폰은 없었지만 체계를 갖춘 독창적인 사상과 철학의 정신문화를 형성하며 불편함 없이 살아왔습니다. 그 오랜 정신문화의 토대 위에 지금 이 순간 우리는 한민족만의 특징을 세계 속에 표출하면서 '한류'라는 이름으로 사랑받고 있습니다.

항공기 1등석을 이용하는 상위 1~2% 사람들은 독서를 많이 하는데 주로 역사책을 읽는다고 합니다. 역사를 통해서 가장 많은 것을 배울 수 있기 때문이기도 하지만 전세계 경제를 이끄는 사업가들이 해외에서 자사상품을 판매하려면 그 나라의 문화를 알아야 하기 때문입니다. 문화란 역사의 다른 말이라고도 할 수 있습니다. 사람들이 먹고 자고 입고 행동하고 향유하는 모든 것들이 역사의 산물이기 때문입니다. 그래서 역사를 알면 세상과 그 나라를 가장 빨리 알 수 있습니다.

실제로 우리나라를 찾는 많은 외국인들은 국립민속박물관, 국립중앙박물관, 국립경주박물관, 국립고궁박물관, 전쟁기념관, 경복궁, 창덕궁, 덕수궁, 종묘 등 박물관과 고궁을 가장 많이 방문한다고 합니다.

글로벌 경쟁시대에 문화에 대한 지식과 이해도는 곧 개인과 기업의 번영과 발전을 위해 중요한 요소가 되었습니다. 그러나 해외를 알기 전에 우리 것을 먼저 아는 것이 매우 중요합니다. 내 것을 모르고 해외문화만 안다면 이는 반쪽도 안 되는 지식에 불과합니다. 우리 역사를 알면 외국에 영향을 주었던 우리문화가 무엇인지 알 수 있으며, 우리 것과 유사한 외국 문화재에 대해 그들의 역사와 우리의 역사를 비교하면서 세상을 좀더 폭넓게 이해할 수 있습니다.

이런 흐름에 편승하여 최근 역사를 소재로 다루는 신선한 TV프로그램들이 다시금 생겨나고 있습니다.

역사를 아는 가장 일반적인 방법은 책을 통해서이지만, 박물관에 가보면 역사를 보다 생생하게 이해할 수 있고, 더욱 쉽고 재미있게 우리의 과거를 들여다 볼 수 있습니다.

7

그래서 우리 유물 속에 담겨있는 깊고 놀라운 스토리텔링을 끄집어내어 먼저 우리가 알고, 나아가 세계적인 이야기 거리로 만들어야 할 것입니다.

끝으로 이 책이 나오기까지 자료를 모으는데 많은 도움을 주신, '한류열풍사랑'을 운영하고 있는 박찬화님께 감사를 드립니다. 책의 내용을 쉽게 이해할 수 있도록 여러 가지 도안을 제작해준 이 책의 공동저자 김용호님의 부인이신 한혜선님에게도 깊은 감사를 드립니다.

2018년 3월

오 동 석

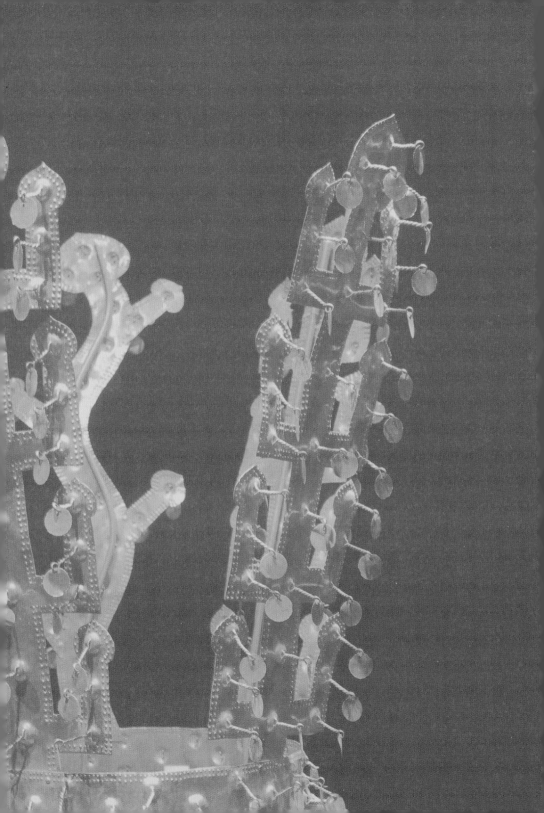

나는 박물관 간다

PART

01

찬란한
황금왕관의 나라

현존하는 전세계 황금왕관 12개 중 10개를 만든 나라

국립중앙박물관 전시관을 걷다가 어두운 조명 아래 신라 금관을 만나게 되면 누구나 감탄을 하며 한동안 자리를 뜨지 못합니다. 황금의 화려함과 독특한 디자인은 사람을 붙잡아두는 매력이 있습니다.

박물관에서 금관에 대한 이야기를 할 때면 꼭 이런 질문을 합니다. "전세계에는 고대 금관이 12개 있습니다. 그중에서 한국에는 몇 개나 있을까요?" 처음 듣는 질문에 대답이 제각각이지만, 우리나라가 10개를 가지고 있다고 하면 다들 놀라곤 합니다. 10개의 금관 중 신라 금관이 7개, 가야 금관이 2개, 고구려 금관이 1개입니다. 전세계 금관 12개 중 10개가 우리 것이라는 사실은 우리나라가 금관의 종주국으로 아주 특별한 나라임을 의미합니다.

그림 1-1 경주 황남대총(황남 큰 무덤) 북분에서 출토된 금관 / 山자 모양 세움장식이 3단이고,
초록빛 곡옥이 주렁주렁 달려 화려함을 더해준다.(국립중앙박물관)

그림 1-2 경주 황남대총 금관 측면모습(국립중앙박물관)

전세계에 금으로 장식된 왕관은 많습니다. 우리의 금관들보다 늦은 시기에 만들어졌지만 오스트리아 빈에 있는 신성로마제국 황제의 관, 덴마크 왕관, 스웨덴 왕관, 영국 왕관 등 다양한 왕관들이 있습니다. 그러나 우리의 금관과 여러 면에서 다릅니다. 우리의 금관은 순금을 사용했고 왕이 살아있을 때 사용하다가 사망하면 같이 묻었습니다. 반면에 서양의 왕관은 금을 비롯한 다양한 금속과 보석을 첨가했으며 왕이 죽으면 대물림했습니다.

우리의 금관이 순금으로 만들어졌기 때문에 내구성이 떨어지므로 무덤의 부장품으로 사용되었다는 주장도 있습니다. 하지만 금관을

그림 1-3 오스트리아 빈의 샤츠캄머 박물관에 보관되어 있는 10~11세기 신성로마제국 황제의 관

자세히 살펴보면 금관의 가장자리에 작은 홈이 촘촘하게 나있는데, 이 홈 덕분에 금관이 찌그러지지 않고 형태를 유지할 수 있습니다.

세계의 고대 금관

- 신라(7개) : 황남대총 금관, 금관총 금관, 서봉총 금관, 천마총 금관, 금령총 금관, 전(傳) 교동 금관, 호림 금관
- 가야(2개) : 전(傳) 고령 금관, 전(傳) 창녕 금관(오구라 금관)
- 고구려(1개) : 전(傳) 강서군 금관
- 그 외(2개) : 중앙아시아 아프가니스탄의 틸리아 테페 금관, 흑해 북쪽 로스토프 지역 출토 사르마트 금관

02

찬란한 황금의 도시, 경주

신라 금관은 경주에 있는 금관총, 금령총, 황남대총, 천마총, 서봉총, 교동에서 발굴되었습니다. 호림미술관에도 신라 금관 한 점이 소장되어 있는데, 이것은 호림 금관이라고 불립니다. 호림 금관은 신라 것으로 보는 관점과 가야의 것으로 보는 두 가지 관점이 있습니다. 호림 금관의 외형이 전(傳) 교동 금관과 유사하여 두 금관을 신라시대 초기의 것으로 보는 시각이 우세하므로, 이 책에서는 호림 금관을 신라 금관으로 소개하겠습니다.

신라, 가야 모두 무덤에서 금관이 출토되었고, 백제는 무령왕릉에서 금관꾸미개가 출토되었고, 고구려도 1개의 금관이 있습니다.

경주에는 아직도 발굴되지 않는 무덤들이 많이 있습니다. 문화재

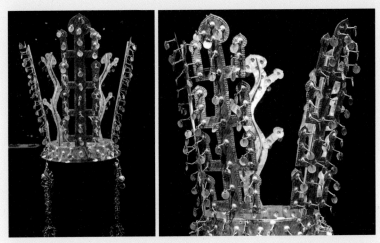

그림 1-4 금령총 금관 / 山자 모양 세움장식이 4단이고, 곡옥이 없다.(국립중앙박물관)

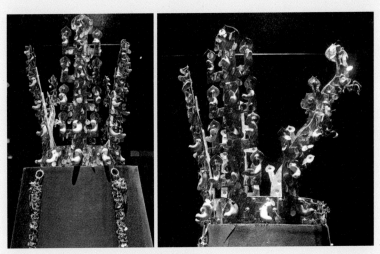

그림 1-5 천마총 금관 / 山자 모양 세움장식이 4단이다.(국립경주박물관)

그림 1-6 금관총 금관 / 山자 모양 세
움장식이 3단이다.(국립경주박물관)

그림 1-7 전(傳) 교동 금관 / 나뭇잎 모양 달개장식이 신라 금관과 동일하다.(국립경주박물관)

그림 1-8 서봉총 금관 / 山자 모양 세움장식이 3단이며 밝은 곡옥이 달려 있고 뒷부분의 세움장식 끝에는 봉황이 달려있다.(국립중앙박물관)

발굴이 진행된다면 금관은 더 늘어날 수 있을 것으로 보고 있습니다. 더욱이 일제강점기에 일본인들이 우리 땅에서 발굴 혹은 도굴한 금관을 입수한 전례도 있기 때문에, 아직 드러나지 않은 것까지 다 밝혀지면 우리의 금관 개수는 더 늘어날 수 있습니다.

신라 금관 7개를 제외하고 나머지 3개 중 2개는 가야 금관이며 1개는 고구려 금관입니다. 가야 금관은 삼성미술관 리움에 있는 전(傳) 고령 금관과 일본인이 소장하고 있는 전(傳) 창녕 금관입니다. 전(傳) 창녕 금관은 이 금관을 매입한 일본인 오구라의 이름을 따서 오구라 금관이라고도 불립니다. 오구라는 일제시대 때 도굴된 다양한 우리 문화재를 수집한 인물로 유명합니다. 약탈된 우리 문화재들은 오구라 컬렉션이란 이름으로 오구라의 아들이 도쿄국립박물관에 기증하였습니다. 국립중앙박물관에는 일본에 있는 전(傳) 창녕 금관의 복제품이 전시되어 있습니다.

그런데 창녕 금관과 고령 금관, 강서군 금관의 이름 앞에 '전(傳)'이란 글자가 붙은 것이 특이한데요, 유물이 도굴되어 정확한 출토지를 알 수 없을 때 출토지로 추측되는 곳에 '이곳이 출처로 전해진다'는 의미로 전(傳) 자를 붙이고 있습니다. 출토지를 추측할 수 없을 때는 유물을 소장하고 있는 지역의 이름을 붙입니다. 창녕이나 고령, 강서군 금관은 각각 그 지역을 출토지로 보기 때문에 그렇게 이름이 붙여진 것입니다.

가야의 금관들은 신라 금관의 화려함에 비해서 작고 단순해 보이지만, 신라와 구별되며 가야의 특징을 고스란히 보여주는 매우 중요한 황금 유물입니다. 전(傳) 창녕 금관(오구라 금관)은 넓은 관테 위에 길쭉한 풀잎 모양의 세움장식이 두 개씩 총 4개가 세워져 있고 중

그림 1-9 국립중앙박물관에 소장되어 있는 금관 가야의 전(傳) 창녕 금관(오구라 금관) 복제품 / 신라 금관의 세움장식과는 다르게, 가운데는 양파 같은 모양이고 옆은 풀잎이 서 있는 것과 같이 표현했다.

앙에는 양파 혹은 스페이드(♠) 모양의 세움장식이 있습니다. 세움장식에는 달개가 매달려 있습니다. 삼성박물관 리움에 있는 전(傳) 고령 금관의 경우 비교적 넓은 관테 위에 끝이 뾰족한 풀꽃 모양 세움장식 네 개가 세워져 있으며, 관테에는 곡옥이, 세움장식에는 달개가 달려있습니다.

서봉총 금관 이름의 유래

● 현재 사용하는 금관들의 명칭은 금관 주인이 누구인지 모르기 때문에 임의로 붙인 것입니다. 주인이 누구인지 안다면 '누구의 왕관'이라 할 수 있을 것입니다. 금관 이름은 출토지를 딴 것이 많습니다. 그러나 금관들 중에 서봉총 금관은 좀 다른 방식으로 이름이 지어졌습니다.

서봉총은 경주에 있는 고분으로, 이 고분의 이름이 서봉총이 된 데에는 다소 황당한 배경이 있습니다. 서봉총은 일제강점기인 1926년에 발굴되었는데, 당시 일본에 와있던 스웨덴의 구스타프 황태자가 경주로 와서 직접 발굴에 참여했기 때문에, 스웨덴의 한자표기 '서전(瑞典)'의 '서(瑞)'자와 금관에 있는 봉황(鳳凰)에서 '봉(鳳)'자를 따와서 서봉총이라 한 것입니다. 유서 깊은 고분의 이름을 이렇게 짓다니, 지금으로서는 황당한 일입니다. 무덤 주인을 밝히지 못하더라도 서봉총과 서봉총 금관이란 이름만큼은 바뀌어야 한다고 생각합니다.

03

신라 황금왕관, 신단수를 형상화하다

필자가 처음 신라 금관을 만났을 때 화려하면서도 독특한 모양에 넋을 잃고 들여다보면서 저 형상에 어떤 의미가 숨어 있을까 하고 궁금해했습니다. 나무처럼 솟은 세움장식은 산(山)이란 글자처럼 보이기도 하고 사슴 뿔처럼 보이기도 합니다. 세움장식에 달린 달개는 나뭇잎 같기도 합니다. 신라인들은 왜 이런 형태의 금관을 만들었을까요?

임재해 안동대학교 민속학 교수는 2008년도에 출판한 〈신라 금관의 기원을 밝힌다〉에서 신라 금관의 형상을 '나무'라고 소개하였습니다. 단순히 모양 때문에 나무와 닮았다고 한 것이 아니라, 신라 사람들의 신화와 문화를 통해 금관의 형태를 설명하고 있어서 좀더 설득력 있게 다가옵니다.

임재해 교수는 먼저 신라인들의 뿌리를 이야기합니다. 신라가 삼한 중 진한 유민들이 이주해서 만든 여섯 마을로부터 출발했음에 주목했습니다. 그리고 신라 김씨 왕의 시조 김알지의 탄생설화에 '계림'이라는 신비로운 숲이 등장하는 것을 강조합니다. 계림(鷄林)이란 신성한 닭이 우는 숲이란 의미로, 여기서 발견된 알에서 김알지가 태어났다고 합니다. 한동안 신라는 국호를 계림으로 사용하기도 했습니다. 따라서 신라 금관은 신라 탄생설화에 등장하는 계림의 나무를 형상화했다는 것입니다. 고조선 이래로 우리 선조들은 마한·진한·변한의 삼한(三韓)과 부여, 옥저, 동예 등의 나라를 이루고 살았습니다. 신라인들도 고조선의 전설과 신화를 간직하고 있었고, 환웅이 신단수(神檀樹) 아래 신시(神市, 신의 도시)를 세우고 배달국을 열었다는 전승을 간직해왔습니다. 따라서 신라인들에게 계림이라는 성스러운 나무와 숲은 중요한 상징이었습니다. 이러한 중요한 상징이 신라 왕관에 표현되는 것은 너무도 자연스러운 결과라고 생각됩니다. 신라 금관은 '신라는 단군의 후예다! 고조선으로부터 전통을 이어받았다'는 확고한 의지의 표현이라 할 수 있습니다.

금령총 금관의 세움장식을 보면 수직으로 굵고 곧게 솟은 나무를 단순화한 모양이 하늘을 향해 뻗어나가고 있습니다. 그리고 그 나무의 줄기와 가지에는 나뭇잎같은 원형 달개가 달려 있으며, 가지 끝의 스페이드 마크(♠)처럼 생긴 것은, 움(풀이나 나무에 새로 돋아나오는 싹)을 표현한 듯합니다.

신라 금관을 만든 사람들은 누구일까?

● 신라초기에는 박씨, 석씨, 김씨 3세력이 번갈아 왕을 했으며, 그중 김씨 세력이 왕일 때 제작된 것이 우리가 현재 접하고 있는 신라 금관입니다.

신단수란?

신단수(神檀樹)는 전세계 신화 속에 나오는 세계수(世界樹, The Tree of the World), 우주나무(宇宙木), 생명나무(hometree)와 같은 신성한 나무를 상징합니다. 우리 민족은 하늘에 제사를 지내기 위해 소도를 정하고 그곳에 나무를 심었는데, 가장 큰 나무를 신단수로 삼았습니다. 신단수는 하늘과 통하는 매개체로 여겨졌습니다. 신단수가 있는 소도에 경당이라는 학교를 세워 결혼하지 않은 사람들에게 책읽기, 활쏘기, 말타기를 가르쳤다고 합니다. 소도문화는 후대에까지 이어져 솟대로 전해 졌습니다. 기다란 장대 끝에 기러기가 앉아있는 모양의 솟대는 신단수와 같은 의미의 상징물입니다.

솟대는 일본에 전파되어, 사찰 앞에 세우는 '도리이'가 되었습니다. 일본 외에 해외에서도 신단수 문화가 남아있는 곳들이 있습니다. 이슬람 문화권에서는 가장 신성한 장소인 이슬람 사원 안쪽에 나무를 심고 코란학교인 마드라세(다양한 학문을 가르치는 대학교)를 만들어서 후학들을 키웠습니다. 러시아 사하공화국 에벤키족들에게도 솟대문화가 있습

오월기둥 (좌)오스트리아 빈 쇤부룬 궁전 옆 히칭 (우)오스트리아 린츠

니다. 또 전세계적으로 매년 5월 1일에 솟대와 같은 나무기둥인 오월기둥(Maypole) 아래서 우리의 정월대보름 축제와 같은 행사를 합니다. 오월주(Maypole)는 생명이 춤추는 봄의 절정인 5월 1일부터 한 달 간 세워두는데, 북반구와 남반구의 많은 나라들이 공통적으로 이런 기둥을 세우고 행사를 엽니다.

그 기둥 아래서 매년 5월 1일이 되면 마을의 청춘남녀들이 모여서 메이폴 춤을 춥니다. 메이폴 춤은 기둥 꼭대기에서부터 내려온 여러 가닥의 긴 리본을 남녀들이 둘러서 잡고 서로 반대방향으로 돌면서 매듭을 만들어가며 추는 춤입니다. 매듭들이 점점 꼬이게 되고 더 이상 꼬지 못하게 될 때 남녀가 한쌍씩 짝이 지어집니다. 이것은 봄에 선남선녀들이 짝짓기를 하는 중요한 의식이었습니다. 마을 사람들은 누가 결혼하고 누가 아이를 갖게 되는지도 알게 되었다고 합니다. 지역에 따라서 영국과 미국같은 곳은 오월의 여왕(May Queen)을 선발해서 왕관을 씌웠습니다. 유럽의 여러 나라 중에서 특히 독일의 남부 바이에른주와 오스트리아에선 더 이색적인 모습을 보이기도 합니다. 오월의 댄스가 끝나면 오리 탈을 쓴 청년 한두 명이 오리처럼 꽥꽥 소리를 내며 마을 사람들 사이를 돌아다니면서 큰 원을 그리며 껑충껑충 춤을 추는데 이는 오리가 놀 수 있을 만큼 연못에 비를 많이 내려주길 천둥 신에게 기원하는 행위입니다. 그래서 목초지가 잘 자라고 곡식과 콩들이 잘 자라게 해달라는 의식입니다.

서양학자들은 매년 5월 1일에 세워지는 기둥에 대해서 신의 남근이 내려와 땅의 여신과 결합했음을 뜻한다고 이야기합니다. 하늘과 땅의 결합을 통해 만물이 태동하고 땅에서 곡식이 잘 자라게 된다는 의미와 상통합니다. 때로는 기둥에 빨간색 리본과 흰색 리본이 나선형으로 감겨 있는 기둥을 세우기도 하는데 빨간색은 여성의 월경을 상징하고 흰색은 남성의 정액을 상징합니다. 이는 천둥오리 또는 기러기가 앉은 우리의 솟대에서 행하던 의식과 같습니다. 우리나라는 정월대보름날 솟대

27

아래서 동네제사를 지내며 마을의 안녕과 풍년을 기원하는 축제를 열었습니다. 정월대보름을 설과 같은 중요한 명절로 여겼으며 매년 가장 많은 행사를 합니다. 오곡밥 먹기, 부럼 깨기, 귀밝이술 마시기, 달맞이, 지신밟기, 놋다리밟기, 하회별신굿, 달집 태우기, 쥐불놀이, 사자놀이, 용궁맞이, 줄다리기, 차전놀이, 더위팔기, 액막이연 날리기, 보름새기, 소밥주기, 까마귀밥, 널뛰기, 연날리기 등을 했습니다.

　　서양에서 솟대 또는 신단수 역할을 했던 또 다른 형태로 염주나무(린덴바움Lindenbaum)가 있습니다. 슈베르트가 불렀던 가곡 보리수가 바로 린덴바움(Lindenbaum)입니다. 이 나무는 봄에 돋아난 잎사귀 가운데서 작은 열매가 여러 개 열리는데 이것이 단단해지면 따다가 염주 또는 묵주를 만듭니다. 슬라브 민족은 염주나무를 리파(Lipa)라고 부르지만 라임(Lime), 린덴(Linden) 등 부르는 이름이 다양합니다. 거의 모든 슬라브 민족은 염주나무를 신성하게 여겨 왔으며 지금도 리파(Lipa)와 관련된 이름들이 많이 있습니다. 현재 염주나무는 체코공화국, 슬로바키아, 슬로베니아와 루사티아(Lusatia, 폴란드, 독일, 체코의 국경에 있는 지방)의 상징나무이기도 합니다. 폴란드선 '염주나무'라는 뜻을 가진 마을이 많이 있습니다. 크로아티아의 화폐 단위인 쿠나 아래 단위가 리파(Lipa, 보리수)이기도 합니다. 또한 크로아티아에서 6월을 염주나무라 하고 폴란드와 우크라이나선 7월을 염주나무라고 합니다. 그리고 독일의 도시 라이프치히(Leipzig)는 그 어원이 '염주나무가 서있는 곳'이라는 의미를 가진 리프스크(Lipsk, 루사티아 지방 슬라브 언어)에서 왔습니다. 슬라브언어권 동방정교 세계에선 염주나무판에 아이콘(이콘, 성인의 모습을 그린 그림) 그리기를 선호합니다. 또한 슬로베니아 남쪽의 '작은 염주나무'를 의미하는 리피차(Lipica) 마을은 세계 최고의 명마 리피짜너(Lipizzaner)를 키우는 곳입니다. 많은 이들이 그 말을 보려고 방문하기도 합니다.

유럽에서 신단수의 역할을 하는 오스트리아 시골마을의 염주나무(린덴나무)

발틱(Baltic)지역에선 운명의 여신 라이마(Laima)가 염주나무에 살면서 아이를 낳고, 결혼하고, 죽는 문제를 관여한다고 믿었습니다. 이런 이유로 리투아니아 여인들은 염주나무에 재물을 올리고 복을 빌었습니다. 나무를 경배하고 사람처럼 여겨서 대화를 나누었습니다. 그러면 여신은 뻐꾸기의 모습으로 나타나 여인들의 소원에 답을 했다고 합니다. 마치 우리의 서낭당(西娘堂) 나무에 삼신이 살면서 아이를 점지해주고 복을 내려주는 것과 매우 유사합니다.

독일에서도 염주나무는 기독교 이전까지 매우 신성한 나무로 여겨졌습니다. 슬라브 민족과 마찬가지로 나무 아래 모여서 춤을 추면서 축제를 열기도 하고, 마을에서 일어나는 사건을 처리하기 위해 모이기도 했습니다. 사람들은 보리수 나무가 진실을 밝혀준다고 믿었기 때문입니다. 심지어 기독교가 들어온 이후에도 보리수는 마을의 중대사를 결정하는 법정같은 역할을 했습니다. 이때 염주나무를 '법정나무'라 불렀으며 주로 마을 공터에 심었는데 18세기 계몽주의 시대때까지 풍습이 이어졌습니다. 마을 중심에 심어진 나무는 '댄스 린덴(Dance Linden)'이라 했고 그곳에서 축제를 했습니다. 베를린의 유명한 거리 '린덴 나무 아래'(운터 덴 린덴, Unter den Linden)는 린덴나무 가로수 길로 오래전 축제를 했던 곳입니다. 독일 민속에선 린덴나무를 '연인들의 나무'라고 합니다. 독일의 문학작품 '리벨룽겐의 반지'에서 지그프리드가 용의 피로 목욕을 해서 어떤 무기에도 끄떡 없는 강철 몸이 되지만 목욕할 때 린덴나무 잎사귀가 등에 붙었던 곳엔 용의 피가 묻히지 않아서 그 곳에 화살을 맞고 죽는다는 이야기에도 린덴나무가 등장합니다.

과거로 더 거슬러 올라가면 그리스 서사시인 호머와 로마시대 유명 시인들도 이 염주나무의 미덕에 대해서 언급했습니다. 스키타이 점쟁이들은 염주나무 잎사귀를 가지고 다녔고, 그리이스 신화에 나오는 인물 중 린덴나무로 변했다는 인물들이 등장하는데 대표적으로 카이런(반인반마의 켄타로우스의 하나)의 어머니는 카이런을 낳고 린덴나무로 변했다고 합니다. 이처럼 염주나무는 아주 오랫동안 회자되거나 신성시 해왔던 나무입니다.

신단수같은 역할을 했던 또 다른 것으로 이집트의 오벨리스크를 뺄 수 없습니다. 오벨리스크는 이집트 신화에서 오시리스의 남근을 상징합니다. 이집트를 이끌던 가장 유명한 신들 중 '오시리스, 이시스, 세티' 3형제가 있었습니다. 오시리스는 이시스와 결혼했습니다. 오시리스는 비옥한 하이집트를 다스리고 세티는 돌산이 많은 상이집트를 다스리는데 상하이집트의 통합 왕이 되려했던 세티가 계획적으로 오시리스를 죽입니다. 이시스가 남편의 시신을 찾아왔지만 세티가 시신을 14조각 내서 사방에 뿌렸는데 나일강 물고기가 삼킨 남근을 제외하고 다 찾았습니다. 하늘에게 이 사실을 고했더니 신은 너의 남편의 남근을 닮은 기둥을 세우라고 했습니다. 이시스는 이집트 전역에 남편 오시리스의 남근과 닮은 기둥을 세웠는데 이것이 오벨리스크가 생기게 된 신화입니다.

오벨리스크 기둥은 하나의 돌로 만들어졌습니다. 이집트의 신 오시리스의 남근을 상징하는 기둥으로 태양신이자 곡물의 신인 오시리스의 기둥 아래서 농사가 잘되기를 기원했습니다. 결국 풍요의 상징이 되기도 하는데 조상님 또는 선지자를 의미하기도 합니다. 그래서 이집트인들은 오벨리스크 아래서 오시리스 신을 경배하고 축제를 했다고 합니다. 그리고 오시리스는 태양의 신이기 때문에 오벨리스크 가장 위 뾰족한 부분은 황금으로 칠을 해서 해가 뜰 때 가장 먼저 빛이 비치게 했습니다.

이집트의 전통에 따라 유럽 각국에서 가장 주요한 공공장소에 세워진 오벨리스크는 지금도 신성한 의미를 부여하고 있습니다.

서있는 이집트 오벨리스크는 총 28개인데 이집트에는 단 6개 밖에 없으며 나머지는 이탈리아, 프랑스를 비롯한 전세계에 있습니다. 미국 워싱턴에 있는 초대 대통령 워싱턴 기념비인 오벨리스크는 세계에서 가장 큽니다. 워싱턴은 프리메이슨의 그랜드 마스터이기도 했지만 그는 스스로를 '살아있는 돌(Living Stone)'이라 했습니다. 미국을 만드는데 초석이 되겠다는 뜻이었습니다. 워싱턴 오벨리스크가 그의 생식기를 의미하는 것은 워싱턴이 미국의 아버지라는 의미가 됩니다. 그래서 워싱턴 기념비(오벨리스크)에는 워싱턴을 기리는 문구들이 새겨 있습니다.

이집트 룩소의 카르낙 신전에 있는 오벨리스크

신분에 따라 차등을 두었던
복식문화

고구려, 백제, 신라, 가야가 있던 사국시대는 강력한 신분제도가 있었습니다. 복식문화는 고대에서부터 조선시대까지도 신분에 따라 차등이 있었기 때문에 관모에서부터 평상복까지 달랐습니다. 신라, 가야고분에서 발굴된 순금제, 금동제, 은제 관모들은 신분에 따라 다르게 썼음을 알려줍니다. 즉 당시 왕과 왕비는 금관을, 제후들이나 유력한 지방 권력자들은 금동관을, 그보다 낮은 고위 신분층은 은제 관모를 사용했을 것입니다. 이것은 신라, 가야뿐만 아니라 고구려, 백제도 크게 다르지 않았습니다. 상명대학교 박선희 교수는 자신의 저서인 〈고구려 금관의 정치사〉에서 고구려는 소수림태왕 때부터 금관을 사용했을 것으로 추정했습니다. 동시대에 백제는 가장 전

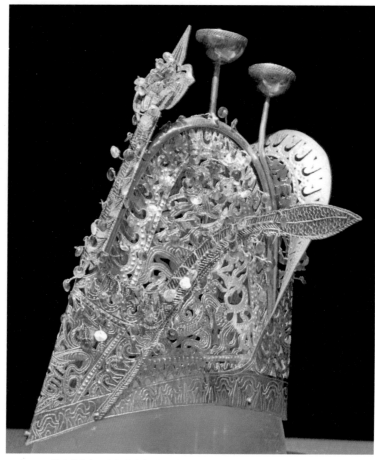

그림 1-10 한성백제박물관에 전시된 백제의 금동관모 복제품 / 6각형 격자무늬 속에 용과 봉황을 새겼다.

성기에 해당하는 근초고왕 때입니다. 고구려가 금관을 제작하여 사용할 때 백제가 금관제작과 사용에 무관심했을 리 없다고 주장합니다. 또한 백제 금관은 고구려나 신라와 다른 백제만의 전통과 디자인이 있었다고 보고 있습니다. 언젠가 백제의 금관이 발견되어 세상을 깜짝 놀라게 하길 기대해봅니다.

그림 1-11 은으로 된 백제 관 장식물 / 보기 드물게 많은 달개를 달아서 마치 나뭇잎이 우거진 신단수를 표현한 듯하다. (국립중앙박물관 백제특별전)

사국시대의 화려한 전성기

앞서 고구려에도 금관 1개가 있다고 설명했습니다. 본래 고구려는 오랫동안 금관이 없다고 인식되어 왔지만, 최근에 고구려 금관의 존재가 세상에 알려졌습니다. 2008년의 일입니다. 고구려 금관을 소장하고 있던 개인이 평소에 알고 지내던 복식사(服飾史) 전문가인 박선희 교수와 몇몇 학자들에게 황금 왕관을 공개했는데, 그것이 바로 고구려 전(傳) 강서군 금관입니다.

박선희 교수는 고구려 금관에 대한 놀라운 이야기와 고구려 정치사를 엮어서 2013년에 출간한 〈고구려 금관의 정치사〉를 통해 고구려 금관을 세상에 알렸습니다. 아직까지 연구 중이라 일반에 공개되지 않았지만, 곧 우리의 눈으로 고구려 금관의 모습을 보게 되길 기대합니다. 고구려 금관에 대한 정보가 부족해서 아직까지 많은 이들이 우리의 금관을 9개로 인식하고 있는데, 고구려 금관이 공개되면 우리나라의 금관은 공식적으로 총 10개가 됩니다.

고구려의 금관은 일제강점기 때 평안남도 강서군 보림면 간성리에서 출토된 것으로 보이며, 불꽃 모양의 세움장식에 금으로 만든 달개(금관에 달려 있는 반짝거리는 장식) 수백 개가 매달려 있는 대단히 화려한 모양입니다. 고구려 금관의 불꽃 무늬는 고구려인들의 태양 숭배사상이 표현된 것이라고 합니다.

박선희 교수를 통해서 고구려 금관이 세상에 알려지기 전까지, 고구려와 백제는 금관이 없다고 여겨왔습니다. 고구려는 공식적으로 금동관만 발굴된 상태였습니다. 이는 유물 중심으로 역사를 바라볼 때 생기는 편견입니다. 그러나 국립중앙박물관에 전시된 백제와 고구려의 금관 장식품들을 통해서 두 나라 역시 신라 못지않게 금관을 만들어서 사용했음을 충분히 짐작할수 있습니다. 박선희 교수는 백제, 고구려, 신라는 고조선의 유산을 공통으로 물려받은 국가이기 때문에 백제 역시 금관이 있었다는 것을 미루어 짐작할 수 있다고 하였습니다.

신라의 화려한 금관들은 5~6세기 무렵에 만들어졌습니다. 이때는 신라의 국력이 한창 발전하던 시기입니다. 고구려와 백제는 신라보다 앞서 국력이 발전했던 만큼 신라가 만들었던 금관을 만들지 못했을 리가 없습니다. 고구려와 백제만 유독 금관이 없거나 적은 이유는 두 나라의 무덤이 도굴 당하기 쉬운 구조라 공식적으로 발굴되지 못했기 때문이라고 합니다. 그러던 차에 전(傳) 강서군 금관이 나타나 고구려 금관의 존재가 세상에 알려지게 된 것입니다.

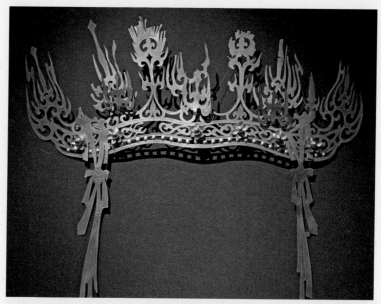

그림 1-12 국립중앙박물관 고구려관에 전시된 불꽃맞새김무늬 관의 복제품 / 이 금동관은 평양시 대성구역 청암리 토성에서 출토되었고, 제작시기는 대략 4~5세기 경으로 추정된다. 고구려 금관이 대단히 화려했음을 보여준다.

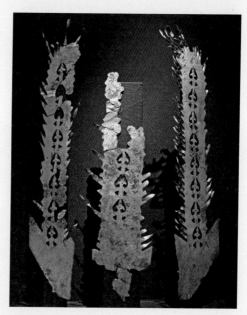

그림 1-13 깃털모양 관 꾸미개 / 고구려인이 사용한 관모 중 하나인 절풍에 금동으로 만든 새의 깃털 모양 꾸미개를 꽂았다. 이러한 관모를 조우관이라고도 한다. 매우 높은 신분의 사람이 착용했던 것으로 보인다.(국립중앙박물관)

아직까지 백제의 금관은 발견되지 않았습니다. 다만 금관에 부착했을 것으로 보이는 금제장식(금관 꾸미개)이 발견되었습니다. 무령왕릉에서 출토된 왕과 왕비의 관 꾸미개 역시 고구려의 금관처럼 불꽃이 타오르는 모양을 형상화한 것으로 보입니다. 그리고 백제의 절풍형 금동관을 통해서 금관의 생김새를 어렵지 않게 추정할 수 있습니다.

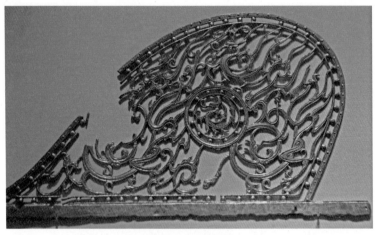

그림 1-14 평양 고구려 진파리 무덤에서 출토된 맞새김무늬 금동꾸미개 / 가운데 원안에 세발까마귀(삼족오)가 있고 위쪽에는 봉황, 아래쪽엔 용 두마리를 새겼다.(국립중앙박물관)

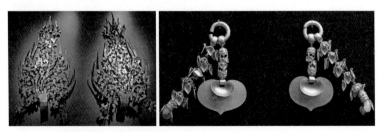

그림 1-15 (좌)무령왕릉에서 출토된 금제 관 꾸미개 / 왕의 것으로 달개(금관에 달린 반짝거리는 금속장식)가 다수 달려있다. 왕비의 것에는 달개가 없다.(국립중앙박물관)
그림 1-16 (우)무령왕릉에서 금제 관 장식과 함께 발굴된 무령왕 금귀걸이 / 곡옥이 달려 있고 신라의 장식과 견주어 뒤지지 않는다.(국립공주박물관)

06

황금왕관 최대의 미스터리, 굽은 옥

신라 금관에는 비교적 단순한 형태의 전 교동 금관이 있는가 하면, 천마총과 금령총 금관처럼 금제 달개장식과 곡옥이 나무 열매처럼 주렁주렁 달린 것도 있습니다.

그림 1-17 황남대총 금관에 달린 수많은 곡옥들(국립중앙박물관)

신라와 가야의 금관에 달린 곡옥(굽은 옥)은 매우 독특한 모양의 옥입니다. 곡옥은 무엇을 의미하는 것일까요?

첫째, 우선 옥이란 고대 동아시아에서 아주 귀중한 보석이었습니다. 독특하고 아름다운 색깔과 질감을 가졌으며 신성한 힘이 깃들어 있다고 생각했습니다. 강력한 왕권과 풍부한 경제력을 과시하는 가장 좋은 장식물이었습니다.

둘째, 굽은 옥은 열매, 씨앗, 생명을 표현하기 위해서 용(龍)을 단순화시킨 장식물이라 여겨지기도 합니다. 용은 물(水)을 상징하면서 물을 다스린다는 신성한 동물 중 하나입니다. 음양오행 사상에서 모든 생명이 가진 에너지를 '수(水)'라고 합니다. 이렇게 옥으로 용을 표현하는 것은 홍산문화 때부터 내려온 한민족의 전통 옥(玉)문화입니다.

그림 1-18 신라 금관과 함께 출토된 곡옥들 / (위쪽의 좌) 금령총(국립중앙박물관), (위쪽의 우) 천마총(국립경주박물관), (아래) 황남대총 북분(국립경주박물관)

홍산문화란?

현 중국의 동북지역으로 발해만을 끼고 발달한, 세계에서 가장 오래된 신석기문명을 발해만문명(요하문명)이라고 합니다. 발해만문명(요하문명)의 출현은 약 9천년 전으로 추정되고 있으며 시기별로 다양한 문화가 있었습니다. 발해만문명(요하문명)의 하이라이트라고 할 수 있는 홍산문화 (6500~5000년 전)시기 유적지 중 우하량에서 돌무덤 · 여신묘(여신의 사당) · 제천단과 함께 구리 거푸집 등 구리 관련 유물이 나왔습니다. 그러나 가장 놀라운 것은 제작이 어렵다는 옥기(玉器)가 대량 출토되었다는 점입니다. 이 때문에 홍산문화를 동석(銅石)병용시대라고 하며 또한 초기국가에 진입한 단계로 보고 홍산문명이라고도 합니다. 발해만문명은 세계 4대 문명(이집트, 메소포타미아, 인더스, 황하문명)보다 오래되었습니다. 홍산문화만 해도 중국의 황하문명보다 최소 천 년 이상 앞서 있습니다. 발해만문명을 이룩한 민족은 동이족으로, 우리 민족의 조상입니다. 동이족이 어느 민족의 조상인지에 대해서는 학계에서 의견이 분분하지만, 여러 유물과 유적지를 토대로 봤을 때 동이족의 문화와 우리 한민족의 문화가 동일한 것이 많아서 우리 민족의 조상으로 보는 것이 타당합니다. 동이족이란 이름은 중국인들이 자신의 주변민족들 중에서 중국 동북부지역에 살고 있던 우리 조상들을 부르던 명칭입니다.

그동안 중국은 동이족을 야만인으로 치부하며 폄하해 왔으나, 홍산문화 중 우하량 유적지가 발굴된 후 동이족을 중화족의 원류라고 주장하며 발해만문명을 자국의 역사에 편입시키기 시작했습니다. 중국은 하상주단대공정(1996~2000), 동북공정(2002~2007), 중화문명탐원공정(2003~), 국사수정공정(2005~2015) 등 네 단계에 걸쳐 상고사를 재편하는 작업을 하고 있습니다. 이는 현재 중국 국경 안에서 존재했던 과거의 모든 역사들을 중국 역사로 연결하는 작업으로, 이대로라면 우리 민족도 중국 민족의 후손이 되게 됩니다.

그동안 우리나라의 주류 학계는 홍산문화와 우리 조상과의 연관성에 큰 관심을 두지 않았습니다. 그 사이에 중국은 우리의 고대사를 집어삼키는 작업을 차근차근 진행해 왔습니다. 이제라도 우리는 발해만문명과 홍산문화에 관심을 갖고 연구하며 우리의 고대사를 지켜내야 합니다.

셋째, 갑골문자로 용(龍)은 곡옥의 모습과 닮았습니다. 오래전부터 용을 표현할 때 곡옥처럼 그렸다고 볼 수 있습니다. 아래는 용의 갑골문들입니다.

넷째, 신성한 나무에 열매가 열린 것처럼 곡옥을 통해 국가의 번성을 염원하는 마음을 담았습니다. 하늘이 인정한 통치자(天子)임을 과시하기 위해 왕은 용을 상징물로 사용했습니다. 즉 수많은 곡옥이 달린 왕관의 주인공은 하늘이 인정한 통치자이며, 나라를 번영·발전시킬 것이라는 믿음이 담겨 있습니다. 또한 굽은 옥 모양이 태아를 상징한다고 주장하는 학자들도 있는데, 태아 상징 역시 국가의 번성을 상징하는 것이라고 생각할 수 있습니다.

곡옥 혹은 굽은 옥 문양은 신라뿐 아니라 백제 유물에서도 나타납니다. 백제 무령왕릉에서 곡옥이 달린 금제 귀고리가 발견되었으며, 김해 봉황동에서 발굴된 가야 유적지에서도 철제 유물과 유리구슬, 곡옥 등이 발견되었습니다.

러시아 상트페테르부르크 에르미타지 박물관의 파지리크 전시실에 의미심장한 그림이 전시되어 있습니다. 알타이 지방의 파지리크 계곡에서 발견된 것으로 훈족왕의 무덤에서 나온 그림이 그려진 천입니다. 이 그림에는 말을 탄 인물이 있는데, 말 가슴과 말 코 위에 곡옥 모양이 그려져 있습니다. 그림을 통해서 곡옥은 기마유목민족이 공통적으로 공유했던 상징체계였음을 추측할 수 있습니다.

그림 1-19 러시아 알타이 지방의 파지리크 고분에서 출토된 말을 탄 왕의 그림 / 말 가슴과 말 콧등에 곡옥이 달려있다.(러시아 상트페테르부르크 에르미타지 박물관)

07

고대 황금왕관의 원조는
어디일까?

우리 민족이 소유한 10개의 금관을 제외하고 2개의 고대 금관이 더 있습니다. 아프가니스탄에서 발견된 틸리아 테페(Tillya-Tepe) 금관, 러시아 상트페테르부르크의 에미르타지 박물관에 소장되어 있는 사르마트의 금관입니다.

학자에 따라서는 카자흐스탄 알마티 중앙박물관에 전시된 이시크의 금관과 프랑스 기메(Guimet) 박물관의 요나라 진국공주 황금관을 고대 금관에 포함시키기도 하고 제외하기도 합니다. 그 이유로 이시크의 금관은 고깔모자 형태로 머리에 눌러쓰는 형태이고, 요나라 진국공주 금관은 머리에 눌러써서 정수리와 뒷머리까지 덮는 투구 형태라서, 금관으로 인정하기 어렵다는 주장 때문입니다. 때문에 우리

나라 외에 전세계적으로 인정되는 고대 금관은 아프가이스탄 틸리아
테페 금관과 사르마트 금관, 두 개뿐입니다. 그리고 사르마트 금관은
틸리아 테페 금관보다 앞서 만들어진 것으로 보입니다.

 틸리아 테페 금관과 사르마트 금관의 제작시기가 신라보다 앞서기
때문에 신라 금관에 영향을 주었을 것이라고 주장하는 학자들이 있
습니다. 2016년 여름에 한국 중앙박물관에서 아프가니스탄 황금유
물전이 열려서 틸리아 테페 금관이 한국인들 앞에 모습을 드러냈습
니다. 아프가니스탄 북부에 자리하고 있는 틸리아 테페는 우즈벡어
로 '황금의 언덕'입니다. 그곳에서 금관이 발굴되고 보니 황금의 언덕
이라는 이름값을 하는 곳입니다. 얼핏 보면 신라의 금관과 닮은 구석

그림 1-20 고대 박트리아 왕국의 틸리아 테페 황금관

그림 1-21 카자흐스탄의 이시크 지역 고분에서 발굴된 황금갑옷과 황금 장식을 몸에 두른 '황금
인간'의 복제품 / 황금인간이 쓴 모자는 관(冠) 형태가 아닌 고깔모자 형태로, 여기에 산양, 호랑이,
산, 솟대, 화살과 화살을 쥔 손이 황금으로 장식되어 있다. 산양은 사람이 접근하기 어려운 천산산
맥 위에서 살고 있어, 신과 가까이 있는 신성한 동물로 상징된다. 4개의 활은 네 방향을 지배했음을
의미한다. 솟대는 신단수와 같은 의미를 지닌다.(카자흐스탄 알마티 국립박물관)

이 있어보입니다. 그러나 신라 금관의 대표적 특징인 곡옥이 보이지 않고, 신라 금관에서는 전혀 찾아볼 수 없는 꽃 문양 장식과 여러 개의 보석도 보입니다. 틸리아 테페 금관은 젊은 여성의 무덤에서 발견되었기 때문에 왕관이기보다는 여사제의 관이 아닐까 추정됩니다.

사르마트 금관도 역시 관 테두리에 커다란 보석들이 박혀 있고 여인의 모습이 있으며, 테두리 양쪽으로 작은 보석들이 줄지어 달려있습니다. 위에는 나무와 사슴 장식이 세워져 있습니다. 이 역시 우리 민족의 금관과는 많은 차이를 보이고 있습니다.

사르마트의 금관, 박트리아 왕국의 틸리아 테페 금관 모두 기마유목민족이 그 지역을 지배했을 때 만들어졌습니다. 신라 금관에 대한 임재해 교수와 박선희 교수의 견해를 요약하면, 신라 금관과 틸리아 테페 금관의 공통점은 나무라는 소재를 활용했다는 점입니다. 그러나 표현방식 또는 제작기법에서는 동질성을 찾기 힘듭니다. 틸리아 테페 금관에 표현된 나무는 넝쿨식물입니다. 그리고 사르마트 황금관의 나무는 자그마한 과일나무처럼 보여집니다. 그에 비하여 신라 금관의 나무는 몸통이 굵고, 곧게 자란 나무가 시원스레 하늘로 뻗어 올라간 모습입니다. 그러니까 틸리아 테페 금관이 무질서한 넝쿨식물이라면, 신라 금관은 절제된 조형미와 균형미를 가지고 있습니다. 뿐만 아니라, 신라 금관은 신단수와 계림이라는 명확한 신화성도 갖추고 있습니다. 두 금관이 분명 시기적으로 신라 금관보다 앞서 있고 같은 기마유목문화권에 속했다는 동질성은 있지만, 우리 금관에 직접적인 영향을 미쳤다고 단정하기는 어려워 보입니다.

47

08

신라는 어떻게
황금왕관의 나라가 되었을까?

신라의 금관은 아프가니스탄이나 중앙아시아 사르마트로부터 영
향을 받기보다는 고조선으로부터 계승된 관식문화가 발전된 형태일
가능성이 훨씬 높습니다. 특히 한민족 특유의 복식문화 중에 상투 위
에 쓰는 절풍이라 불리는 고깔모양의 속관이 있습니다. 고조선 문화
를 계승한 부여는 물론이고 고구려, 신라, 백제, 가야가 공통적으로
절풍이라는 속관 위에 금관을 쓰는 방식이었습니다. 속관과 겉관은
한민족만이 공유했던 복식문화였다고 보여집니다. 고구려인들은 절
풍에 새의 깃털 2개를 꽂고 금테나 은테를 섞어 둘렀습니다.

중국 길림성 집안시 박물관은 고구려 광개토태왕의 무덤으로 추정
되는 곳에서 발굴된, 금으로 만든 절풍과 새의 깃털 모양 장식, 금으
로 만든 관테를 소장하고 있습니다. 그런데 신라 금관의 크기와 화려

함은 확실히 고구려와 가야 등 다른 나라와 비교해도 단연코 뛰어나다고 할 만합니다. 유독 신라 금관이 그러한 형태를 가진 이유가 무엇일까요? 사국(고구려, 백제, 신라, 가야)의 관계에서 이유를 추론할 수 있습니다.

광개토태왕비의 내용이나 당시 네 나라의 강역 등을 고려해보면, 고구려 입장에서 신라는 동생 정도의 존재였을 것입니다. 백제도 고구려와 힘겨루기를 하는 입장에서 신라를 한 수 아래로 보는 경향이 강했습니다. 일본열도에 대한 지배력도 백제와 가야에 비하면 신라의 세력이 약했습니다. 신라의 외교력도 고구려와 백제에 비하면 부족했습니다. 이런 배경 속에서 더 이상 신라 지배층은 박씨, 석씨와 왕권을 나누지 않고 김씨 세력만으로 왕권을 갖고 싶었을 것입니다. 더 이상 고구려의 동생도 아니며, 백제보다 약한 나라도 아닌 강인한 신라의 모습을 드러내고 싶었을 것입니다. 그런 염원의 표출로 고구려와 백제보다도 더 화려한 금관을 제작한 것이 아니었을까 합니다.

금관은 황금문화를 공유했던 고구려, 백제, 신라, 가야가 만들어낸 걸작입니다. 특히 신라 금관은 화려하고 조형미 넘치는 아름다움을 지녔습니다. 외형적인 아름다움에 더하여 신라인들의 정치적 이상과 염원이 담겨있습니다.

세계에서 가장 많은 금관이 경주에서 나왔다는 것만으로도 대단한 자부심과 자랑거리입니다. 그런데 경주는 금관보다 천마도를 경주의 상징처럼 홍보하고 있습니다. 이젠 천마도보다 전세계에서 독보적이면서 아름다운 세계문화유산인 금관을 자랑스럽게 드러내고 세계에 알려 경주를 빛내야 하지 않을까요? 경주 최고의 경쟁력은 금관이기 때문입니다.

49

나는 박물관 간다

세계를 지배한 등자(발걸이)와 개마무사

01

유라시아의 지배자,
기마유목민족

기마유목민족은 약 2500년 간(18세기까지) 인류역사상 커다란 발자취를 남겼습니다. 킴메르, 스키타이, 사르마트, 훈족, 아바르, 하자르, 흉노, 돌궐, 위구르, 몽골, 선비, 거란 등 여러 기마유목민족들이 유라시아 대륙을 주름잡았습니다. 기마유목민족들의 기세에 눌렸던 유럽은 이들을 능가하기 위해 무기를 발달시켜 말과 활의 시대에서 총과 포의 시대로 바꾸어 놓습니다.

과거 유럽까지 정복했던 북방기마유목민족들은 기록을 잘 남기지 않았습니다. 유목민족들은 정착보다 이동을 하기 때문에 땅에 대한 소유의 개념이 희박했으며, 기록에 대해서 별 신경을 쓰지 않았습니다. 반면 땅에 대한 소유개념이 확고한 유럽인들은 기록을 남겼으며 북방기마유목민족을 야만인으로 표현했습니다.

최근 들어서 전세계는 기마유목민족들의 우수성을 재발견하고 인류의 발전에 막대한 영향을 미쳤음을 인정하고 있습니다. 북방기마유목민족들은 말을 타고 유라시아 대륙을 휩쓸고 다니면서 동서양 문물교류의 가교역할을 했습니다. 또한 기마유목민족들은 유럽의 고대와 중세를 마감시키기도 했습니다. 훈족이 서로마제국을 무너뜨림으로써 유럽 고대시대가 종말을 고하게 되었으며, 몽골의 영향과 돌궐의 이주민들인 투르크족은 동로마(비잔틴) 제국을 멸망시켜 중세시대의 종말을 가속화시켰습니다. 그러면서 동양의 우수한 기술을 지속적으로 유럽에 전해줬기 때문에 유럽이 새롭게 변화하는 계기를 만들었습니다.

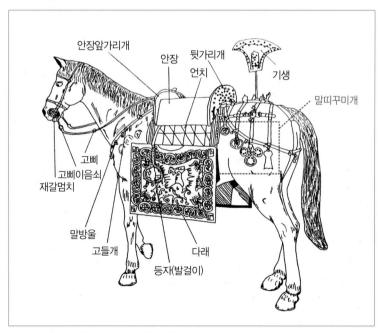

그림 2-1 한성백제박물관에 전시된 말 갖춤새 그림

이처럼 세계 역사의 변화에 많은 영향을 준 기마유목민족의 이동 수단은 말이었습니다. 말은 유목민족의 가족이자 개인 필수품이었고, 자동차가 발명되기 전까지 인류 최고의 교통수단이었습니다.

조선은 개국 초기부터 세종 10년까지 36년간 명나라에 조공무역으로 보낸 말이 약 5만9천 필이나 된다고 합니다. 명나라에서 요구하는 조공량을 채우다 보니 조선 국내에서 사용할 말이 부족할 정도였습니다. 고려후기 원나라도 고려에게 말을 조공품으로 요구했습니다. 조공 품목은 당시 가치가 높고 유용한 물건들로 지정되는 만큼, 말이 조공품이었다는 건 중국에게도 우리나라에게도 대단히 중요한 교통수단이었다는 것을 알 수 있습니다.

우리 선조들은 배달 → 고조선 → 북부여 → 사국시대(고구려, 백제, 신라, 가야연맹) → 남북국시대(대진국, 통일신라) → 고려 → 조선으로 이어지는 기마민족의 후손답게 말에 대한 사랑이 대단했습니

그림 2-2 은으로 봉황무늬를 새긴 고려시대 등자(국립중앙박물관)

다. 말을 사랑하고 뛰어난 기마술을 가졌던 우리 조상들은 말을 꾸미거나 부리는데 편리한 도구인 말갖춤을 창안하고 발전시켰습니다. 말에게 걸치는 도구는 여러 가지 종류가 있는데, 그 중에 '등자(鐙子)'라고 불리는 발걸이가 있습니다. 단순해 보이는 이 등자의 출현은 세계사를 바꾸어 놓았습니다.

등자(鐙子), 즉 발걸이는 말에 올라탈 수 있게 돕고, 말 위에서 균형을 잡게 해주며, 말의 방향을 신속히 바꾸는데 필요한 도구입니다. 인류 역사상 등자를 누가 언제 처음으로 만들었는지는 정확히 알 수 없지만, 현재까지 출토된 유물들로 봤을 때 우리나라와 중국에서 등자가 많은 발전을 이루었음을 확인할 수 있습니다. 중국에서 출토된 약 4세기 초(302년)에 만든 등자가 가장 오래된 것으로 알려졌습니다. 그런데 중국에서 출토된 등자의 모양은 말 한쪽에만 달려 있어 말에 올라탈 때에만 사용하는 '단등자'입니다. 단등자는 말을 탄 후에도 발을 끼워 넣어 사용하는 등자라고 하기엔 거리가 있습니다. 한 쌍을 이루는 금속 등자는 약 415년 경에 만들어진 것으로 추정되는 중국 선비족의 무덤에서 발견되었습니다. 서양에서는 이보다 더 후대인 8세기 경에 전파된 것으로 알려져 있고, 유물은 10세기 이후의 것들이 발견되었습니다.

등자없이 달리는 말 위에서 몸을 돌려 활을 쏘기란 매우 어려운 일입니다. 등자 없이 말을 탄다면 떨어지지 않기 위해 한 손으로는 고삐를 잡아야 하기 때문에 활을 쏠 수 없습니다. 그래서 초기에 기마병들은 자신의 허리와 말의 목 부분을 끈으로 고정시켜 싸웠다고 합니다.

그림 2-3 기원전 6세기 흑해 북쪽과 동쪽을 중심으로 활동했던 킴메르인들이 말 위에서 몸을 돌려서 활을 쏘는 모습 / 그리스인들이 그린 벽화의 재현으로, 등자가 없던 시절이라 기수의 몸과 말의 목 부분을 끈으로 고정했다.(우크라이나 키예프 국립역사박물관)

02

기마병의 활쏘기, 파르티안 샷
(Parthian Shot)

말위에서 중심을 잡아주는 등자(발걸이) 때문에 세계사가 바뀌었습니다.

등자는 간단한 모양이지만 말을 타는 사람에겐 그 어떤 것보다 중요한 도구입니다. 등자없이 말을 타고 달린다면 활을 쏘기는커녕 균형을 잃고 말에서 떨어지기 쉽습니다. 등자때문에 기마민족들은 달리는 말 위에서 균형을 잡고 자유자재로 자세를 바꾸면서 적을 공격할 수 있었습니다. 그러니 아무리 뛰어난 보병이라도 기마병의 상대가 되지 않았습니다.

인류 역사상 사람이 말을 직접 타는 기마술이 언제부터 등장했는지 정확하게는 알 수 없지만, 대개 기원전 12세기(3200년 전) 무렵으로 추측되는 유물이 나오고 있습니다. 그전에는 말이 끄는 마차에 무장한 군인들이 타고 전투를 했습니다. 기마술이 나온 이후에도 등자가 없던 시절에는 말을 타려면 손으로 고삐를 잡고 말 타는 내내 허벅지와 무릎을 말에 밀착시켜야 했습니다.

그림 2-4 등자에 의지해 몸을 돌려서 활을 쏘는 배사법(러시아 카잔 크레믈린 박물관)

기마부대 최고의 공격 방법은 말 위에서 몸을 돌려서 활을 쏘는 것입니다. 몸을 돌려 뒤쪽으로 화살을 쏜다고 해서 배사법(背射法)이라 하며, 서양에서는 파르티안 샷(Parthian Shot)이라고 부르는 고급 활쏘기 방법입니다.

기마병이 달리면서 활을 쏘는 모습을 그린다면 이렇습니다. 전장에서 궁수가 말을 달리면서 목표물을 향해 화살을 날립니다. 첫 번째 화살에 목표물이 치명상을 입지 않으면 옆을 지나가면서 말 달리는 방향과 상관없이 두 번째 화살을 쏩니다. 손이 빠른 궁수는 목표물을 지나쳐 몸을 뒤로 돌려서 세 번째 화살을 날립니다. 몸을 돌려서 쏠 수 있으니 공격 범위가 넓어집니다.

파르티안 샷은 말로 설명하긴 쉽지만 결코 쉬운 기술은 아닙니다. 그런데 왜 파르티안 샷이라고 부를까요? 로마가 파르티아와의 전쟁에서 처음 보는 활쏘기 기술에 패배한 이후에 파르티아인들의 활쏘기라고 부르면서 생긴 용어입니다. 이 흥미로운 이야기는 로마의 삼두정치 시절까지 거슬러 올라갑니다.

그림 2-5 기마병이 파르티안 샷을 쏘는 모습(러시아 상트페테르부르크 에르미타지 박물관)

파르티아(BC 247~AD 226년)는 중앙아시아 아무다리야강(투르크메니스탄과 우즈베키스탄 사이를 가로지르는 강)인근에 살던 유목민족이 지금의 이란과 이라크 지역에 세운 나라입니다. 페르시아가 망한 직후에 그 자리에 들어와서 실크로드를 장악하면서 아시아와 로마와의 실크무역을 독점했습니다. 또한 파르티아는 로마가 한나라와 직접 접촉을 못하게 해서 실크 제조술을 로마가 알 수 없게 했습니다.

당시 로마는 시이저, 폼페이우스, 크라수스 등이 삼두정치를 하고 있었습니다. 크라수스는 시이저와 폼페이우스에 비해서 전쟁과 별 상관없이 부동산업으로 성공한 당대 최고 부자였습니다. 크라수스는 시이저와 폼페이우스만큼의 전쟁 성과를 올리기 위해 원로원의 만류에도 원정을 감행했습니다. 파르티아가 만든 실크로드 무역로에서 영향력을 행사하기 위함이기도 했습니다. 그리하여 기원전 53년에 파르티아와 로마는 '카르하 전투'(Carrhae, 지금의 터키 남쪽 하란Harran)를 벌입니다. 이 전투에서 파르티아는 1만 명의 기마대가 나섰고 로마는 최강의 보병 4만3천 명이 나섰습니다. 결과는 로마의 참패였습니다. 로마군 2만 명과 함께 크라수스와 그의 아들까지 전사했으며 포로로 잡힌 로마군들은 노예로 팔리고 말았습니다.

로마 보병들은 칼과 창으로 접근해서 싸우려 했지만, 파르티아 기병들은 멀리서 화살로 끊임없이 공격했습니다. 로마군대가 방패를 써서 화살공격에 적응하고 대열을 정비하면, 파르티아군은 긴 창을 든 기마부대인 카타프랙트(Cataphract)를 투입하여 로마군 진영을 붕괴시켰고, 그때를 놓치지 않고 파르티아 기병들이 집요하게 화살공격을 퍼부었습니다. 기병들은 전투 전에 화살을 가득 실은 낙타를 전장에서 멀지 않은 곳에 미리 숨겨두었습니다. 기마병은 화살이 떨어지면 낙타로 달려가 화살을 채우고 다시 돌아와서 화살을 날렸습니다. 로마 보병들은 자신들의 주특기인 가까이서 싸우는 육박전을 해보지도 못하고 군사 절반이 고슴도치처럼 화살을 맞고 어이없이 죽어갔습니다. 로마군단은 이 전투에서 이전까지 접해보지 못했던 신기에 가까운 활쏘기, 파르티안 샷을 목격하게 됩니다. 청야전술(淸野戰術)을 이용해서 후퇴하는 척 하면서 몸을 뒤로 돌려 쏘았기 때문에 '파르티안 샷'이란 용어는 서양에서 '비겁하다'는 의미로 사용

그림 2-6 고구려인들의 배사법 / 길림성 집안현 무용총 그림

그림 2-7 평안남도 덕흥리 고분 벽화 / 그림 2-6, 2-7 모두 한성백제박물관 고구려 고분 특별전에서 고분 벽화를 재현한 것이다.

청야전술(淸野戰術)이란?

● 쫓아오는 적과 일정한 거리를 두고 일시적으로 후퇴하면서 적군이 사용할 것 같은 우물을 메우고 여분의 식량을 태워버리는 전술로 초토화작전이라고도 합니다.

하기도 했습니다.

로마군단을 처절하게 괴멸시켰던 파르티안 샷은 파르티아인들만의 기술이 아닙니다. 우리에게 친숙한 고구려 고분 벽화의 수렵도, 백제 금동대향로 등 여러 곳에서 파르티안 샷, 즉 배사법을 볼 수 있습니다.

당시 파르티아군이 가죽이나 나무로 된 초기 등자를 사용했는지 아니면 등자가 없었는지 알 수는 없지만 기마술에 워낙 뛰어났기 때문에 이런 공격성을 발휘할 수 있었습니다. 그러니 등자가 나타난 후에는 어땠을까요? 기마민족의 파괴적인 공격력은 더욱 커질 수밖에 없었습니다. 등자의 출현으로 인해 그동안 불완전했던 점들이 완벽하게 보완되었습니다. 말이 빨리 달리거나 상대방과 힘껏 부딪치더라도 안정적인 자세를 유지할 수 있었고, 자유자재로 말 위에서 동작을 취해 적을 공격할 수 있었습니다. 등자는 기마민족에게는 가장 중요한 도구였습니다.

유목민족은 목축생활을 하면서 가축들을 몰고 다녀야 하고, 때로는 가축들을 공격하는 맹수들을 저지해야 했습니다. 그리고 사냥도해야 했습니다. 원거리에서 맹수들을 제지하고 효과적으로 사냥하는 방법으로 활쏘기만한 것이 없습니다. 사슴과 같은 동물을 잡기에도 유리합니다. 사슴이 수시로 방향을 바꿔서 도망가도 말머리를 틀지 않고 몸을 돌려서 화살을 날리면 잡을 수 있습니다. 등자를 사용하면서부터 사냥도 훨씬 더 쉬워지게 되었습니다. 안정된 자세로 몸을 좌우로 자유롭게 돌릴 수 있기 때문에 말머리가 시야를 가리는 앞쪽으로 활을 쏘는 것보다 시야가 확보되는 옆이나 뒤쪽으로 활을 겨누는 것이 훨씬 수월합니다.

03

등자의 출현

그렇다면 우리나라에서는 언제 등자가 처음으로 나타났을까요? 〈삼국사기〉에 의하면 서기 246년 고구려가 중국의 위나라와 전쟁을 할 때 철기병 5천 명을 동원했다는 기록이 있습니다. 4세기 초반의 것으로 추정되는 고구려 금동제 등자가 국내성 인근의 칠성산 고분에서 출토되었습니다. 5세기 초의 무덤인 경주 신라 호우총에서도 고구려 등자가 출토되었습니다. 4~5세기에 제작된 고구려 벽화에서 등자가 선명하게 묘사되어 있는 것으로 보아 그 이전인 3~4세기부터 사용했을 것으로 보입니다.

3~4세기 때 고구려는 위나라뿐만 아니라 모용선비족과도 크고 작은 전쟁을 했습니다. 고대 북방기마유목민족이었던 모용선비족은

선비족의 한 부류로, 고구려와의 다툼에서 요동지역 일부를 차지하고 연(燕)나라를 건국했을 만큼 강력했습니다. 모용선비족은 고구려 고국원왕 때 고구려 도성을 함락시켰으며 고국원왕의 아버지 미천왕의 시신을 빼앗고, 어머니 태후를 비롯한 많은 고구려인들을 인질로 잡아가기도 했습니다.

이렇게 북방유목민족과의 무력충돌이 한세기 이상 이어지면서 이 기나긴 전쟁의 승리를 위해 고구려는 다양한 전쟁도구와 전략전술을 개발했습니다. 이 과정에서 등장한 것이 바로 철제등자와 함께 개마무사(鎧馬武士)입니다. '개마(鎧馬)'란 기병이 타는 말에 갑옷을 입힌 것을 말합니다. 그런 개마에 탄 중무장한 기병을 '개마무사'라고 불렀습니다. 지금은 개마무사라는 단어가 익숙하지 않지만 고구려 개마무사들이 말 달리던 곳에서 개마고원이라는 명칭이 유래된 점을 고려한다면 개마무사는 과거 우리 민족에게는 익숙한 단어라는 것을 알 수 있습니다.

04

기마술과 등자의 발달

초기 등자는 가죽이나 천으로 된 형태였습니다. 가죽 등자는 철제 등자에 비해서 상대적으로 발에 힘을 주는데 어려운 점이 많았습니다. 결정적으로 격렬한 전투에서 쉽게 망가졌습니다. 이후 나무에 가죽이나 천을 댄 목제 등자가 사용되기도 했습니다. 그러다가 3세기 후반부터 나무에 청동판으로 덧댄 금속형 등자가 나타났습니다. 가죽이나 나무로 만든 등자보다 견고했으며 전투에도 쓸만했습니다. 그러나 비용과 시간이 많이 드는 단점이 있었습니다.

온전한 철제 등자가 나타나기 시작한 것은 4세기 중반 이후입니다. 등자(鐙子)의 등이란 글자에는 금속을 뜻하는 '金'이 포함되어 있습니다. 이름에서 엿볼 수 있듯이, 금속등자 이전의 가죽 혹은 목

제 등자는 등자로 인식되지 않았을 수도 있습니다.

기마병들이 말을 타는 데 몇 년씩 걸리던 것이 철제등자가 등장하면서 불과 며칠이면 될 정도로 단축되었습니다.

그림 2-8 아차산에서 발굴된 고구려 등자(국립중앙박물관)

표 2-1. 등자의 발전 단계

등자 발전 단계	설 명	제작시기 및 기타
1) 피혁 등자	가죽으로 만든 등자	기원전부터 유목민족이 사용
2) 피혁 목심 등자	나무로 등자 형태를 만들고 가죽으로 겉면을 두른 형태	4세기 중반 위진남북조시대의 동진유적에서 발견
3) 청동 목심 등자	나무에 청동을 앞뒤로 덧대고 못으로 고정시킨 형태의 등자 (무덤 부장품인 예식용으로 추정)	3세기 후반 선비족 고분, 4세기 초 집안시(고구려) 유적
4) 철제(주조) 등자	철제(주조기술)로 제작된 등자	중국 요녕성 조양현 십이대향 (十二臺鄕) 전창(塼廠) 88M 1호 묘 / 4세기 후반 전연 (선비족)시기
5) 철제(단조) 등자	철제(단조기술)로 제작된 등자	고구려 오녀산성 / 4세기 후반

그러면 고구려와 선비족 중에 어느 쪽이 먼저 등자를 만들었을까요? 지금까지 발견된 등자 유물로만 본다면 선비족이 살짝 앞서고 있습니다. 그런데 고구려 개마기병이 3세기 중반부터 출현하는 것으로 볼 때 등자 유물만 없을 뿐 이미 등자를 사용했다고 보여집니다. 그와

관련된 놀라운 유물이 강원도에서 발견되었기 때문입니다.

1994년 강원도 철령에서 3세기 고구려 건물터가 발견되었는데 거기서 다양한 기마모형이 나왔습니다. 54개의 쇠로 만든 말모형, 4개의 청동 말모형, 쇠로 만든 용, 거북, 뱀 등의 동물모형 등이었습니다. 같이 발견된 철로 만든 말모형은 미늘갑옷과 말갖춤(재갈, 등자, 안장 등)을 입혀 놓은 모습이었습니다. 그런데 말모형에서 등자 부분이 명확하여 선비족보다 먼저 청동 혹은 철제 등자를 사용했을 것으로 추측됩니다. 즉 세계 최초의 등자 발명은 다름 아닌 고구려일 수 있으며, 고구려의 등자가 북방유목민족을 통해 중국에 전해졌다는 추측이 가능합니다.

4세기 중반 이후 고구려와 선비족의 철제 등자는 제조기술에서 수준 차이가 나타났습니다. 선비족의 등자는 주조로 만든 등자였습니

그림 2-9 알타이 지역에서 발굴된 철제 등자 / 오른쪽은 쇠를 두들겨서 만든 단조 등자로 고구려에서도 유행했던 등자의 전형(러시아 상트페테르부르크 에르미타지 박물관)

다. 주조는 철을 녹인 것을 틀에 부어서 만드는 방법으로 만들기 쉽고 단단하지만, 무겁고 깨지기 쉽습니다. 반면에 고구려 등자는 단조로 만든 등자입니다. 단조는 불에 달군 쇠를 두들겨서 원하는 형태로 만드는 방법입니다. 단조는 만드는 공정이 좀더 복잡하지만, 재질이 단단해서 수명이 오래가는 장점이 있습니다.

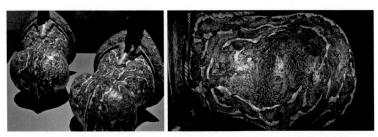

그림 2-10 천마와 배경을 금과 은사로 새겨넣은 화려한 철제 등자 / 통일신라시대(국립중앙박물관)

그림 2-11 러시아 황제의 황금 등자 / 오스만투르크로부터 평화의 유지를 위해 받은 선물이라고 한다.(러시아 크레믈린 궁전 무기고)

최강의 군대, 개마무사

등자의 역사에서 가장 주목받는 것은 고구려 등자입니다. 왜 고구려 등자일까요? 선비족이 고구려와의 투쟁과정에서 등자를 발전시켰지만, 전연(前燕)이 멸망하면서 선비족들의 등자기술은 단절되었습니다. 반면 고구려는 유목민족들과의 교류를 통해서 철제 등자를 중앙아시아에 전파시켰고, 이것이 서양까지 전해졌습니다.

등자의 전래는 수많은 전투기술이 발전될 수 있는 기초가 되었습니다. 고구려에서도 등자를 통해서 새로운 전투기법들이 나왔습니다. 그중 대표적인 것인 개마무사, 즉 중갑기병 운용전술입니다.

국립중앙박물관 고구려관에 가면 못이 박힌 신을 볼 수 있습니다.

그림 2-12 고구려 벽화 안악 3호분에 그려진 행렬도 모사도

사실 신이라기보다 신발에 부착시키는 보조도구였습니다. 도대체
이 용도가 무엇이었을까요?

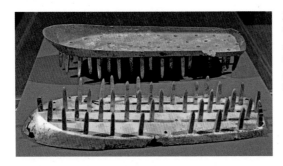

그림 2-13 고구려 개마기
병의 못신 / 신발 아래 덧
씌우는 보조 장비로, 근접
한 거리에서 적군을 발로
차는 무기였다.(국립중앙
박물관)

못신은 고구려가 자랑하는 당대 최강의 군사인 개마무사가 말을
탈 때 신발 밑창에 부착했던 것으로, 가까이 있는 적군을 발로 차서
공격하는 무기였습니다. 그러면 못신을 신었던 세계 최강군사였던
개마무사는 어떤 군사들이었을까요?

개마무사(鎧馬武士)는 보통 개마기병 또는 찰갑기병이라고 부릅니
다. 찰갑(札甲)을 미늘갑옷이라 하는데 미늘은 물고기 비늘 모양의
조각을 이야기합니다. 이 미늘 모양의 쇠조각들을 약간씩 겹치게 이
어 붙여서 몸 전체를 두르는 갑옷입니다. 찰갑은 벗으면 납작하게 접
힐 정도로 부피가 작고 가볍습니다. 개마무사는 머리에는 투구를 쓰
고 얼굴은 앞면을 제외하고 목부터 발까지 찰갑을 착용했습니다. 손
에는 가죽장갑을 꼈으며 발에는 못신을 신었습니다.

말도 몸통은 찰갑으로 덮었고 머리에는 철제 안면 갑을 씌웠습니
다. 이러한 개마무사의 모습은 고구려 무덤 안학3호분 그림에서 확
인할 수 있습니다. 갑옷으로 무장했기 때문에 움직이는데 무척 거추
장스러울 듯하지만, 찰갑은 활동성이 좋아서 말위에서 창으로 적을
찌르거나, 칼을 휘두르고, 활을 자유자재로 쏠 수 있었습니다.

또한 찰갑옷은 손상되었을 때 쉽게 수리할 수 있었습니다. 활이나 칼에 의해 갑옷이 손상되면 예비 찰갑편으로 그 부분만 교체하면 다시 오랫동안 입을 수 있었습니다. 그리고 중첩된 찰갑편은 완충 효과가 커서 활이나 창에 대한 방어력이 높았습니다. 단점은 다량의 가죽과 쇠조각을 사용하므로 제작비용이 많이 들고, 철 제련기술과 함께 충분한 철을 보유해야 한다는 점입니다.

고구려의 개마무사가 몸에 장착한 철은 그냥 철이 아닌 강철입니다. 고

그림 2-14 고구려 개마무사의 찰갑옷 (용산 전쟁기념관)

그림 2-15 국립중앙박물관에 전시된 개마기병 시합 벽화 모사도

구려는 단단하면서 무게는 가벼운 질 좋은 강철을 제조할 수 있는 기술이 있었기에, 세계 최강의 강철부대 개마무사를 운용할 수 있었습니다. 그래서 갑옷 역시 단연코 뛰어납니다. 얇은 물고기 비늘 조각 모양으로 쇠를 가공할 정도로 세련된 기술이 있었으니까요.

동아시아 갑옷의 원조, 고조선

● 고조선 갑옷은 중국보다 훨씬 발전했습니다. 뼈를 이어서 만든 고조선 갑옷은 고구려 찰갑의 전신입니다. 중국의 가장 이른 시기의 갑옷은 진시황 때 가죽으로 만든 갑옷으로 원시적이었습니다.

그러나 찰갑이 아무리 가볍다고 해도 들고 다니는 무기까지 합하면 무게가 수십 킬로그램은 되었을 것입니다. 병사가 갑옷을 착용하고 무기를 휘두르려면 고도로 훈련된 강인한 체력이 아니고선 감당하기 어렵습니다. 거기에다 말 위에서 무기를 휘둘러 적의 기병과 충돌하고 몸을 젖히거나 뒤틀어 날아오는 창을 피하려면 등자가 있어야 가능합니다. 못신을 신은 개마무사를 지탱하려면 중국 길림성 오녀산성에서 발굴된 것처럼 단조(쇠를 두들겨서 만든)로 제작된 튼튼한 등자라야 합니다.

4세기 중엽에 개마무사가 있었다는 것은 적어도 4세기 초에는 철제등자가 사용되었음을 알 수 있습니다. 인류역사에서 철제등자가 발명되기 이전에도 중갑기병은 있었습니다. 대표적으로 러시아 남쪽과 우크라이나를 중심으로 활약했던 사르마트(BC 2~AD 4세기) 군사의 모습을 보면 고구려의 찰갑기병과 비슷한 모습을 하고 있습니다. 러시아 카잔 국립박물관에 사르마트 병사가 들고 있는 칼은 우

그림 2-16 환두대도를 들고 갑옷을 입은 사르마트 병사의 모습 / 활의 형태에서 고구려 개마무사를 연상하게 한다.(러시아 카잔 국립박물관)

그림 2-17 사르마트 장창 기마병을 재현한 모형 / 사르마트는 등자의 유물이 없는 것은 물론이고 모형에도 등자가 나타나 있지 않다.(러시아 카잔 크레물린 박물관)

리 선조들이 사용했던 환두대도와 모양이 같습니다. 환두대도란 칼의 손잡이 끝이 둥근 고리 모양인 것을 말합니다. 그러나 사르마트군에게는 철제등자가 없었기 때문에 고구려의 개마무사처럼 전투에서 막강한 힘을 발휘하지는 못했습니다. 철제등자가 서쪽 사르마트까지 보급되지 않았기 때문입니다.

그런데 여기서 생기는 궁금증이 하나 있습니다. 말과 사람이 중무장한 개마무사 1기를 갖추는데 드는 비용은 얼마였을까요? 지금으로 치면 개마무사 1기(말과 무사)를 갖추는데 중형 승용차 1대 비용이 필요하다고 합니다. 즉 국가 경제력의 뒷받침으로 만들어진 개마무사는 현대적인 개념으로 이야기하면 첨단 기계화 사단 또는 장갑부대라고 할 수 있습니다. 적진을 뚫을 때 사용하는 5m가 넘는 긴 창(삭이라 부름)과 적진을 향해서 던지는 단창과 활, 도검 등으로 무장했다고 여겨집니다. 개마무사는 그런 만큼 공격력 또한 최상이었습니다.

여기서 세계 최강 전투부대의 전투장면을 묘사해 보겠습니다. 공격 명령이 내려오면, 강한 방어력을 가진 개마무사가 대열을 이룹니다. 그리고 적진을 향해 서서히 달리기 시작합니다. 육중한 장갑을 갖춘 기마 수천이 땅을 뒤흔들며 달려오는 모습은 적군에게 두려움을 느끼게 합니다. 발 아래로 진동이 느껴지고 귓가에는 말굽소리로 멍멍해지고 점점 가까이 다가오는 개마무사가 시야를 가득 채웁니다. 적의 궁수들은 이를 막기 위해서 사정거리에 도달한 개마무사들을 향해서 새까맣게 화살을 쏘아올립니다. 그러나 고구려 개마무사와 말이 입은 찰갑옷은 화살이 쉽게 뚫을 수 없었습니다. 개마무사는 쏟아지는 화살을 무시하고 속도를 높입니다. 적들이 화살을 계속 쏘아대도 개마무사들이 별 피해를 입지 않는 모습에 적은 싸울 의

지가 점점 흔들리게 됩니다. 거기에다 앞 열의 개마무사들은 약 5미터의 긴창을 겨드랑이에 밀착시켜 적진으로 돌진합니다. 이 때 적병사들이 접근하는 개마무사들을 향해 창을 던지지만 개마무사들은 크게 치명상을 입지 않습니다. 긴창을 앞세운 개마무사는 창을 세운 적군과 강하게 충돌합니다. 5m의 긴창은 적보병들이 들고 있는 창보다 더 깁니다. 육중한 무게로 달려오던 말들은 가속도가 붙어서 멈추지 않습니다. 수천 마리의 말과 기병들이 적 진영을 짓밟으며 강한 힘으로 순식간에 돌파해버립니다. 결과는, 막강한 공격력을 발휘한 개마무사들의 승리입니다. 지금의 탱크 또는 장갑차 같은 개마무사는 적의 활과 창의 공격으로도 피해를 입지 않았기 때문에 싸우면 이기는 무적의 군대였습니다.

06

말을 신성시한 기마민족

　　말을 타고 유라시아 대륙을 누비던 기마민족에게 말은 중요한 존재였습니다. 지금의 최고급 승용차와 같았으니 말에 대한 사랑이 대단했습니다. 그렇다면 말사랑의 최상급 표현은 무엇이었을까요?

　　서울의 창덕궁 희정당에 가면 무늬가 아름다운 굴뚝이 있습니다. 북쪽에는 코끼리, 남쪽에는 사슴, 서쪽에는 학 그리고 동쪽에는 천마가 그려져 있습니다. 천마그림은 단순하지만 천마의 특징이 잘 나타나 있습니다. 천마는 날갯짓 한 번으로 넘실대는 물결을 뛰어넘고 구름을 가르며 허공을 질주합니다. 휘날리는 갈기와 꼬리 그리고 부릅뜬 두 눈과 실룩거리는 콧구멍에서 느껴지는 힘찬 생동감은 경주 천마총의 천마도를 떠올리게 합니다.

　　이 '천마(天馬)'라는 상징은 고려시대 유물에서도 만날 수 있습니다. 국립중앙박물관의 고려시대 전시관에 가면 청동거울(포도수문동경)이 있습니다. 한가운데에는 두꺼비가 웅크리고 있으며, 두꺼비

그림 2-18 창덕궁 희정당 굴뚝의 천
마도 탁본(경복궁 국립고궁박물관)

그림 2-19 고려시대 청동거울인
포도수문동경(국립중앙박물관)

둘레에는 여러 마리의 동물이 있는데 3마리는 천마이고 3마리는 사
자같이 생긴 야수입니다. 야수는 사슴을 사냥하고, 포도밭에 앉은 새
들은 놀라서 날개를 푸드덕거립니다. 청동거울에서 천마는 날개를
활짝 펴고 두 다리를 힘차게 뻗으며 날아오르는 모습입니다. 천마는
고구려에서도 사랑받는 소재였습니다. 고구려 벽화에도 천마의 모
습이 나타나 있습니다. 천마는 유구한 역사속에 이어져 내려오는 우
리 선조들의 말에 대한 애정을 보여주는 최상의 표현입니다. 물론 천
마는 유라시아 대륙 전체에서 발견됩니다.

07

통치자 권위의 상징, 천마

'천마' 하면 떠오르는 것이 경주 천마총의 천마도입니다. 우리는 말 다래에 그려진 천마도가 발견된 무덤을 천마총이라 부릅니다. 말다 래는 말을 탄 사람의 옷에 흙이 튀지 않게 말의 안장 양쪽에 늘어뜨려 놓은 판으로, 장니(障泥)라고도 불렀습니다. 말다래는 가죽이나 헝 겊 또는 나무로 만들었습니다.

그러면 왜 천마를 그렸을까요? 말을 너무나 사랑했던 것만이 이유 는 아닐 겁니다.

고구려, 백제는 고조선을 이은 북부여로부터 유래된 국가들입니 다. 부여의 계급 중에서 왕밑에 있던 지배층으로 마가(馬加), 우가 (牛加), 저가(豬加), 구가(狗加)라고 들어봤을 겁니다. 전국을 4등분 해서 4출도를 각각 다스렸던 족장들입니다. 그중에서 마가가 있을

그림 2-20 천마총에서 출토된 천마도가 그려진 다래(국립경주박물관)

81

만큼 부여에서 말(馬)은 대단히 중요한 존재였습니다. 고조선시대부터 말은 최고의 교통수단으로, 수레와 마차를 끌었습니다. 말위에 직접 올라타면 걸어가는 사람보다 더 높은 시야가 생깁니다. 말을 타고 바람을 맞으며 드넓은 초원을 달리면 짜릿한 질주본능이 생기기도 합니다. 말을 타고 달리면 '하늘을 날아가는 듯' 하다고 합니다. 그런 기마민족들은 말을 탄 질주본능과 욕망을 자연스럽게 날개 달린 말로 표현했습니다.

그러나 천마에 대한 애착은 기마민족의 질주본능만으로는 설명이 부족합니다. 천마는 우리 민족이 밤이면 만났던 별자리와 깊은 연관이 있습니다. 천상열차분야지도를 설명하면서 자세히 이야기하겠지만 동양은 별자리를 3원 28수로 나누었습니다. 3원은 자미원, 태미원, 천시원으로 그중 자미원은 하늘의 중심으로 북극성과 북두칠성이 포함된 곳이며, 그 자미원을 둥그렇게 감싸면서 보호하는 28개의 별자리를 28수라고 합니다. 그 28별 중에 성(星)이라는 별이 있습니다. 그 별이 상징하는 동물이 '말'입니다. 즉 천마란 하늘의 천신(天帝)이 자신을 대신해서 지상세계를 다스리는 임금(天帝之子)에게 치하하는 하늘의 선물이자 통치력의 상징이었습니다.

그림 2-21 천마가 새겨진 말 장식 / 13세기 몽골제국 시대에 제작된 것으로, 청동으로 만들어졌다. 카스피해에 인접한 초원길 도시 아스트라칸에서 출토되었다.(러시아 상트페테르부르크 에르미타지 박물관)

천마를 여러 도구에 그려 넣은 것은 그 나라가 하늘로부터 인정받은 통치국가임을 과시하는 것이었습니다. 천마는 기마민족에게는 꿈과 같은 존재였습니다. 그래서 기마유목민족들은 왕이 죽어서도 타고 다닐 수 있도록 천마를 같이 묻었습니다. 천마에 대한 외국의 대표적인 사례는, 카자흐스탄 알마티 국립박물관에 전시되어 있는 사카족(스키타이) 왕의 무덤입니다. 왕이 죽으면 말도 같이 묻었는데 그중에는 산양의 뿔로 장식된 말이 같이 묻혀있습니다. 산양은 사람이 접근하지 못하는 천산(天山)산맥의 높은 지역에 살기 때문에 천신과 가장 가까운 신성한 존재라 믿었습니다. 그래서 알마티 국립박물관의 황금인간의 모자 앞쪽에도, 산양 또는 산양뿔을 장식한 천마가 있습니다.

그림 2-22 카자흐스탄 알마티 국립박물관에서 왕의 무덤을 재현한 모습 / 산양의 뿔로 장식된 말이 천마이다. 왕과 왕비가 사후세계에 하늘로 타고 갈 것이라는 믿음이 담겨있다. 또한 말의 등을 덮고 있는 천에도 천마의 모습이 보인다.

그림 2-23 카자흐스탄 이시크에서 출토된 스키타이 왕인 황금인간의 복제품 / 모자의 앞부분에 산양 또는 날개 달린 천마가 장식되어 있다.(카자흐스탄 알마티 국립박물관)

08

기마민족들의 필수품, 동복

등자와 함께 기마유목민족들의 특징으로 말 뒤에 싣고 다니는 청동 솥인 동복(銅鍑)이 있습니다. 국립중앙박물관 신라 전시실에 가면 청동 솥을 싣고 있는 기마인물상이 있습니다. 지하철 3호선 경복궁역 승강장에도 돌로 만든 신라 기마상 모조품이 전시되어 있습니다.

동복은 초원지대를 주름잡던 기마유목민이라면 누구나 하나씩 가지고 다녔던 것으로, 말의 주인이 죽으면 같이 묻었던 필수품이었습니다. 용도는 국물이 있는 탕을 만들어 먹거나 제사를 지낼 때 사용

그림 2-24 동복을 말 엉덩이 위에 싣고 있는 신라 기마인물상 토우(국립중앙박물관)

했습니다. 유목민족은 가축들을 먹일 풀을 따라서 끊임없이 이동합니다. 이동하다가 식사 때가 되면 말에서 내려 불을 피워 동복을 걸고 음식을 해먹습니다. 식사가 끝나면 다시 말 뒤에 솥을 싣고 이동했습니다. 유럽을 지배했던 훈족을 비롯한 대부분의 유목민족은 모양만 조금씩 다를 뿐 이와 같은 동복을 썼습니다.

그림 2-25 러시아 모스크바 국립 역사박물관에 전시되어 있는 동복

중앙아시아는 물론이고 러시아, 우크라이나, 불가리아, 세르비아, 헝가리에서도 유목민족의 무덤에선 어김없이 동복이 발견되고 있습니다. 이러한 기마유목민족적 특성이 담긴 동복은 가야와 신라의 유적에서도 출토되고 있습니다. 일반적으로 우리 선조들은 농경민족이었고 정착생활만 했다고 생각하지만, 박물관을 둘러보면 이러한 기마민족의 유물들을 쉽게 만날 수 있습니다. 말에서 먹고 잘 정도로 말과 같이 생활했던 기마민족이라면 생활에 편리한 도구들을 고안하는 것은 당연했습니다.

09

서쪽으로 간 등자가 한 일

고구려는 여러 주변국들과의 전쟁을 통해 철을 다루는 기술, 말타는 기술, 찰갑기병 전술을 세밀하게 발전시켰습니다. 이런 전술은 여러 북방유목민족에게 영향을 주었습니다. 고구려의 막강한 전투력을 배운 유목민족 중 유연(柔然)족은 유럽으로 진출하여 서양사에서 아바르(Avar)라는 이름으로 유럽인들을 공포에 떨게 했습니다.

유연은 선비족의 한 부류였습니다. 고조선의 마지막 국가였던 번조선(중국 〈후한서〉에는 '동호'라 부름)이 흉노에게 망하고 나서 오환과 선비로 갈라지는데 선비족은 '단석괴'라는 영웅 밑에서 부족들이 하나가 되어서 북으로는 바이칼 호수가 있는 시베리아와 서로는 천산산맥까지 광대한 선비제국을 세웠습니다. 단석괴가 죽고 나서 선비의 수많은 부족들이 중국 내륙으로 들어가서 소위 5호16국 시대가 시작되는데, 그때 유연족도 중원지역으로 이동하여 서기 402년에 나라를 세웁니다.

유연은 4~6세기 말까지 북방 초원지대를 차지한 유목민족입니다. 고구려와 교류를 하면서 철제등자와 개마무사에 관련된 기술을 전수받았습니다. 6세기 중엽 유연이 돌궐에게 패하자 서쪽으로 자취를 감추었습니다. 한편 돌궐족은 유연 밑에서 쇠를 다루던 사람들이었습니다. 쇠로 된 무기를 잘 만드는 기술을 바탕으로 돌궐제국을 세우기도 했습니다.

그림 2-26 알타이 산맥과 동시베리아에서 출토된 시대별 등자 / 왼쪽 위에서 첫 번째 등자가 5~6세기에 시베리아에 등장한 고구려식 등자(러시아 노보시비르스크 국립박물관)

자취를 감춘 유연은 유럽으로 진출했습니다. 고구려식 등자와 고구려식 중갑기병으로 무장한 무시무시한 집단으로 유럽에 등장한 유연족을 아바르(Avar)라 불렀는데, 발칸반도와 헝가리가 있는 판노니아 평원까지 휩쓸고 다녔습니다. 6세기 중앙아시아와 유럽에 이르기까지 광활한 지역을 석권했던 아바르족은 훈족(흉노)과 더불어 악명이 높았습니다. 아바르는 서쪽으로 가면서 흔적을 남겼습니다. 러시아 중앙에 있는 도시 노보시비르스크의 국립역사박물관에는 알타이에서 발견된 고구려식 철제 등자(5~6세기)가 전시되어 있습니다. 아바르의 무덤, 등자, 허리띠, 안장 등은 알타이에서 발견되는 것과 유사합니다. 볼가강 유역의 유적에선 고구려식 등자와 시베리아식 장검 등이 발견되었습니다. 아바르 이전의 기마민족들인 스키타이와 사르마트 때에는 쇠로 만든 등자가 등장하지 않습니다. 아바르 뒤를 이어 서쪽으로 이동한 전투기마민족은 기술이 한층 발달된 돌궐족, 마자르족, 몽골족이 있었습니다. 거대한 제국을 세웠던 돌궐제국이 망하고 나서 훗날 그들 기마민족은 셀주크 투르크와 오스만 투르크를 세워 동로마의 수도 콘스탄티노플을 함락시키고 지중해를 석권해서 대제국으로 오랫동안 남았습니다.

9세기 헝가리 판노니아 대평원에 등장한 마자르(말갈)족은 로마를 멸망시킨 훈족의 재림이나 다름없었습니다. 서유럽의 에스파니아(현재의 스페인)까지 쳐들어간 마자르는 유럽을 공포의 도가니로 만들었습니다. 이탈리아의 동쪽 도시 아퀼레아는 훈족과 마자르족이 지나다니는 길목이었는데, 이 도시의 폐허가 된 수도원 벽화에는 '오 신이시여, 마자르의 화살로부터 우리를 구해 주소서'라는 기도문과 함께 파르티아 사법으로 활을 쏘는 그림이 그려져 있습니다.

13세기에 몽골은 한층 발달한 조직과 무기 체계로 순식간에 유럽세계를 정복해버렸습니다. 다른 나라에 없는 물소 뼈를 붙여서 만든 탄성력 높은 활, 칼을 비롯한 다양한 무기가 있었습니다. 나무로 만든 안장은 앞뒤가 높아서 말 위에서 잠을 잘 수도 있었습니다. 이처럼 등자의 발명 이후 기마민족의 전투력은 비약적으로 발전하면서 세계의 역사를 주름잡았던 것입니다.

등자의 발명은 유라시아 대륙에 획기적인 변화를 불러왔습니다. 뛰어난 기마술로 타민족을 위협하던 기마유목민족들은 등자가 나오면서 더욱더 큰 파괴력으로 대륙을 주름잡았습니다. 그리고 그 중심에 서 있었던 국가는 지금까지 출토된 유물들을 놓고 볼 때 단연코 고구려입니다. 발달된 철기제조술로 등자뿐 아니라 찰갑옷, 칼, 창 등 다른 민족보다 빼어난 우수성을 지닌 철제도구들을 사용했습니다. 조그마한 철제등자에는 그 옛날 대륙을 호령했던 우리 선조들의 위대한 기상이 숨쉬고 있는 것입니다. 앞으로 박물관에서 등자를 보게 되면, 무심히 지나치지 말고 우리 선조들의 기상을 느껴보시길 바랍니다.

그림 2-27 고구려 개마기병을 연상하게 하는 투르크 기병(러시아 상트페테르부르크 에르미타지 박물관)

나는 박물관 간다

세상을 뒤집은
인류 최초
금속활자

01

영화 속 '구텐베르크 성경'의
역설

미국 헐리우드 영화 중에 〈투모로우, The Day After Tomorrow
(2004)〉가 있습니다. 온난화로 인해 지구의 북반구가 갑자기 빙하로
덮힌다는 내용의 재난영화입니다. 영화에서 뉴욕도서관에 피신해 있
던 사람들이 추위때문에 책을 태우는 장면이 나옵니다. 마치 지난 과
거의 문명이 끝났음을 암시하는 듯한 장면입니다. 피신한 일행 중 한
명이 희귀본인 구텐베르크의 성경을 꽉 움켜쥐고 태우려 하지 않습니
다. 그 모습을 보고 있던 여자 주인공은 "신은 너를 구해주지 않는다"
라고 말하자, 책을 쥐고 있던 이가 "나는 신을 믿지 않지만 우리 문명
이 끝나더라도 인류 최초로 인쇄된 책 구텐베르크의 성경만이라도 보
존하고 싶다"라고 합니다. 구텐베르크 성경은 인류가 이성의 시대로
진입했음을 의미하며, 구텐베르크의 인쇄는 인류가 만든 최고의 성과
라고 합니다.

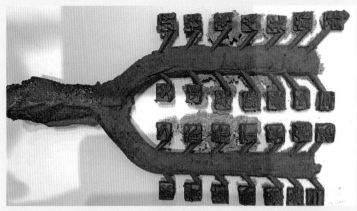

그림 3-1 활자가 달려 있는 가지쇠 / 거푸집에 쇳물을 부은 후 쇳물이 식으면 가지쇠에서 활자를 떼어내 다듬는다.(청주 고인쇄박물관)

그림 3-2 청주 고인쇄박물관에 전시되어 있는 〈백운화상초록불조직지심체요절〉의 영인본. 보통 〈직지심체요절〉이라고 부른다. 〈직지심체요절〉은 고려말 국사였던 백운스님이 선불교에서 내려오는 부처와 고승의 가르침을 모아 만든 책으로, 상하 두 권 중 현재 하권만 남아있다.

그림 3-3 청주 고인쇄박물관 앞에 세워진 직지 기념물

당시 영화를 보며 필자가 무척 씁쓸했던 기억이 납니다. 지금은 우리의 직지심체요절이 세계 최초의 금속활자본이라는 사실이 비교적 잘 알려져 있지만 얼마 전까지만 해도 구텐베르크 성경이 세계 최초라 알려져 있었습니다. 우리나라에는 세계에서 가장 오래된 목판인쇄물인 〈무구정광대다라니경(제작연대 700~751년)〉이 있고, 세계에서 가장 오래된 금속활자 인쇄물인 〈직지심체요절(1377년 제작)〉이 있습니다. 우리나라는 목판인쇄술 및 금속활자 인쇄술에 있어서 세계 최초이면서 최고라는 타이틀을 다 거머쥔 인쇄술의 종주국입니다.

인쇄술은 목판인쇄와 활판인쇄가 있습니다. 목판인쇄는 커다란 나무판에 글자를 새긴 후 먹을 묻혀 종이로 찍어내는 방법이고, 활판인쇄는 글자 하나 하나를 조합해서 판을 짠 후 먹을 묻혀 종이로 찍어내는 방법입니다. 목판인쇄는 책 한 권을 만들 때마다 커다란 나무판 수백 개가 필요하고, 화재나 사고로 목판이 파손되기 쉬우며, 만들기도 어렵지만 만드는 중간에 글자가 잘못되면 다시 새 판으로 새겨야 한다는 문제가 있습니다. 반면에 활판인쇄술은 목판과 같은 단점도 없고 활자를 조합하여 페이지를 배열하기만 하면 순식간에 수백 장도 찍어낼 수 있는 매우 획기적인 인쇄술입니다.

새로운 천년이 시작되기 전인 1999년에 미국의 유명 시사잡지 〈라이프〉는 지난 천년 동안 인류에게 가장 큰 영향을 끼친 100대 사건에 대해 설문조사를 했습니다. 당당히 1위를 차지한 것이 '구텐베르크의 금속활자 발명에 의한 성경인쇄'였습니다. 비슷한 시기에 〈타임〉지는 지난 천년 동안 최고의 인물을 선정했는데 역시 '금속활자를 발명한 구텐베르크'였습니다. 이 기사를 볼 당시 우리가 들어야 할 축배를 서양인들에게 빼앗겼다는 생각을 했습니다.

02

동양의 종이와 인쇄술로
문화의 꽃을 피운 유럽

서양에서 구텐베르크를 유난히 칭송하는 이유는 무엇일까요? 그것은 유럽으로 종이가 전파되는 과정과 인쇄술이 발달하는 과정을 살펴보면 이해가 갑니다.

중앙아시아 우즈베키스탄은 시르다리아 강과 아무다리아 강 사이에 있는 비옥한 땅입니다. 아랍어로는 '마베른나흐르'라고 부르는데, '강 건너편'이라는 뜻입니다. 중앙아시아에선 유일하게 기마민족들이 정착해서 농사를 지으며 살기 시작한 곳입니다.

당나라는 당시 그곳에 있는 실크로드의 중요한 도시인 타슈켄트(현 우즈베키스탄의 수도. 당시 석국)와 사마르칸트를 차지하고 있었습니다. 타슈켄트(석국) 사람들은 당나라를 몰아내기 위해서 아랍에게 도움을 요청했고, 이로 인해 압바스 왕조의 군대와 당나라가 전투를 벌였습니다. 이 전투를 계기로 종이 만드는 기술이 서쪽으로 전파되는데 그 중심인물에 고구려 유민의 아들 고선지 장군이 있었습니다. 그는 고구려가 망한 후 당나라에서 태어나, 당 현종 때 명장이 되었습니다. 751년 고선지 장군이 이끄는 당나라 군대는 지중해를 평정한 이슬람 제국 압바스 왕조의 군대와 중앙아시아 '탈라스 계곡'(현 키르키스탄)에서 전쟁을 벌였습니다. 그런데 당나라 군대 내부에서 반란이 일어나면서 천하의 명장 고선지 장군이 전쟁에 패하게 되는데, 이때 압바스 진영에 끌려간 약 2만여 명의 당나라군 포로들 중에 종이 만드는 기술자들이 있었습니다.

덕분에 아랍은 운좋게 종이 만드는 기술을 습득할 수 있었고, 이후 거대한 제국의 통치에 일대 혁신이 일어나게 됩니다. 당시 아랍은 양의 가죽으로 만든 양피지와 파피루스(파피루스 식물의 줄기를 가른 후 두들기고 건조시켜 종이로 사용)를 사용하여 기록을 하고 있었는데 여간 불편한 일이 아니었습니다. 이슬람 경전인 코란 한 권을 만들려면 양 3백 마리가 필요했습니다. 양가죽 확보를 위해 양을 계속 잡아야 했고 양가죽에 물이 묻으면 글씨가 쉽게 지워지는 단점도 있었습니다. 파피루스 역시 쉽게 찢어지고 값이 비싸다는 단점이 있었습니다. 때문에 책은 만들기 어렵고 비싼 귀중품과 같았습니다.

그런데 만들기 쉽고 가벼우며 글씨가 잘 지워지지 않는 종이를 만들 수 있게 되면서 문서기록과 저장, 전달에 일대 혁신을 가져왔습니다. 아랍은 수백 개의 종이공장을 세웠고, 이때 만들어진 '사마르칸트

그림 3-4 이란의 중심 도시 에스파한에 있는 체헬 소툰(Chehel Sotun) 궁전에 전시되어 있는 9세기 양피지로 만든 코란

그림 3-5 양피지에 만든 성가 악보(이탈리아 시에나 대성당 박물관)

종이'를 통해 많은 책을 아랍어로 번역해 펴냈습니다.

그러나 동시대의 유럽은 여전히 양피지 위에 손으로 쓴 책이 전부였습니다. 아랍이 비약적인 발전을 이룰 때 유럽은 여전히 제자리였던 것입니다. 유럽은 다마스커스(현 시리아의 수도)같은 아랍의 도시로부터 비싼 종이를 수입해야 했습니다. 아랍, 아프리카 북부와 지중해 연안까지 종이 제조술이 널리 퍼지면서 인접한 유럽도 종이를 접하게 되고 종이 제조술을 알고자 열망했습니다. 유럽이 종이 제조술을 알게 된 것은 12세기에 들어서입니다.

그림 3-6 팔만대장경 목판의 복제품(인천강화역사박물관)

당시 스페인은 약 8세기(8~15세기) 동안 아랍이 지배하고 있었습니다. 당연히 인쇄기술을 가지고 있었으며 인쇄한 책이 다량 있었습니다.

그러다 마드리드 인근 톨레도가 기독교 국가에게 함락되면서 엄청난 분량의 책과 종이 만드는 기술이 프랑스로 들어갔습니다. 12세기 프랑스에 처음으로 종이 제조공장이 세워졌고, 이후 종이 제조술은 독일, 이탈리아, 영국 등 전 유럽으로 퍼져나갔습니다. 이탈리아 최초의 제지공장은 13세기에 세워졌습니다. 종이가 유입되면서 이탈리아는 아랍의 책을 수입해서 라틴어로 번역하기 시작했습니다. 이어서 이탈리아를 중심으로 르네상스 문화가 발생하기 시작했습니다.

흔히 르네상스라고 하면 미켈란젤로, 레오나르도다빈치 등 건축과 그림에 관한 천재들을 떠올리지만, 문예부흥을 의미하는 르네상스는 예술 전반에 걸친 문화정신운동입니다.

목판인쇄술의 경우는 어떨까요? 유럽이 언제 목판인쇄술을 전수받게 되었는지는 정확하게 밝혀지진 않았습니다. 추측건대 동서양을 오가는 해양상인들을 통해 목판인쇄물을 접했던 것으로 보입니다. 서울대학교 홍성욱 교수는 〈홍성욱의 과학 에세이〉에서 '서양은 15세기 초엽에야 목판이 게임용 카드나 성화(聖畵, 종교그림)를 인

그림 3-7 스페인 마드리드 인근 톨레도 / 한때 화려한 이슬람 도시였던 곳으로, 12세기에 종이 만드는 기술이 서양으로 유입되도록 하는 역할을 했다.

쇄하는데 사용되었다'고 소개하였습니다. 아마도 종이제조술을 전수받은 후에도 계속 손으로 필사하여 책을 만들었을 것입니다.

유럽에 종이 만드는 기술이 들어갔지만 유럽은 여전히 수도원과 왕실 그리고 귀족들이 아니고선 책이 없다고 해도 될 만큼 귀했습니다. 문맹률이 높았던 유럽에서 정보와 지식은 극히 소수의 전유물이었습니다. 일반인들에게는 암흑과도 같은 시기를 보내고 있었습니다. 설상가상으로 페스트가 퍼지면서 국가의 시스템이 붕괴되고 기독교에서는 손을 놓아버립니다. 유럽은 혼란에 빠지고 교권에 도전하는 농민전쟁이 일어나고 프라하에선 후스파가 이끄는 유럽 최초의 종교개혁 등이 일어났습니다.

그러던 중 독일의 구텐베르크가 15세기에 서양 최초의 금속활자 인쇄를 했습니다. 구텐베르크가 입수한 금속활자 인쇄술로 찍어낸 책을 통해 일반인들도 지식과 정보를 공유하기 시작했습니다. 뒤늦게 르네상스 시대의 책들이 널리 퍼지게 되면서 유럽인들은 그 동안의 무지에서 벗어나게 되었습니다.

라틴어로만 쓰여졌던 성경이 루터에 의해 독일어판으로 인쇄되면서 교회의 문제점을 알게 되었고 결국 종교분쟁(종교개혁)까지 가게 되었습니다. 지식이 일반대중에게도 퍼지면서 정보를 독점하던 극소수의 권력층이 붕괴되기 시작했습니다. 기독교 중심의 세계에서 이성적인 계몽주의 시대가 싹트게 되었습니다. 그 여파로 유럽인들은 호수나 다름없는 지중해에서 대서양으로 나가, 대항해 시대를 열었습니다. 아메리카 대륙을 정복하고 천문학적인 금은보화를 가져오게 되었습니다. 중국에게 만성 적자에 시달리던 유럽이 빚을 다 갚고 세계사에서 강국으로 등장하기 시작했습니다. 해가 지지 않는

그림 3-8 1455년 구텐베르크가 인쇄한 42행 성서 영인본
(청주고인쇄박물관)

합스브르크의 스페인이 나왔고, 스페인의 뒤를 이어 해가 지지 않는 대영제국이 출현했습니다. 또한 지식의 축적과 전파는 산업혁명을 촉발시켰고 프랑스 시민혁명을 일으키게 했습니다. 이렇듯이 금속활자 인쇄기술은 유럽으로선 천지가 개벽하는 대단히 획기적인 사건이 아닐 수 없었습니다. 한마디로 금속활자는 꼴찌였던 서양을 일등으로 만들었습니다. 서양인들이 그토록 자랑스러워하는 르네상스는 동양이 전해준 종이와 인쇄술이 없었다면 불가능한 일이었습니다. 이제 서양에서 왜 구텐베르크를 그토록 위대하게 여기는지 이해할 수 있을 것입니다.

그런데 유럽이 종이조차 만들지 못하던 시기에 우리 민족은 금속활자를 세계 최초로 만들었습니다. 목판인쇄는 삼국시대 때부터 시작되어 고려 때 최고의 발전을 이룩하였고, 고구려시대에 등장한, 금속에 글자를 새기는 기술은 고려에 와서 금속활자 발명으로 이어졌습니다. 세계 최고(最古)의 목판인쇄본인 〈무구정광대다라니경〉이 경주 불국사의 석가탑에서 발견되었고, 역시 세계 최고의 금속활자인쇄본인 〈직지심체요절〉은 프랑스의 국립도서관에서 우리나라의 박병선 박사에 의해 발견되었습니다. 직지심체요절(1377년)은 구텐베르크가 양피지에 인쇄한 42행 성서(1453~1455년 사이)보다 최소 75년 이상 앞서 제작된 것입니다. 이로써 우리나라는 명실공히 인쇄술의 종주국으로 인정을 받게 되었습니다.

03

목판과 금속활자 인쇄술의 선진국,
고려

　사람들이 손으로 직접 쓰는 것에서 벗어나 인쇄술이 발명된 것은 실로 엄청난 혁명입니다. 그 혁명의 시작은 목판인쇄술입니다. 누가 세계 최초로 목판인쇄술을 발명했는지는 밝혀지지 않았습니다. 목판인쇄가 처음으로 시작된 나라는 중국으로 추정되고 있으며, 우리나라는 삼국시대를 거쳐 고려시대에 이르러 찬란한 목판인쇄술의 결과물들이 탄생됩니다.

　대표적인 것이 몽골의 침공을 부처의 힘으로 물리치고자 만들어진 해인사(경남 합천)의 팔만대장경입니다. 제작기간은 약 16년이며, 경판의 수가 무려 81,258개나 됩니다. 이토록 방대하게 제작된 목판은 세계적으로도 유례를 찾기 힘듭니다. 문화적 가치가 높아 유네스코 세계문화유산으로 지정되었습니다.

앞서 설명한 것처럼 목판인쇄술은 손으로 쓰는 것에 비하면 획기적인 기술이지만, 불편한 점이 있었습니다. 그래서 고안된 것이 금속으로 글자를 새겨 조합해 인쇄하는 활판인쇄술입니다. 세계 최고의 금속활자본인 〈직지심체요절〉은 고려의 백운스님이 선불교에서 내려오는 부처와 고승의 가르침을 모아 만든 책으로 상권과 하권으로 이루어졌는데, 현재 남아있는 건 하권입니다.

금속활자인쇄본인 〈직지심체요절〉은 본래 우리나라에 있었는데, 1887년 한국에 온 초대 주한 프랑스 공사 콜랭 드 플랑시(Colin de Plancy)가 수집하여 프랑스로 가져갔습니다. 훔쳐간 것이 아니라 돈을 주고 구입해간 것으로 알려져 있습니다. 이후 앙리 베베르(Henri Vever)가 직지를 사들였고, 그의 유언에 따라 1950년 프랑스 국립도서관에 기증되었습니다.

우리의 자랑스러운 문화유산이 프랑스에 있는 것은 무척 안타까운 일입니다. 하지만 구한말과 일제시대 때의 혼란을 생각하면 프랑스가 직지를 보유했기 때문에 세계 최초의 금속활자 인쇄본이라는 사실이 알려진 것이어서 어쩌면 그나마 다행이 아닐까 하는 생각도 듭니다. 프랑스 국립도서관 서고에서 조용히 잠자던 직지를 세상 밖으로 끌어낸 이는 당시 프랑스 국립도서관에서 일하던 박병선 박사였습니다. 그녀는 '세계 도서의 해' 기념 도서전시회를 준비하느라 서고를 살펴보던 중 〈직지심체요절〉이라고 쓰여 있는 작은 책을 발견합니다. 책에 남아 있는 미세한 금속가루, 그리고 책에 쓰여진 제작시기 등을 바탕으로 이 책이 금속활자본임을 알게 되었습니다. 그리고 그녀의 연구로 직지는 세계 최초의 금속활자본으로 공인받게 되었고 2001년 유네스코 세계기록유산에 등재되었습니다. 〈직지심체요절〉

의 위대함에 대한 경의로, 유네스코가 매년 세계의 기록문화유산보호에 기여한 이들에게 수여하는 상 이름이 '직지'이기도 합니다.

그런데 박병선 박사는 1866년 병인양요 때 프랑스군이 약탈해간 외규장각 도서가 프랑스 국립도서관에 보관되어 있다는 사실을 한국에 알림으로써 프랑스 국립도서관에서 해고되었습니다. 1782년 정조는 규장각에서 보관하던 의궤(왕실의 중요한 의식과 행사 등을 기록한 책) 등 서적들을 강화도의 규장외각(외규장각)에 보관하게 하였는데, 이것을 외규장각 도서라고 부릅니다.

그녀의 희생을 바탕으로 우리나라는 외규장각 도서 반환을 요구할 수 있었고, 약 20여 년의 기나긴 줄다리기 끝에 '대여(5년마다 갱신)'의 형태로 우리나라로 돌아왔습니다. 지금은 고인이 되었지만, 우리나라의 위대한 문화유산이 세상의 빛을 보게 해준 박병선 박사의 노력에 경의를 표합니다.

04

구텐베르크,
고려의 금속활자술 모방했는가?

세계 최초의 금속활자를 발명한 건 우리나라이지만, 서양에서는 구텐베르크가 여전히 추앙받고 있습니다. 그런데 영국의 존 홉슨 교수는 구텐베르크의 금속활자는 한국의 금속활자를 모방한 것이라고 주장했습니다. 그가 증거로 제시한 것이 바로 〈직지심체요절〉입니다. 한국은 이미 목판인쇄술이 찬란한 발전을 이루며 금속활자 발명의 토대가 마련되었지만, 유럽은 12세기에 들어서야 종이를 전수받았고, 인쇄술은 발전하지도 않았기에 고도의 기술을 요하는 금속활자를 갑작스럽게 개발할 토양이 없었다는 점을 지적했습니다.

동양은 오래 전부터 종이와 인쇄술이 발달했고 그 중심에는 우리나라와 중국이 있었습니다. 동양과 서양은 이미 수천년 전부터 지속적인 문명교류를 이어왔습니다. 각기 새로운 발명을 하기도 하지만, 교류를 통해 기술이 전파되고 그 기술은 점점 더 발전하게 됩니다. 인쇄술도 예외는 아니었습니다.

그런데 다른 문명으로부터 전수받은 것을 활용하는 걸음마 단계였을 유럽에서 가장 발전된 형태의 금속활자 인쇄술이 발명되었다는 것은 참 뜬금없는 이야기입니다. 게다가 구텐베르크는 인쇄전문가도 아니었으니 의구심을 갖지 않을 수 없습니다.

그러던 차에 미국의 엘 고어 전(前) 부통령이 지난 2005년 서울 디지털 포럼에서 구텐베르크가 우리 민족에게서 금속활자 인쇄술을 전해 받았다는 말을 던져 모두를 놀라게 했습니다. "독일의 구텐베르크가 인쇄술을 발명했다고 하지만, 사실 그는 서양의 교황사절단이 고려를 방문한 뒤 얻어 온 금속활자 인쇄기술을 모방한 것"이라는 것입니다. 이러한 사실을 스위스 인쇄박물관에서 알게 되었다고 했습니다. 얼마 뒤 스위스 인쇄박물관도 엘고어의 주장을 뒷받침하는 연구결과를 발표하기도 했습니다. 너무나 뜻밖의 이야기지만, 그의 이야기는 점차 신빙성을 얻고 있습니다.

〈직지심체요절〉을 소재로 2016년에 만들어진 다큐멘터리 영화 '금속활자의 비밀들'의 제작팀은 로마 바티칸 교황청의 수장고에서 1333년 로마 교황이 고려 충숙왕에게 보낸 서신의 필사본을 발견했다고 밝혔습니다. 1333년이면 직지심체요절의 제작시점(1377년)보다도 앞선 시기입니다. 엘 고어의 말처럼 고려와 로마가 직접 교류를 했던 관계였음이 증명된 것입니다. 당시 한국 사절단이었던 니콜라우스 추기경과 구텐베르크가 알던 사이였다고 합니다.

또 다른 증거로 대구 MBC방송에서 제작한 〈구텐베르크 고려를 훔치다〉에서 프랑스 활판인쇄 전문가 드로니용 박사는 3D전자현미경으로 42행 성서의 인쇄표면을 연구해서 놀라운 결과를 얻었습니다. 구텐베르크가 활자를 만들었던 방법은 고려가 활자를 만들었던 방법인 주물사 주조방식과 동일하다는 것입니다. 인쇄물 표현에 모래(주물사) 흔적이 남았는데 이는 주물사 주조방식으로 만든 활자에서만 나오는 현상으로 이미 유럽에 고려의 활자제조술이 건너가 있었음을 말해줍니다. 이로써 고려를 통해 로마 교황청이 직접 금속활자 인쇄술을 입수하였고, 이것이 구텐베르크에게 전해진 것이라는 주장이 틀리지 않은 것입니다.

05

'이란의 구텐베르크'를
만나다

　필자는 전세계 곳곳을 많이 다녀보았습니다. 그중에 이란인들이 꼭 가보라는 도시가 있는데, 바로 이란 중부에 위치한 에스파한입니다. '세상의 절반'이라는 뜻에 걸맞게 곳곳이 대단히 아름답게 꾸며져 있습니다.

　이 이슬람 도시에 기독교인들이 사는 줄파구역이 있는데, '상업의 신들'이라는 아르메니아인들을 모셔와서 살게 만든 곳입니다. 17세기 초 이곳을 지배하던 사파비 왕조의 아바스 1세가 아르메니아인들의 수완을 이용해서 번창한 국가를 만들고자 했기 때문입니다. 지금도 유태인 2명이 아르메니아인 1명을 못 당한다는 말이 있을 정도로 아르메니아인들은 재주가 뛰어납니다.

　아르메니아인들이 사는 줄파지역에 이슬람 사원을 개조한 반크 교회가 있습니다. 내부 벽면을 기독교 성경 속 내용을 그림으로 화려하게 장식해 놓은 곳입니다. 그 교회 바로 앞에 자리한 아르메니아 박

그림 3-9 '이란의 구텐베르크' 라 불리는 가차투르 바르다페트(Khachatour Vardapet) / 자신이 개발한 인쇄기 앞에 서서 활자를 보고 있다.(이란 에스파한의 줄파지역에 위치한 반크 교회 앞)

그림 3-10 1841년에 만들어진 줄파 인쇄기 / 가차투르의 줄파 인쇄기는 발명 후 계속 변화를 거쳤는데, 이것은 세 번째 버전이다.(에스파한 아르메이나 박물관)

물관에는 아르메니아 출신으로 '이란의 구텐베르크'라 불리는 가차투르 바르다페트(1590~1646년)의 금속활자 인쇄기가 있습니다.

묵직해 보이는 인쇄기 위엔 독수리가 앉아 있고, 바로 아래는 뱀 같기도 하고 용같기도 한 동물 두 마리가 장식되어 있습니다. 이 인쇄기 때문에 실크로드에 관한 국내 최고 권위자인 정수일 교수와 독일 학자들이 모여서 '새로운 금속활자를 찾아서'라는 학술대회를 열었고, 금속활자 전파경로에 대한 실마리가 어느 정도 풀리게 되었습니다.

그때 금속활자가 독일로 넘어간 통로가 두 가지로 정리되었습니다. 하나는 한국 → 중국 → 중앙아시아 → 이란 → 유럽 → 독일에 이르는 오아시스 길이고, 다른 하나는 한국 → 몽골 → 남시베리아 → 유럽 → 독일에 이르는 초원로입니다. 어찌 되었건 이란의 금속활자 인쇄기술도 우리 기술을 바탕으로 했다는 사실이 분명합니다.

그림 3-11 세 번째 버전의 줄파 인쇄기로 인쇄된 책들과 시대별 활자가 진열되어 있다.(아르메니아 박물관)

06

직지보다 138년 오래된 금속활자본, 증도가는 진짜일까?

112

〈직지심체요절〉은 현존하는 세계에서 가장 오래된 금속활자 인쇄물입니다. 그런데 현재 존재하지는 않지만, 직지보다 오래된 금속활자 인쇄물들이 있었다는 기록들이 있습니다. 불과 얼마 전까지만 해도 기록상 가장 오래된 금속활자본은 〈상정고금예문(1234~1241년)〉이었습니다. 〈상정고금예문〉은 고려 인종 때 왕명에 의해 만들어진 법과 도덕에 대한 책입니다. 이 책은 지금은 남아있지 않지만, 고려시대 문신 이규보의 〈동국이상국집〉에 〈상정고금예문〉을 금속활자로 찍어서 관청에 배포하였다는 기록이 있습니다.

최근에 이보다 더 오래된 책이 있었음이 알려졌는데 이름하여 〈남명천화상송증도가(南明泉和尙頌證道歌)〉입니다. 당나라 현각 스님이 지은 '증도가'를 송나라 남명선사 법천이 해설한 해설서로, 책의

나는 박물관 간다

내용은 스님들이 독송을 해서 중생의 번뇌를 덜어주는 선불교의 지침서입니다. 성철스님도 젊은 시절 이 책을 읽고 출가를 결심했다고 합니다.

〈남명천화상송증도가〉의 제작연대는 고려 고종 때인 1239년으로 알려져 있습니다. 처음엔 목판본으로 알려졌다가, 책의 활자모양과 흔적 등을 토대로 뒤늦게 금속활자본이라는 주장이 제기되었습니다. 우리나라에는 삼성출판박물관, 경남 양산 공인박물관, 대구 국립중앙도서관 일산문고(개인) 등에 인쇄본이 보관되어 있습니다. 학계에서 치열하게 논쟁 중인데, 〈남명천화상송증도가〉가 고려 금속활자 인쇄물이라는 것이 인정되면, 이것이 세계 최고(最古)의 금속활자본이 되는 것입니다.

그림 3-12 남명천화상송증도가의 영인본(청주 고인쇄박물관)

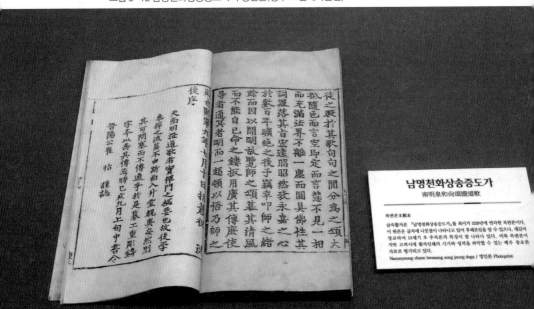

금속활자 발명을 이끌어낸
우리 선조의 금속제련 · 가공술

금속활자 인쇄술은 쉽게 갖출 수 있는 기술이 아닙니다. 우선 종이의 대량생산이 가능해야 하고, 둘째는 활자인쇄에 알맞는 먹을 개발해야 하고, 셋째는 금속을 다루는 기술이 뛰어나야 합니다. 금속활자가 발명되기 훨씬 이전부터 우리 민족은 금속에 글자를 새기거나 그림을 그리는 고도의 기술을 가지고 있었습니다.

신라 경덕왕 때인 771년에 만들어진 성덕대왕 신종(에밀레종) 하나만 봐도 그렇습니다. 무려 18.9톤의 무게를 가진 거대한 동종의 몸체에 천여 개의 글자와 36개의 연꽃, 비천상 등이 정교하게 새겨져 있습니다. 얼마나 잘 만들었으면 현대에 들어서 종 윗부분에 있는 용뉴(용모양의 고리)에 쇠줄을 연결해서 걸려고 했는데, 그 쇠줄을 만들다가 실패한 일화는 유명합니다. 신라시대에 어떤 기술로 이토록 단단하고 정교한 종을 만들었는지 놀라울 따름입니다.

그림 3-13 (좌)1천여 자의 글자가 새겨져 있는
성덕대왕 신종(국립경주박물관), (우)성덕대왕
신종의 탁본(국립중앙박물관)

　　고려 광종 때 창건된 것으로 추정되는 용두사라는 절이 있습니다.
이 절은 거란과 몽고침입을 거치면서 없어졌고 지금은 충북 청주에
철당간만 남아있습니다. 철당간이란 사찰 입구에 깃발을 매다는 장
대로, 철로 만들어졌습니다. 높이가 12.7m인 이 철당간 기둥에 393
개의 글자가 정교하게 새겨져 있습니다. 철에 작은 크기의 명문을 새
겨 넣은 솜씨가 놀랍습니다.

　　고구려의 장수왕은 그의 아버지 광개토태왕을 기념해서 청동그릇
10개를 만들었다고 합니다. 현재 1개만 남아있는데, 이 그릇의 바닥
에도 글자가 정교하게 새겨져 있습니다.

　　이렇게 몇 가지 유물만 살펴보더라도 우리 민족이 금속을 다루는
기술이 뛰어났으며, 오랜 세월에 걸쳐 그 기술이 전승되었음을 알 수
있습니다.

　　고려가 금속활자로 책을 찍어냈다는 것은 어떤 의미일까요? 이는 문
화적인 면과 기술적인 면이 대단히 뛰어난 나라였다는 의미입니다. 25

대 충렬왕 때 이르러 원나라에 굴복하여 스스로 '황제'에서 '왕'으로 낮추어 불렀어도 고려의 우수한 문화와 기술력은 사라지지 않았습니다.

금속활자가 발명된 후에도, 목판인쇄 또한 지속적으로 사용되었습니다. 목판본을 만드는데 워낙 숙련된 기술을 보유하고 있어 대단히 빠른 속도로 글자를 새겨 넣을 수 있었기에 조선후기까지 오랫동안 활용되었습니다.

그림 3-14 경주 호우총에서 출토된 '광개토태왕' 글자가 새겨진 청동호우(그릇) / 장수왕이 아버지 광개토태왕을 기념해서 만든 청동 그릇(국립중앙박물관)

고려시대에 처음 만들어진 금속활자는 모양과 크기가 일정하지 않아 인쇄상태가 깔끔하지는 않았습니다. 그러다 조선시대에 들어오면서 금속활자 인쇄술이 고도로 진화하기 시작했습니다. 특히 세종 때 만들어진 갑인자는 20여 만 개의 대자(大字)와 소자(小字)로, 기존 금속활자보다 훨씬 더 글자모양이 바르고 글자간 간격도 일정합니다. 가히 우리나라 금속활자의 백미라 할 만합니다. 당시 활자를 만든 사람들이 천문기기를 제작하는 과학자들이었다고 하니, 활자

그림 3-15 복원된 직지심체요절 활자판(청주 고인쇄박물관)

모양이 정교한 것은 어쩌면 당연하다 하겠습니다. 그후로도 여러 왕을 거치며 다양한 필체로 활자를 만들어 실용성을 높여갔습니다.

인쇄술이 비약적인 발전을 이루면서 조선은 그 어떤 나라에서도 존재하지 않는 〈조선왕조실록〉과 〈승정원일기〉 같은 방대한 기록을 남기게 되었습니다. 〈조선왕조실록〉은 총 6,400만 자에 이르며 중국과 일본의 어떤 실록보다 앞섭니다. 태조부터 철종까지 25대에 이르는 왕조의 매일매일을 자세히 기록해 놓았습니다. 당대 왕조차 살아생전에 자신의 기록을 볼 수 없어서, 그 기록의 객관성도 인정받고 있습니다. 〈조선왕조실록〉과 아울러 조선을 대표하는 기록물로 〈조선왕조 의궤〉가 있습니다.

의궤란 조선왕조의 왕실과 국가에 큰 행사가 있을 때 행사의 주요 장면이나 도구 등을 그림으로 그려 넣고, 그 행사의 과정, 참여자, 들어간 비용 등을 자세한 그림과 함께 구체적으로 기록하여 놓은 책을 말합니다. 말하자면 그림이 첨부된 행사보고서입니다. 당대 최고의 화가들이 참여해서 만든 사진과 같은 책으로 예술적 가치도 매우 높습니다.

이런 왕실 의궤는 한중일 3국 중에서도 우리나라에만 존재하며, 전

그림 3-16 화성성역의궤 / 수원화성을 만드는 과정부터 제도, 의식 등을 그림과 함께 자세하게 기록한 책(경복궁 국립고궁박물관)

세계적으로도 희귀한 문화유산입니다. 서울대학교 규장각, 한국학중앙연구원 장서각, 국립중앙박물관 등에 약 3,895권이나 보관되어 있다고 하니 정말 놀라운 기록이 아닐 수 없습니다. 그리고 국외엔 프랑스와 일본에도 보관되어 있습니다. 우리나라에 있는 건 유네스코 세계기록유산으로 등재되었습니다. 의궤의 대표적인 작품은 '원행을묘정리의궤'입니다. 1795년 정조대왕은 조선 역사상 가장 성대한 8일간의 축제를 열었는데, 그 내용이 8권에 기록되어 있습니다.

이 의궤와 함께 화성행차를 기록한 '정조대왕 화성능행 반차도'가 있습니다. 반차도란 행렬의 대열과 순서까지 정확하게 그린 것을 말합니다. 정조대왕이 어머니 혜경궁 홍씨와 함께 아버지 사도세자의 능침인 현륭원을 참배하기 위해 행차하는 모습을 파노라마처럼 목판화로 그렸는데, 약 1,700여 명의 사람과 800여 마리의 말, 형형색색의 깃발까지 섬세하게 표현되어 있습니다. 그리고 당시 주요행사를 그린 '화성능행도병' 8폭 병풍은 가장 잘 알려져 있습니다. 우리 선조

그림 3-17 정조대왕 화성능행 반차도의 일부분 / 행렬의 대열과 순서가 꼼꼼하게 기록되어 있다. (경복궁 국립고궁박물관)

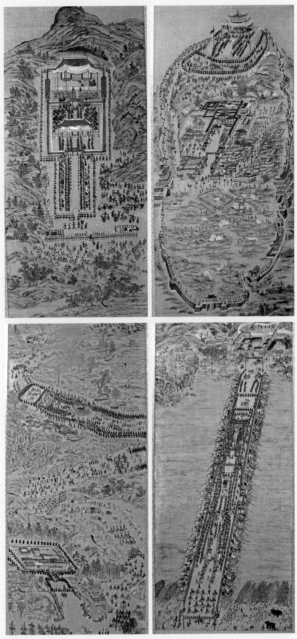

그림 3-18 정조대왕 화성능행도 8폭 병풍의 일부 / 좌측부터 명륜당 참배, 야간훈련, 한양으로 내려오는 행렬, 환궁하는 한강 배다리 위(경복궁 국립고궁박물관)

들이 얼마나 기록을 중요시했는지를 단적으로 보여주는 유물입니다.

현재 우리나라에 있는 유네스코 기록문화유산은 16개로, 독일에 이어 세계 2위이며 아시아에선 가장 많습니다.

훈민정음, 조선왕실 어보와 어책, 난중일기, 1980년 인권기록유산 5.18광주민주화운동 기록물, 국채보상운동기록물, KBS특별방송 '이산 가족을 찾습니다', 조선통신사에 관한 기록, 불조직지심체요절 하권, 한국의 유교책판, 새마을운동 기록물, 동의보감, 조선왕조실록, 일성록, 조선왕조 의궤, 고려대장경판 및 제경판, 승정원일기

오랫동안 기록문화의 최고 선진국이었는데, 유네스코 기록문화유산에 등재된 책은 16개 정도입니다. 왜 그럴까요? 안타깝게도 내부적인 정치상황과 7차례의 전란 등 10여 차례에 달하는 외부적 요인 때문입니다.

고구려 동천왕 때 위나라가 침략하여 수도 환도성을 함락시키고 서적을 불태운 사건, 백제 의자왕 때 나당연합군이 수도를 함락한 후 서적이 보관된 창고를 불태운 사건, 고려 고종 때 몽골의 침입으로 서적이 불에 탄 사건, 임진왜란과 병자호란에 의한 책 소실, 한일강제합병(1910) 이후 일본이 20여 만 권의 서적을 탈취 혹은 소각한 사건 등이 있습니다. 그런데 무엇보다 가장 충격적인 사건은 세종대왕의 둘째 아들인 세조부터 예종, 성종에 이르는 3대에 걸친 역사책 수거령입니다. '닉자처참(匿者處斬)'이라 하여 역사책을 숨긴 자는 전부 참수한다고 했습니다. 이런 엄청난 사건들이 있었기 때문에 기록문화의 선진국에서 책들이 처참하게 사라져서 우리는 점차 역사에 대한 기억상실증에 걸린 나라가 된 것입니다.

만약 이렇게 불타서 사라진 서적들이 오늘날까지 그대로 전해졌다면, 우리는 지금보다 훨씬 더 놀라운 유산들을 많이 보유하고 있었을

텐데 참으로 안타까운 일입니다.

오늘날 우리나라의 국민 1인당 순수 독서량은 OECD국가 중에서 꼴찌에 가깝습니다. 한때 세계에서 가장 앞선 인쇄강국이었고 책을 많이 읽었던 나라였다는 것이 믿어지지 않습니다. 지하철을 타보면 책을 들고있는 사람을 볼 수가 없습니다.

아무리 디지털문화가 발달한 시대라 해도, 성공하는 사람들은 여전히 많은 독서를 합니다. 종이책을 손에서 놓지 않는 아날로그적 삶을 버리지 않는 것입니다. 정보가 넘쳐도 쓸만한 양질의 정보는 그리 흔하지 않습니다. 더욱이 고급정보는 대개 종이에 담겨있습니다.

책을 읽지 않는 대한민국을 보면, 인쇄술이 발달되지 않았던 시절 지식과 정보가 소수의 권력층에게 집중되었던 오래 전 과거와 닮아보입니다. 우리 선조들이 아주 오래전부터 인쇄술을 발전시키며 지식과 정보를 나누고자 노력했던 것은, 모두가 잘사는 세상을 만들기 위한 노력이었을 것입니다. 오늘날 미국, 독일, 일본, 스웨덴, 핀란드처럼 선진국으로 꼽히는 나라의 국민들이 가장 잘하는 일 중 하나가 독서입니다. 늘 선진국이 부럽다는 타령을 하지만, 그들이 왜 잘 살고 있는지에 대한 탐구는 부족한 듯합니다.

우리 선조들은 기록문화의 중요성을 알고 있었습니다. 발달된 인쇄술을 통해 수준높은 문화를 풍미하고 삶의 질을 한층 높이고자 하였습니다. 오늘날도 마찬가지입니다. 한때 체력은 국력이라고 했습니다. 이제 체력은 기본이고 책력(冊力)이 국력입니다. 우리 선조들의 찬란한 정신이 끊어지지 않고 우리들 세대 그리고 후대에도 더욱 꽃 피워지기를 간절히 바랍니다.

> 종이와 인쇄가 있는 곳에 혁명이 있다.   - 카알라일

大東千古開矇矓

用字例

初聲

ㄱ。如 감為柿 골為蘆

ㅋ。如 우케為未春稻 콩為大豆

ㆁ。如 러울為獺 서에為流凘

ㄷ。如 뒤為茅 담為墻

PART 04

모든 언어의 꿈, 한글

01

아름다운 디자인
한글 알파벳

    오래전 아프리카 나미비아의 붉은 사막에 갔을 때 일입니다. 사막 속의 오아시스같은 숙소에 갔을 때 20대 초반의 짐꾼이 나와서 부지런히 일행들의 짐을 차에서 내리고 숙소 안으로 옮기고 있었습니다. 짐을 확인하기 위해서 짐꾼에게 다가갔는데 한국에서 왔냐고 묻는 것이었습니다. 나는 신기해서 어떻게 아냐고 웃으며 물었더니 가방에 달린 이름표의 글자가 자기가 알고 있는 한글이라서 물어봤다고 했습니다. 마을이라고는 찾을 길 없는 사막 한복판에서 한글에 관심 있는 나미비아 사람을 만날 거라곤 상상도 못했습니다. 나는 기뻐서 뭐라도 더 주고 싶었습니다. 그 젊은 짐꾼은 자신의 팔뚝에 자기 이름의 발음을 한글로 써달라고 하는 것이었습니다. 글씨가 아름다워서 문신을 새기고 싶다고 하면서 말이죠. 우리는 별 신경 안쓰고 공기처럼 사용하는 한글이 이미 외국인의 눈에는 아름다운 디자인으로 알려져 있었습니다.

한글이 디자인적으로 멋있다고 느낀 것은 광화문 세종문화회관 옆 바닥과 돌의자가 한글 디자인으로 장식되어 있는 것을 봤을 때였습니다. 이후 한글 디자인이 나오면 좋겠다고 생각을 한 것은 이슬람 문화권에서 문자를 도안으로 사용하는 모습을 보고 나서입니다.

이슬람 국가들은 문자를 도안이나 장식으로 사용한 지 오래되었습니다. 페르시아 언어를 사용하는 이란, 아랍어를 사용하는 터키, 이집트, 모로코, 튀니지와 같은 곳이 대표적입니다. 이슬람 문화의 흔적이 잘 남아있는 스페인 남부 알함브라 궁전의 벽면도 아름답기 그지 없습니다. 그곳에 장식된 코란의 문구는 글자라기 보다 디자인으로 사용된 것을 발견할 수 있습니다. 이슬람문화는 이슬람 사원내부에 식물 이외에 살아있는 동물과 사람을 그리는 것이 금기시 되어 있어 기독교 문화와는 다르게 회화가 발달하지 않았습니다. 대신 유럽에서 따라올 수 없는 디자인 장식이 발달되었습니다. 그중에 모자이크 타일은 복잡하면서도 규칙성이 있고 색채와 모양이 현란하기 그지 없습니다. 그렇다고 경박하거나 촌스럽지 않으면서 세련되었습니다. 이슬람의 문자 디자인과 유럽의 회화는 종교로 인해 더 발전해왔습니다. 반면 한글은 종교를 떠나서 아름다운 디자인이 될 수 있기 때문에 한글 보급과 더불어 한글 디자인이 많이 탄생되면 좋겠습니다.

그림 4-1 광화문 세종문화회관 옆 /
한글로 장식한 돌의자와 바닥

그림 4-2 벽면을 온통 페르시아 글자로 신의 이름을 쓴 장식(이란 야즈드에 있는 금요 모스크)

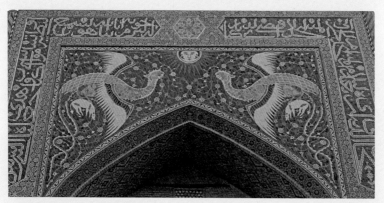

그림 4-3 우즈베키스탄의 고대 실크로드 도시 부하라에 있는 코란학교 벽면을 장식한 아랍문자
/ 태양신과 봉황장식이 매우 독특하다.

02

한글, 모든 언어가 꿈꾸는
최고의 알파벳

한글은 전세계 3천여 개의 언어 중에서 유일하게 만든 이의 이름이 있으며 언제 만들었는지 생일이 있는 문자입니다. 한글의 우수성과 위대함은 해외에 더 잘 알려져 있습니다. 한글박물관을 둘러보면 수많은 세계 석학들이 '한글'에 대해 평가한 것을 게시해 놓았습니다.

이외에도 콜롬비아 대학 동양사학과 교수 레드야드는 한글에 대

현존하는 문자 가운데 가장 완전한 글자
The most complete alphabet among those in existence …
— 존 로스 목사(John Ross, 1842~1915), 영국 선교본부에 보낸 보고서(1883) 중에서

세종의 한글 창제는 인류사의 빛나는 업적
King Sejong's invention of Hangeul is a brilliant achievement in the history of humanity
— 호머 헐버트 박사(Homer Hulbert, 1863~1949), 저서 〈The Korean Alphabet〉(1882) 중에서

128

그림 4-4 광화문 광장의 세종대왕 동상

해 '문자 언어학적 사치'라는 예찬을 했습니다. 영국의 존 맨(역사 다큐멘터리 작가)은 저서 〈알파 베타(ALPHA BETA)〉에서 '한글은 모든 언어가 꿈꾸는 최고의 알파벳'이라고 평가했습니다. 미국의 과학전문지 〈디스커버리〉는 94년 6월호에서 '한글은 세계에서 가장 합리적인 문자'라고 평가했습니다. 영국 언어학자 샘슨(서섹스대 교수)은 '한글은 인류의 가장 위대한 지적 성취 가운데 하나임은 이론의 여지가 없다'고 했습니다. 세계 석학들의 한글 예찬은 너무 많아서 지면상 다 인용할 수 없을 정도입니다. 세계인들이 한글의 우수함을 평가하는 이유를 세 가지만 들어보겠습니다.

첫째, 한글은 배우기 쉽습니다. 한글은 알파벳과 같이 소리 나는 대로 쓰는 표음문자로서 기억하기 쉬운 24개의 글자로 되어 있습니다. 정인지가 쓴 〈훈민정음 해례본〉에 따르면 '슬기로운 사람은 하루 아침을 마치기도 전에 깨우치고 어리석은 이라도 열흘이면 배울 수 있다'고 했습니다. 물론 실제로는 훨씬 더 빨리 암기할 수 있습니다. 또한 한글은 정보화·인터넷 시대에 걸맞는 문자체계를 가지고 있습니다. 모바일 환경에서 문자를 작성할 때 단 10개 자판만으로도 많은 음절을 쉽게 조합할 수 있어 정보통신 환경에 매우 적합한 문자로 인정받고 있습니다.

둘째, 한글은 발성기관을 본뜬 문자(자음)체계를 가진 과학적인 문자입니다. 자음 글자 하나 하나가 발음기관의 모양을 본떠 형성되었다는 것은 당시(15세기) 언어이론 수준을 뛰어넘는 것으로 독창적이며 과학적으로 한글이 창제되었음을 의미합니다. 독일 함부르크대 석좌교수인 베르너 삿세(Werner Sasse) 교수는 "서양의 음운이론은 20세기에 완성했지만 세종대왕은 그보다 5세기나 앞서 체계화했다"

129

라고 평가할 정도로 앞선 문자입니다.

셋째, 동양적 전통사상과 철학이 바탕이 된 문자(모음)체계로 이루어졌습니다. 베르너 삿세 교수는 "한글은 한국의 전통철학과 과학이론이 결합된 세계 최고 문자이다"라고 평가했습니다. 삿세 교수가 말한 세계 최고란 전통철학과 서로 걸림없이 과학적인 특성을 가졌음을 말합니다.

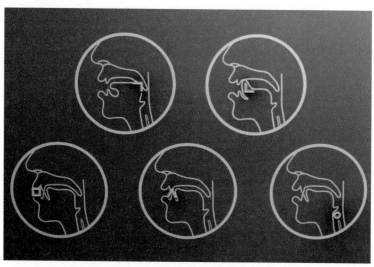

그림 4-5 한글박물관에 전시된 자음과 발성기관 모양 설명 그림

03

소통과 토론의 왕,
세종대왕의 비밀 프로젝트

　세종대왕이 왕으로 등극했을 때 가장 먼저 한 이야기가 "자, 토론 합시다"였다고 합니다. 소통의 왕이고 공부에 도사인 천재적인 세종은 그야말로 모범적인 왕의 표상이었습니다. 신하들과 토론하고 연구하고 편리한 것을 만들어서 백성들의 삶을 극진히 보살폈습니다. 그런데 왜 한글 프로젝트는 비밀로 했을까요?

　세종은 당시 신하들의 반대가 엄청날 것을 잘 알고 있었기 때문에 비밀리에 했을 것이라는 이야기가 가장 설득력있습니다. 실제로 최만리는 상소문을 올려 한글창제를 강하게 반대했습니다. 역설적으로 반대 상소문 때문에 당시 나라의 대외적인 상황과 세종대왕의 의도를 알 수 있습니다.

　지금 우리나라는 글을 못 읽는 사람은 거의 없습니다. 그러나 조금만 과거로 돌아가면 낫 놓고 'ㄱ'자도 모르는 사람들이 많았습니다. 하물며 세종대왕 시절에는 오죽했겠습니까? 문맹인들이 대다수를 차지했던 시대입니다. 글은 고사하고 말을 해도 알아듣지 못해서 소

통이 불가했던 사람들이 많았습니다. 그래서 억울한 일도 많이 당하고 좋은 행실이 뭔지도 몰라서 범죄를 저질러도 그게 죄인지 모르던 사람

그림 4-6 세종대왕이 한글을 연구하는 모습(한글 박물관)

들이 많았습니다. 세종대왕이 〈삼강행실도〉를 만든 이유도 여기에 있습니다. 그래서 백성들이 소통이 안되어서 발생하는 문제를 해결하기 위해 한글창제에 몰두했습니다.

아래는 최만리의 한글 반대 상소문 내용을 정리한 것입니다. 최만리의 한글 반대에 대한 진짜 이유는 4번에 있습니다.

1. 언문을 쓰면 명나라를 등지고 적이 되는 것이다.

2. 정음을 쓰면 성리학을 배우지 않는다. 문자와 지식은 분리할 수 없는데 분리가 된다.

3. 정음 만드는 것은 조정과 논의를 거치고 명나라 황제의 허락을 받아야 되는 것이다.

4. 정음으로 과거를 보면 사대부들이 배웠던 한문은 무용지물이다.

5. 세자 향이 언문창제에 관여하기 때문에 세자가 언문 기예에 빠져서 공자와 맹자에 몰두하지 않는다면 나중에 왕이 되었을 때 문제가 된다.

사실상 기득권이 빼앗길 수 있다는 불안감 때문에 결사 반대를 한 것입니다. 최만리의 상소에 대해서 세종은 다음과 같이 반박합니다.

1.언문은 백성을 위한 것이다. 설총이 이두를 만들어서 백성의 편리
　를 도모한 것은 잘했다고 하면서 국왕인 나만 잘못했다는 것은 무
　엇이냐?

2.훈민정음은 언어학적으로 매우 우수하다.

3.세자는 이미 국가적인 일을 맡아서 하고 있기 때문에 이런 일에
　참여하는 것은 당연한 것이다.

　반박은 간단해 보이지만 세종대왕이 진정 한글을 만든 근본적인
이유는 무엇이었을까요?

　첫째로 공동체의식을 심어주기 위함입니다. 문자가 통일되면 말이
통하고 마음이 통합니다. 말이 통하면서 공통체 의식이 생기고 정치
가 통합되어 나라를 잘 이끌 수 있기 때문입니다.

　둘째로 계층간의 단절을 막으려 했습니다. 글을 몰라 억울한 일을
당하는 것을 줄이기 위해 소통매체를 만들어 작은 소리에도 귀를 기울
이려 했습니다. 그래야 지배층과 피지배층의 분리를 막을 수 있기 때
문입니다. 세종의 한글창제 의도는 '훈민정음 언해'에도 명쾌하게 나
타납니다.

그림 4-7 한글 박물관에 전시
된 〈월인석보〉 '훈민정음 언해'
부분으로 세종이 한글을 만든
목적에 대해 적혀있다.

04

세종대왕의 뜻이 담긴 유네스코 상

세계가 극찬하는 한글을 만든 세종대왕의 뜻을 기리기 위해 1989년 한국정부의 제안으로 만든 유네스코 세종상이 있습니다. 정확한 명 칭은 'UNESCO King Sejong Literacy Prize'이며 우리말로 풀이하면 '세종대왕 문해상'입니다. 문해(文解)란 말은 '글을 읽고 이해함'이란 뜻입니다. 이는 세종대왕이 만든 한글이 백성의 억울함을 풀어주는 만민평등을 위한 문자임을 세계가 인정한 결과입니다. 그래서 매년 9월 8일을 '문해의 날'로 정해서 문맹퇴치 공로가 있는 개인이나 단체 에게 수여하고 있는데 상금으로 미화 2만불과 상장 그리고 세종대왕 은메달을 수여하고 있습니다. 한 예로 2015년도에는 모잠비크 비정 부기구(NGO)인 '진보협회'와 스리랑카 '국립교육원'이 받았습니다. 모잠비크 진보협회는 공용어인 포르투갈어가 아닌 모국어로 지역주 민은 물론이고, 소외계층의 여성과 어린이들을 대상으로 다양한 교 육을 실시해 빈곤퇴치 및 여성의 사회개발 참여를 이끌어냈습니다. 스리랑카 국립교육원은 '열린 학교 프로그램'을 통해, 초등교육을 마 치지 못한 사람들에게 다양한 교육을 시켰습니다. 그리고 학교 밖 청 년과 성인들을 위한 직업기술교육을 실시하여 빈곤 퇴치와 소득창출 에 기여한 점이 인정되어 수상 단체로 선정되었습니다.

134

전통생활철학을 담은
자음과 모음

한글은 우연히 만들어진 것이 아닙니다. 우리의 전통사상을 담아서 만들었습니다. 한글의 밑바탕에 깔려있는 전통사상이 무엇이지 제대로 알기 위해서는 훈민정음 해례본의 한자원문을 한 줄 한 줄 모두 번역해야 합니다. 그러면 동양철학서 한 편이 나올 정도이기 때문에 주요핵심만 소개하겠습니다.

훈민정음의 창제원리는 '음양오행원리'로 시작합니다. 음양오행원리라는 것이 결국 자연법칙을 의미합니다. 사람이 내는 말소리, 동물과 자연이 일으키는 소리 모두는 사실상 자연법칙 안에서 만들어집니다. 원래 존재하는 소리 원리를 규칙에 맞게 정리한 것이 훈민정음 스물여덟자라고 합니다. 예를 들어 'ㅁ' 같은 순음(입술소리)을 생각해보겠습니다. "엄마"라는 두 글자의 발음을 보면 'ㅁ'이 받침에 있을 때는 입술을 닫고, '마'처럼 초성에 있을 때는 입술을 열게 됩니다.

입술을 열고 닫는 발음이라서 입술소리(순음)라고 하는데, 입술로 소리를 머금는 것이 흙이 만물을 감싸는 것과 같다고 하여 오행에서 중앙 토(土)로 분류했습니다. 4계절로 보면 늦여름에 해당하며 5음으로는 궁(宮) 음이라고 합니다.

표 4-1. 자음 발음체계를 음양오행(목화토금수)으로 분류

한글 자음	발음	오행	계절	오음
ㄱ, ㅋ	아음(牙音, 어금니소리)	목(木)	봄	각(角)
ㄴ, ㄹ, ㄷ, ㅌ	설음(舌音, 혓소리)	화(火)	여름	치(緻)
ㅁ, ㅂ, ㅍ	순음(脣音, 입술소리)	토(土)	늦여름	궁(宮)
ㅅ, ㅈ, ㅊ	치음(齒音, 잇소리)	금(金)	가을	상(商)
ㅇ, ㅎ	후음(喉音, 목구멍소리)	수(水)	겨울	우(羽)

위 도표에서 계절을 표기한 이유는 〈훈민정음 해례〉에서 오행을 계절에 배속해서 설명했기 때문입니다.

한글자음이 음양오행사상을 바탕으로 구성되었다고 한다면, 한글모음은 천지인 삼재사상을 바탕으로 구성되었습니다. '•(아래 아)'는 둥근 하늘을, 'ㅡ'는 땅의 평평한 모양을, 'ㅣ'는 사람이 일어선 모양을 본떴습니다. 하늘과 땅과 사람의 모양을 취하는 삼재(三才, 天地人)의 원리를 기본으로 세 글자가 조합되어 모든 모음 글자들이 구성됩니다. 이렇게 구성된 자음과 모음은 다시 삼재원리에 따라 초성·중성·종성으로 조합되어 하나의 음절 글자를 이루게 됩니다. 이것만 봐도 왜 세계 석학들이 "위대한 지적 성취 가운데 하나", "전통철학과 과학이론이 결합된 세계 최고의 문자"라고 평가했는지 이해할 수 있습니다.

06

한글은 하루 아침에
만들어지지 않았다

한글창제 이전에도 우리 선조들은 독자적인 문자를 가지고 있었습
니다. 우선 한자의 기원이 되는 갑골문자를 우리 동이족 선조들이 만
들어냈습니다. 대진국(발해)의 문자는 기와에 새겨진 채로 128자가
남아있습니다. 당나라 때 천재시인 이태백만이 대진국 문자로 작성
된 외교문서를 해독할 수 있었다고 한 일화에서 대진국이 독자적인
문자가 있었음을 알 수 있습니다.

한글창제에 대한 여러 기록에서 한글은 선조들이 사용했던 '옛 글
자'를 모방했다고 하고 있습니다.

그 '옛 글자'가 무엇인지 명확히 나타나진 않지만 아래와 같은 기록
들을 볼 때 세종대왕은 옛 문자를 계승하여 한글을 만들었음이 확실
합니다.

"이달 상감께서 친히 스물여덟 자를 만드시니 그 자는 고전(古篆, 옛 글자)을 모방한 것이다(是月, 上親制諺文二十八字, 其字倣古篆…)"
– 〈세종실록〉 계해 25년 12월 30일 두 번째 기사, 1443

"언문은 모두 옛 글자를 근본 삼은 것으로 새로운 자가 아니라고 하신다면 곧 자형은 비록 옛날의 전문(篆文)을 모방하였더라도…"
(諺文皆本古字 非新字也 則字形雖倣古之篆文)
– 최만리 등의 언문창제 반대 상소문 중에서, 1444

"우리 전하께옵서 정음 스물여덟 자를 창제하시고, 간략하게 예의를 들어 보이시면서 이름 지어 가로되 훈민정음이라 하시니, 상형해서 만들되 글자는 고전을 본 뜨고…"
(我殿下創制正音二十八字 略揭例義以示之 名曰訓民正音 象形而字倣古篆)
– 〈훈민정음 해례 서(訓民正音 解例 序)〉 정인지, 1446

"우리나라에는 옛날에 속용문자(俗用文字)가 있었으나 그 수가 갖추어지지 않고 그 모양도 정리되지 않아, 어떤 말을 형용한다거나 어떤 용처에 사용하기에는 부족하였다"
(東方舊有俗用文字 而其數不備 其形無法 不足以形一方之言 而備一方之用也…)"
– 〈훈민정음운해(訓民正音韻解)〉 신경준, 1750

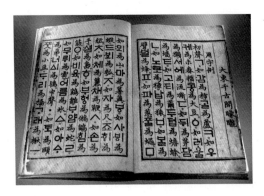

그림 4-8 국립한글박물관에 전시된 〈훈민정음 해례본〉 / 세종 28년(1446)에 정인지, 신숙주 등이 한글에 관한 여러 가지 해석과 용례를 지어서 실은 훈민정음 부록이다. 백성을 가르치는 바른 소리라는 의미를 가진 훈민정음은 한문으로 되어 있는 한문본, 우리말로 번역된 언해본으로 구분된다. 일반적으로 〈훈민정음 해례본〉을 '훈민정음'이라고 부른다.

07

프랑스어보다 많이 사용하는
한국어의 미래

　한글이 세계 최고의 문자임을 살펴봤습니다. 그렇다면 한국어는 과
연 전세계에서 몇 번째로 많이 사용될까요?

　전세계에 3천 개가 넘는 언어가 있습니다. 그중에서 한국어는 무려
13번째로 많이 사용하고 있습니다. 이는 독일어 다음이며 프랑스어
와 이탈리아어보다 많이 사용합니다. 전세계적으로 가장 많이 사용
하는 언어로는 1위가 중국어, 2위는 스페인어, 3위는 영어입니다. 이
내용은 서울 국립중앙박물관 옆에 자리한 국립한글박물관에 있습니
다. 국립한글박물관은 세계 최초의 문자박물관이라는 점에서 자부심
을 느끼게 합니다. 최근 프랑스에선 독창적이고 독자적인 문자를 만
든 한국을 유심히 봐야 될 나라라고 언론을 통해 이야기했습니다.

　최근 한국의 음악, 영화 등 다양한 콘텐츠가 국내외에서 각광을 받
고 있는 만큼 한국어를 배우려는 사람들이 많아지고 있습니다. 배우
기 쉽고, 세상의 모든 소리를 다 표현할 수 있는 한글로 외국의 언어

를 표현할 수 있다면 얼마나 좋을까 하는 상상을 해보곤 합니다. 한국어가 널리 퍼진다면 더 좋겠지만 말입니다. 외국은 자국어 이외에 다른 언어를 공용어로 사용하는 곳이 상당히 많습니다. 예를 들면 식민지시대의 유산으로 영어를 사용하는 아프리카의 여러 국가와 스페인어를 사용하는 라틴아메리카의 여러 나라들을 들 수 있습니다. 일제강점기에 일본이 우리말을 없애고 조선을 일본어 사용 국가로 만들고자 했던 것도 같은 맥락이었습니다.

한국어가 전세계에 많이 보급될 수 있는 방법이 무엇일까 종종 생각해봅니다. 결론은 한류의 매력에 이끌려 자발적으로 국내 들어온 외국인들이 스스로 우리말을 배워가는 것입니다. 최근 '비정상회담'이라는 TV프로그램도 그런 역할을 하고 있다고 봅니다. 우리가 높은 문화수준을 발휘할 때 외국인들은 스스로 알아서 배워가게 됩니다.

그런데 한류의 시작이 대부분의 사람들이 생각하는 것과 다르게 발생했다는 한 언론사의 통계가 있습니다. 그에 따르면 우선 인천공

그림 4-9 국립중앙박물관 옆에 자리하고 있는 세계 최초의 문자박물관인 국립한글박물관

항이 좋다하여 와서 서울을 둘러봤더니 외국인들 천국인 이태원이 있었고, 이태원을 벗어나서 보니 한국은 아름다운 산으로 첩첩이 둘러싸여 있고, 음식을 먹었는데 맛있어서 한국사람들에게 관심을 가지게 된 것이 한류의 시작이었다는 것입니다. 최

근에는 한국인들이 만들어내는 문화콘텐츠가 너무 좋고, 한국이 살기 좋다는 소문 때문에 우리나라에 들어와 사는 외국인들이 급격히 늘어나는 점에서 한류를 실감하게 됩니다. 그런 사람들이 한국어를 배우며 살다가 본국으로 돌아가면 한국어가 자연스럽게 세상에 조금씩 퍼져 나가게 될 것입니다.

또 외국에 거주하는 한국인 2세, 3세들에게 한글과 한국어를 보급하는 한글학교 운영을 더욱 확대하는 방법입니다. 여기엔 2세와 3세들이 한국어를 배우겠다는 의지가 중요합니다. 그들은 한국어로 대화를 하지 않다 보니 한국어를 말할 줄 모르는 경우가 많습니다.

일제강점기에 한글과 우리 언어는 크게 위협받았습니다. 지금도 한글은 완전하다고 할 수 없습니다. 훈민정음 창제 때 사용했던 28자를 모두 복원해야 하는 숙제가 남아있습니다. 한글이 어떤 발음 어떤 소리도 정확하게 표기할 수 있으려면 잃어버린 4개의 문자를 복원해야 됩니다. 더불어 문자의 위기를 극복해야 하는 문제가 있습니다. 인터넷과 모바일 환경에서 쓰이는 과도한 축약어, 특수문자와 조합된 외계어로 인해 언어가 조금씩 파괴되고 있습니다. 우리 한글과 한국어의 가치와 소중함을 생각했을 때, 이는 결코 가볍게 여길 문제가 아니라고 봅니다.

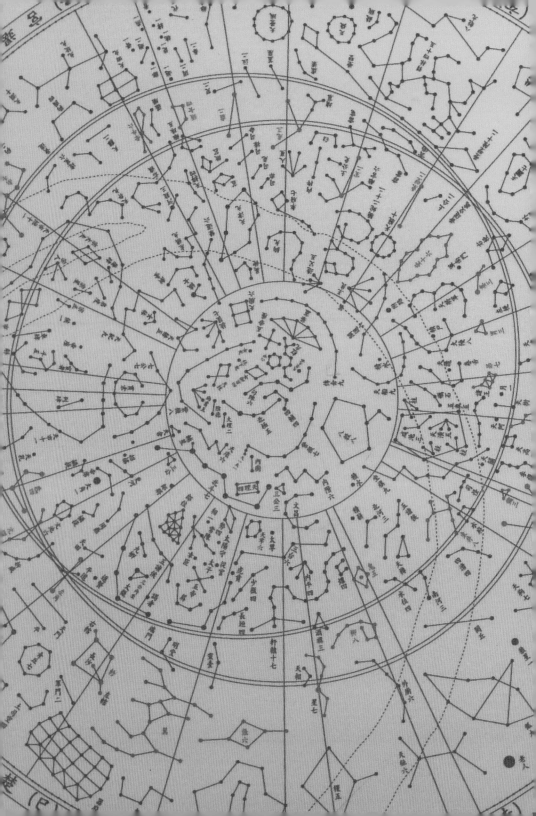

나는 박물관 간다

그대 반짝이는 별을 보거든-
천상열차분야지도

01

만 원권 지폐에 담긴 '하늘'

혹시 지갑에 만 원권 지폐를 가지고 있다면 꺼내서 천문도를 찾아보세요. 지폐의 뒷면에 천체 관측기구 혼천의가 그려져 있고 그 배경에 별자리가 있습니다. 혼천의는 삼국시대부터 사용된 것으로 추정되지만, 만 원권 지폐의 혼천의는 세종대왕 때 만들어진 것입니다. 그리고 배경의 별자리가 바로 '천상열차분야지도'입니다.

우리가 흔히 사용하는 만 원권 지폐에 별자리가 그려져 있다는 것을 모르는 분들도 있습니다. 천상열차분야지도는 눈으로 볼 수 있는 모든 별자리를 다 그린 전천천문도(全天天文圖)입니다. 전천천문도로서는 세계에서 가장 오래 되었습니다.

아주 오래전부터 하늘에 관심이 많았던 우리 선조들은 늘 하늘을 관찰하며 살았습니다. 만 원권 지폐에는 오랜 세월 동안 우리 선조들이 별과 친하게 지내온 결과물이 담겨 있습니다. 그래서 우리는 지갑 속에 우주를 가지고 다니는 것입니다.

'천상열차분야지도'는 한마디로 천문도입니다. 천문도를 왜 이리

그림 5-1 천상열차분야지도와 혼천의가 그려진 만 원권 지폐

어렵게 불렀을까요? 이해를 돕기 위해, 천상+열차+분야+지도로 따로 떼어 설명하겠습니다.

천상열차분야지도 (天象列次分野之圖)에서 끝에 '지도'라는 것은 대한민국 지도, 서울 지도 할 때의 지도(地圖, Map)가 아닙니다. '~하는 그림'이란 뜻입니다. 천상(天象)이란 하늘의 모습을 의미하며 천문현상(天文現象)의 줄임말입니다. 열차(列次)라는 말은 '기차'라는 의미가 아니고, 하늘 별자리를 구획으로 나누어 펼쳐놓았다는 뜻입니다. 분야(分野)라는 것은 하늘 구획과 지상의 특정지역과 대비시키는 것을 말합니다. 종합하면, 천상열차분야지도는 '하늘의 별자리를 지상의 영역에 대응하여 구획을 나누어 놓은 그림'이란 의미입니다.

별들이 반짝이는 하늘 공간을 방위와 방향으로 규정할 수 없습니다. 하지만 사람은 방위와 방향에 익숙합니다. 그래서 3차원 우주공간에 펼쳐져 있는 별들을 사람이 이해하기 쉽도록 지상의 방위와 방향에 맞게 지면에 펼쳐놓은 것이 천문도입니다. 또한 옛 사람들은 하늘의 별자리와 땅은 각기 서로 호응된다고 생각했습니다. 그래서 지상을 12개 지역으로 나눠서 각기 12개 별자리 영역과 대응시켜서 '분야'라고 했습니다.

이 표준천문도에 담긴 의미를 통해서 우리 선조들의 살아왔던 역사의 많은 비밀을 알 수 있습니다.

145

02

천상열차분야지도의 험난한 과거

경복궁 국립고궁박물관 '천문과 과학' 전시실에 천상열차분야지도와 조선시대 천문관측에 대한 유물들이 있습니다. 돌에 새겨진 천상열차분야지도도 만날 수 있습니다. 검정색 돌은 조선 태조(이성계) 때 만들어졌고, 회색 돌은 조선 숙종 때 만들어진 것입니다.

이 돌에 새긴 천문도에는 드라마같은 사연이 있습니다. 검정색 천문도는 조선이 건국된 지 4년째 되던 해에 만든 것으로, 원본은 고구려 수도 평양에 있던 이름 모를 천문도입니다. 고구려인들이 만들었던 천문도 비석은 전쟁 중에 강에 빠져 잃어버렸다고 합니다. 이 고구려 천문도 탁본을 가지고 있던 한 백성이 태조 이성계에게 바치면서 조선은 비로소 천문도를 만들 수 있게 된 것입니다.

그러나 당시는 조선을 개국한 초기였고 국가체계를 세우기에 바빴기 때문에 천문도에 힘을 쏟을 상황이 아니었습니다. 고려에 충성을 바치던 인재들을 동원하는 것도 쉽지 않았습니다. 그러다 고려가 망한 후 고향에 은둔해 있던 당대 최고 천문학자 유방택에게 강압적으

그림 5-2 돌에 새긴 천문도 / 태조석각본과 숙종석각본 두 개가 있다.(경복궁 국립고궁박물관)

로 부탁하여, 1395년 백두산에서 나오는 흑요석에 천문도를 완성하였습니다. 태조는 천문도를 완성한 유방택에게 조선개국 일등공신 녹봉과 벼슬을 줬지만, 그는 두 임금을 섬기지 않는다며 거절했습니다.

태조 때 새긴 이 천상열차분야지도를 태조석각본(태조 때 돌에 새긴 것)이라 부릅니다. 이 천문도에 대해 천문학자 박창범 교수는 자신의 저서 〈하늘에 새긴 우리 역사〉에서 동서양에서 가장 이른 시기에 하늘의 별자리를 한데 모아놓은 것이라했으며, 관측 연대 상으로 세계에서 가장 오래된 전천천문도로 "동양 천문도의 완결본이다"라 평했습니다.

일제강점기 때 평양숭실학교에서 근무했던 미국인 W.C.루퍼스는 1936년 〈한국 천문학〉이란 책을 출간하면서, "천상열차분야지도는 동양의 천문관이 집약된 섬세하고도 정확한 천문도"라고 소개했습니다. 하지만 당시에는 별다른 주목을 받지 못했습니다. 사람들의 관심에서 멀어졌던 천상열차분야지도는 1960년대 초 창경궁 명정전 추녀 밑에서 마침내 모습을 드러냈습니다. 아무렇게 방치된 천상열차분야지도 석각본을 과학사학자 정진운 씨가 발견했는데, 당시 사람들은 돌 위에서 도시락을 먹었고 아이들은 모래를 뿌리며 놀았다고 합니다. 1960년대는 문화재에 대한 인식이 거의 없었던 때라 천문도는 길바닥의 바위처럼 취급받았던 것입니다.

발견 이후 천상열차분야지도가 귀중한 문화재라는 인식이 생겼으며 1985년에 국보로 지정되었고(태조석각본, 숙종석각본), 세계에서 두 번째로 오래된 돌에 새긴 천문도로 인정받게 되었습니다. 후손들의 무지와 무관심 속에 귀중한 유산이 돌덩어리 취급을 받았지만 다행히 돌에 새겨졌기에 견뎌낼 수 있었습니다.

03

북반구의 거의 모든 별자리를 표현

천상열차분야지도의 별자리 전체를 구성하고 있는 별은 총 1,467 개이고 별자리는 모두 295개입니다. 그런데 돌에 새긴 천문도는 여간 해서 별자리 하나도 구별하기 힘듭니다. 한정된 공간에 많은 별을 새겼고 오랜 세월에 마모된 부분이 많기 때문입니다. 그러나 친절하게도 고궁박물관은 전시관 벽면에 모사도를 걸어두어 별자리들을 잘 알아볼 수 있게 했습니다. 이 천문도는 언뜻 보면 아주 복잡합니다. 동심원도 많고 중심에서 가장자리로 이어지는 선도 많습니다. 하지만 관심을 갖고 설명을 보면 의외로 쉽게 이해가 됩니다.

먼저, 이 천문도에서 네 개의 원을 구별하는 것이 첫걸음입니다. 4개의 원이 보이나요? 가장 바깥쪽 첫 번째 큰 원은 지평선으로 외규(外規)라고 부릅니다. 바깥쪽에서 중심부 쪽으로 시선을 옮기다 보면 중간 크기의 원 두개가 겹쳐져 있습니다. 중심에 잘 맞는 원은 하늘의 적도입니다. 중심에서 어긋난 원은 태양이 1년 동안 별자리를 지나는 경로로 황도라고 합니다.

가장 중심에 있는 원은 '자미원(紫微垣)'이라고 부르는 내규(內規)입니다. 이 4개의 원이 보이기 시

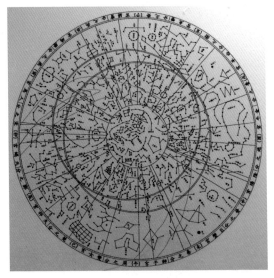

그림 5-3 경복궁 국립고궁박물관에 전시된 천상열차분야지도의 천문도 부분 모사도

작하면, 자미원에서 방사선으로 뻗어나간 선들도 눈에 들어옵니다. 이것은 황도 근처에 배열된 28개의 대표적인 별자리들을 28개 구획으로 나눈 선들입니다. 그러나 방사선으로 뻗어나간 선의 각도가 일정하지 않아 더욱 복잡해 보입니다. 그 이유는 28개의 별자리 크기만큼 나누었기 때문에 어떤 구획은 폭이 넓고 어떤 구획은 작습니다.

이런 28개의 대표적인 별자리를 28수(宿)라고 합니다. 지금 당장 28수의 각기 이름이 뭔지, 별자리가 어떻게 생겼는지 몰라도 괜찮습니다. 천상열차분야지도의 방사형 선들이 28개의 별자리들을 나눈 것이라는 것만 알아도 한결 보기가 쉬워집니다.

천상열차분야지도는 눈으로 관찰 가능한 북반구의 별자리가 거의 다 그려져 있고, 은하수와 태양과 달, 24절기에 대한 정보까지 담고 있어 당시 천문학의 수준이 얼마나 높았는지를 알 수 있습니다.

04

하늘의 명당을 땅에 내린 경복궁

우리는 흔히 좌청룡, 우백호, 명당 등 풍수지리에 관한 용어를 듣습니다. 특히 TV 사극에 자주 등장합니다. 명당이란, 사람이 죽은 후에 묻히면 자손에게 좋은 영향을 주고(음택 陰宅), 사람이 터를 잡고 살면 복과 행운을 가져다주는 좋은 집(양택 陽宅)자리를 말합니다.

명당의 요건인 좌청룡 우백호는 사신(북현무, 남주작, 동청용, 서백호)에서 유래되어 명당을 지키는 산(山)을 지칭하는 말입니다.

그런데 이러한 풍수지리에서의 명당이 하늘의 별자리에서 유래되었다는 것을 아는 사람은 많지 않습니다. 풍수란 하늘의 명당과 닮은 땅의 명당을 찾는 학문입니다. 그렇다면 하늘은 어디가 명당일까요? 옛 사람들은 북두칠성에 온 우주를 다스리는 하늘의 제왕(천제天帝 혹은 옥황상제玉皇上帝)이 머문다고 믿었습니다. 그래서 북두칠성

이 있는 별자리 영역을 명당이라고 생각했습니다. 바로 천상열차분
야지도에서 중심에 해당하는 '자미원(紫微垣)' 혹은 '자미궁(紫微宮)'
이 최고의 명당입니다.

우리 선조들은 예로부터 하늘의 명당을 땅에 구현하려 했습니다.
자미궁을 본떠 지상에 만든 것이 바로 경복궁입니다. 자미궁을 지상
에 내려 짓는 것은 대단한 의미가 담겨있습니다. 예로부터 우리 선조
들이 가슴에 품고 계승해 왔던 천손(天孫) 혹은 천자(天子)사상을 드
러낸 것입니다. 광개토태왕릉비에 보면 고구려 시조 고추모대왕 부분
에 "천제지자(天帝之子)", "황천지자(皇天之子)"라는 표현이 나옵니
다. 고추모태왕이 천제의 아들이며 황천의 아들이라는 의미입니다.
이러한 사고는 천제(상제)가 직접 지상을 다스리지 않고, 대행자(천
자天子)를 보내서 지상세계를 다스린다는 세계관에서 비롯됩니다.

152

북두칠성에 대한 현대 천문학의 최신 연구결과

● 북두칠성이 있는 곳에서 인간이 만들 수 있는 에너지의 한계보다 1만 배
이상 높은 에너지인 극한의 우주선(Cosmic Ray)이 나온다고 현대과학이
최근에 밝혀냈습니다. 우리나라, 미국, 일본, 러시아 과학자들이 참여한 텔
레스코프 어레이(Telescope Array, TA)라고 불리는 국제공동연구팀은 서
울시만한 면적에 500개의 입자검출기와 3개의 대형망원경을 설치해서 5
년간의 데이터를 분석한 연구결과를 2014년에 발표했습니다.
우주에서 날아오는 우주선이란 미세입자는 극한의 에너지를 가지고 있는
데, 관측된 극한(極限)의 고(高)에너지 우주선(宇宙線) 72개 중 19개가 북
두칠성 근처로부터 쏟아져 내려왔다고 합니다. 이로써 옛 선조들이 북두
칠성을 최고의 명당으로 꼽았던 과학적 근거가 마련된 셈입니다.

천손사상은 고스란히 조선에 계승되어, 자미궁을 본뜬 경복궁이 만들어졌습니다. 북경에 있는 자금성도 이와 같은 맥락으로 만든 궁궐입니다. 참고로 경복궁은 1395년에 완공했으며 자금성은 1407에 준공했습니다.

제왕이 있으면 신하와 백성이 있는 것이 당연합니다. 하늘 임금 아래에서 우주정치를 수행하는 정부기관이 있는 곳을 태미원이라 하고, 하늘 백성들이 사는 곳을 천시원이라 합니다. 이렇게 자미원, 태

동서양 천자(天子)의 상징, 자주색

● 자미원의 자(紫)는 자주 빛깔을 의미합니다. 하늘의 자미궁에는 천제(天帝)가 있고, 지상의 자미궁에는 천제의 대행자인 천자(황제)가 있습니다. 하늘을 대신하여 지상을 다스린 황제의 궁전엔 자주색을 많이 사용했습니다. 경복궁에서도 가장 많이 사용한 색은 자색입니다. 경복궁 중앙 근정전 일대와 내부는 물론이고 그 주변의 모든 전각에 자색을 사용했습니다. 북경의 자금성도 역시 성벽부터 자주색입니다. 황제만이 자주색 옷을 입을 수 있었습니다.

이러한 관념은 동아시아를 넘어 로마에서도 발견됩니다. 로마시대에도 자주색은 황제만의 전유물이었습니다. 네로 황제 때부터는 법제화되어 고위 귀족이라도 자주색을 함부로 쓸 수 없었습니다. 동로마제국 수도였던 콘스탄티노플에 가면 콘스탄티누스 7세의 오벨리스크로 부르는 탑이 하나 서있습니다. 이 탑에는 콘스탄티누스 7세를 칭송하는 의미의 '포르피로예네투스(Porphyrogentus)'라는 글귀가 새겨져 있습니다. '포르피로예네투스'는 '자줏빛 속에서 태어난'이란 뜻으로 직역됩니다. 즉 '황제로 태어난'이라는 뜻입니다.

자주색은 지금까지도 임페리얼 퍼플(Imperial Purple)로 불립니다. 로마시대에 자미원을 구분하는 천문사상이 있었는지 알 수 없지만, 황제를 상징하는 자주색의 의미는 그 시대 동서양 모두 공통된 상식이었습니다.

그림 5-4 이스탄불에 있는 콘스탄티누스 7세의 오벨리스크

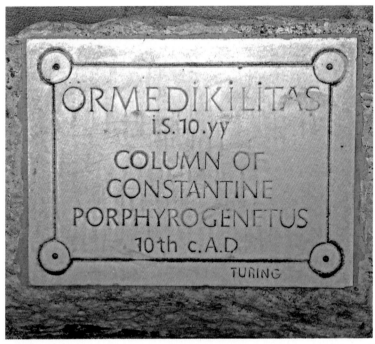

그림 5-5 콘스탄티누스 7세의 오벨리스크 앞 석판에 '자줏빛에서 태어난'이라는 의미의 포르피로예네투스(PORPHYROGENETUS)라는 문구가 새겨져 있다. 로마의 전차경기장 자리였던 히포드롬 광장에 세워져 있다.

미원, 천시원을 삼원(三垣)이라 하는데, 이는 28수와 더불어 동아시아 천문사상의 특징입니다. 즉 동아시아 천문도의 특징은 3원 28수입니다.

　조선을 만든 사람들은 하늘의 삼원을 지상에 배치시켰는데 자미원은 경복궁, 태미원은 육조 거리로 지금의 광화문 광장에 해당합니다. 육조 거리엔 중앙관청인 이조, 호조, 예조, 병조, 형조, 공조 이외에 조선시대 국가 최고 의사결정기관인 의정부를 비롯하여 서울시청에 해당하는 한성부, 감사원격인 사헌부가 있었습니다. 천시원은 현대적인 의미로 백화점과 쇼핑센터가 있어서 사람들이 와글와

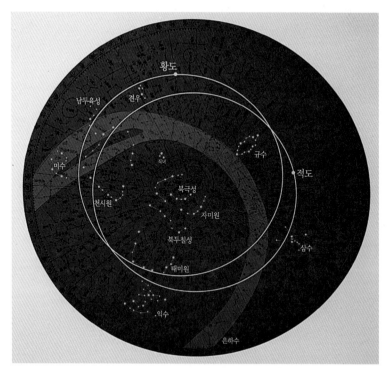

그림 5-6 경복궁 국립고궁박물관에 전시된 천상열차분야지도 요약 개념도

글 몰리는 곳입니다. 천시원은 어디에 조성했을까요? 조선시대 한양의 물품과 재화가 거래되던 종로의 시전이 바로 천시원에 해당합니다. 이렇게 우리 선조들은 천문을 보고 수도를 건설했습니다.

표 5-1. 천상별자리 삼원과 한성(조선의 수도)의 동일한 구성 원리

천상별자리(삼원)	자미원	태미원	천시원
지상의 한성(조선 수도)	경복궁(궁궐)	육조 거리 (광화문 일대)	시전(종로 일대)

명당의 수호신,
청룡 · 백호 · 주작 · 현무

동양 천문도에서는 하늘을 3원28수로 구분지었습니다. 이는 3원 중에서도 중심에 있는 자미원을 28개의 별자리가 감싸고 보호하는 형상입니다. 그렇다면 28개의 별자리는 지상에 어떻게 내려와 있을 까요?

자미원을 감싸는 28개의 별자리는 경복궁을 사방에서 보호하는 사신(四神), 즉 4개의 신(신성한 동물)이 됩니다. 즉 28개의 별자리들 이 일곱 개씩 넷으로 묶여서 4개의 신성한 동물인 청룡, 백호, 주작, 현무가 됩니다. 그 동물들이 동서남북 방위에 맞게 좌청룡, 우백호, 남주작, 북현무가 되어서 경복궁을 보호합니다.

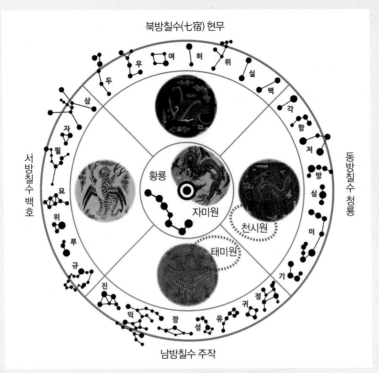

그림 5-7 자미원을 감싸는 28개의 별자리를 7개씩 4등분해서 4신으로 구분한 그림

  하늘에는 방위가 없어서 동서남북을 정할 수가 없습니다. 그러나 하늘의 별자리들을 지상으로 내려서 평면에 표시하고 편의상 동서남북을 정해서 사용하고 있습니다. 방위를 계절과 색으로 표시하면 동쪽은 봄으로 청색, 남쪽은 여름으로 적색, 서쪽은 가을로 흰색, 북쪽은 겨울로 검은색으로 표현하기 때문에 동청룡, 서백호, 남주작, 북현무가 됩니다.

  경복궁을 보호하는 사신은 경복궁을 출입하는 동서남북 4개의 문에 각각 동물그림(청룡, 백호, 주작, 현무)으로 나타나기도 하지만 경복궁을 감싸는 산으로 표현되기도 하고, 한양도성을 출입하는 동

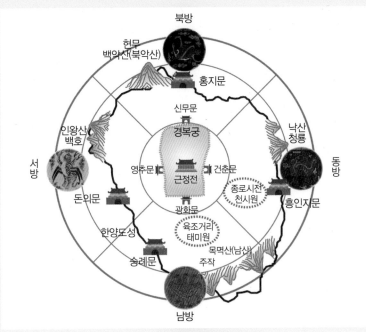

그림 5-8 천상 별자리를 지상으로 내려 한양 도성을 구성한 개념도

그림 5-9 5-7, 5-8에서 자미원을 지상의 중앙으로, 28수를 7개씩 지상의 4방위로 도식화한 5행도 / 5행은 목화토금수이고 각각의 색, 계절 그리고 오상을 표시했다.

서남북 4개의 문에 표현되어 나타나기도 합니다. 즉 4신들이 경복궁을 여러 겹으로 감싸서 하늘의 대행자인 천자(왕)를 보호하는 형태로 만든 것이 한양도성입니다. 이는 경복궁을 안전하게 지키려는 조선 창업자들의 생각이 반영된 것입니다.

1. 경복궁 4방향 출입문과 4신 :
   동쪽 봄을 의미하는 건춘문(建春門)에는 청룡
   남쪽 여름을 의미하는 흥례문(興禮門)에는 주작(광화문 뒤 편)
   서쪽 가을을 의미하는 영추문(迎秋門)에는 백호
   북쪽 겨울을 의미하는 신무문(神武門)에는 현무를 그렸습니다.

2. 경복궁을 감싸는 4개의 산은
   동청룡은 낙산, 서백호는 인왕산,
   남주작은 목멱산(남산), 북현무는 백악산에 해당합니다.

3. 한양도성을 출입하는 4방향의 문들은 인의예지신(仁義禮智信)
   덕목을 문 이름에 붙여서 만들었습니다.(그림 5-8에 표기)
   동대문은 흥인지문(興仁之門), 서대문은 돈의문(敦義門),
   남대문은 숭례문(崇禮門), 북대문은 홍지문(弘智門),
   중앙엔 보신각(普信閣)을 세웠습니다.
   각각의 문에 역시 각 방위에 해당하는 동물들을 그렸습니다.(홍지
   문이 숙청문으로 이름이 바뀜)

이렇듯 지상의 자미궁인 경복궁을 보호하는 것은 4방위의 산, 4방위의 성문, 경복궁 4방위의 출입문과 각 출입문 천장에 그려진 신성한 4신(청룡, 백호, 주작, 현무)입니다.

사신은 명당에 자리한 왕을 수호해야 하기 때문에 무덤에도 등장했습니다. 고구려 강서대묘의 사신도, 개성시 개풍군의 고려 고분,

충남 공주시의 백제 송산리 고분벽화, 조선 선조의 능인 목릉의 사신도가 그러한 경우입니다.

표 5-2. 하늘의 28개 별자리를 땅에 적용한 내용, 오행 중 토(土)는 중앙이자 임금을 의미하므로 도표에서는 제외되었다.

28수의 구성과 적용				
28수	**각·항·저·방·심·미·기**	**정·귀·유·성·장·익·진**	**규·루·위·묘·필·자·삼**	**두·우·여·허·위·실·벽**
사신	청룡7수	주작7수	백호7수	현무7수
방위	동(東)	남(南)	서(西)	북(北)
계절	봄(春)	여름(夏)	가을(秋)	겨울(冬)
오행	목(木)	화(火)	금(金)	수(水)
오상	인(仁)	예(禮)	의(義)	지(知)
4대문	흥인지문	숭례문	돈의문	홍지문

그림 5-10 광화문 광장에서 본 경복궁과 주산(主山)인 백악산. 백악산은 북현무에 해당한다.

06

경복궁을 지키는 하늘의 동물들

조선 궁궐을 만든 사람들은 경복궁을 하늘 명당처럼 재현하기 위해 구석구석에 많은 서수들을 배치했습니다. 서수(瑞獸)란 천상세계(별자리)를 지키는 전설 속 상서로운 짐승들입니다

먼저 광화문 문루에는 개 두 마리가 앉아있습니다. 이 개는 28수에서 파견 나온 동물로 자미원의 서쪽을 지키는 서방7수(규루위묘필자삼) 중 루(婁)수를 지키는 동물입니다. 그리고 광화문 앞 좌우에 멋스럽게 자리잡고 있는 동물은 해태입니다. 해태는 자미원의 북쪽을 지키는 북방칠수(두우여허위실벽) 중 두수(斗)를 지키는 동물입니다.

광화문 3개의 출입문 천장에는 북방 현무, 남방 주작인 봉(수컷)황(암컷) 한 쌍, 국가에 상서로운 일이 있을 때 나타난다는 기(수컷)린(암컷) 한 쌍이 그려져 있습니다.

> 광화문은 경복궁 남쪽문이지만 경복궁이 서울의 북쪽에 자리하기 있어 경복궁을 북궐이라 부릅니다. 따라서 남쪽을 지키는 들개와 북쪽을 지키는 해태가 함께 지키고 있습니다.

그림 5-11 광화문의 우측에 새워진 해태

광화문을 지나 흥례문으로 들어가면 금천(禁川)이라는 물길이 있습니다. 이것은 하늘 자미원을 가로지르는 은하수를 적용해서 만든 인공수로입니다. 수로에 4마리의 서수를 조각하여 배치하였습니다. 그중 한 마리가 익살스런 표정으로 혀를 내밀고 있는 모습이 재미있습니다.

선과 악을 분별하는 전설상의 동물, 해태

● 해태는 생김새가 사자와 비슷하지만 머리에 뿔이 하나 달린 전설상의 동물입니다. 부르는 이름도 해태, 개오, 해치, 해천, 신양 등 다양합니다. 해태가 서있는 안쪽은 신성한 궁궐 안이어서 말이나 가마에 탄 사람은 내려야 했습니다.

해태는 선과 악을 분별하는 탁월한 능력이 있어서 죄를 지은 자나 말다툼 때 바르지 못한 자는 뿔로 받아버린다고 합니다. 큰 눈을 부릅뜨고 관리들을 감시하고 풍속을 바로잡고 억울한 일을 해결했기 때문에 조선시대 사법부인 사헌부의 상징이기도 했습니다. 사헌부 앞에 해태상이 있었고, 사헌부 관리는 해태의 뿔 모양을 관모에 붙이고 다녔습니다. 대사헌(지금의 검찰총장 격)은 해치흉배(관복 가슴에 수를 놓은 장식)를 했습니다.

화재나 재앙을 물리친다는 속설이 있어서 흥선대원군은 광화문 앞에 두 개의 해태 석상을 세웠습니다. 특히 풍수지리적으로 불길이 솟아오르는 모양의 관악산 불기운을 제어하기 위해서 흥선대원군이 세운 것이라는 일화도 있습니다. 이러한 배경을 가진 해태는 일제강점기 동안 철거되었다가 현재 광화문 앞에 다시 자리를 잡았습니다. 우리나라 국회의사당, 대검찰청, 국방부 앞에도 해태상이 세워져 있습니다.

이 역시 나쁜 기운이 들어오지 못하도록 28수의 별자리에서 파견 나온 동물입니다. 그런데 기린같기도 하고 해태같기도 한 이 동물에 대해 정확한 설명이 없습니다. 필자는 물의 수호신인 돼지가 있어야 맞지 않을까 생각합니다. 돼지는 북방 7수(두우여허위실벽) 중에서 실(室)수를 지키는 동물이면서 북방의 물기운을 다스립니다. 또한 실수는 토목공사를 맡는 곳이기 때문에 금천을 만든 것과 연관이 있습니다. 따라서 금천을 지키는 동물이 돼지가 되면 경복궁 근정전을 둘러싸고 있는 12지신상 중에서 개와 돼지가 빠져 있는 것에 대한 적절한 설명이 가능합니다. 즉 개는 광화문 문루에 출장나가 있고, 돼지는 금천을 관리하고 있어서 근정전 주변에 없어도 되는 것입니다.

그림 5-12 경복궁의 금천을 지키는 4마리의 서수 중에 하나로 하늘에서 내려와 물을 감시하는 동물이다. 허를 내밀고 물을 쳐다보는 모습이 재미있다.

그림 5-13 경복궁 근정전 / 자미궁의 중심에 해당하는 근정전 주변에 하늘의 별자리 28수를 상징하는 사신들이 4방위에 조각되어 있고, 하늘의 오행을 땅에 내린 12지신상이 근정전 둘레에 배치되어 있다.

표 5-3. 28수의 28방위를 지키는 동물들

7요(7정)	목성	금성	토성	일(해)	월(달)	화성	수성
동방청룡7수	각-이무기	항-용	저-담비	방-토끼	심-여우	미-호랑이	기-표범
북방현무7수	두-해치	우-소	여-박쥐	허-쥐	위-제비	실-돼지	벽-알유
서방백호7수	규-이리	루-개	위-꿩	묘-닭	필-까마귀	자-원숭이	삼-유인원
남방주작7수	정-들개	귀-양	유-노루	성-말	장-사슴	익-뱀	진-지렁이

07

천상의 모습대로
지상을 다스리다

경복궁의 근정문을 지나면 근정전이 나옵니다. 국가의 중요행사를 했던 근정전은 조선시대 전각 중 으뜸이며 지상의 자미원에서 중심에 해당합니다. 자미원을 상징하는 경복궁을 온통 자색(紫色)으로 둘렀는데 특히 근정전 안팎에 자색을 가장 많이 사용했습니다. 근정전 둘레에 있는 월대 난간에는 돌로 만든 4신과 12지신상이 배치되어 있습니다. 그런데 12지신상 중 개와 돼지, 용이 없습니다. 용은 왕 자신이므로 없는 게 마땅하지만, 개와 돼지가 없는 이유에 대해선 지금까지 명확하게 밝혀진 바가 없습니다. 그러나 앞서 설명한 대로 개는 광화문 문루에, 돼지는 금천에 나가있기 때문이라 보면 설명이 가능합니다. 근정전의 천장에는 천자를 상징하고 중앙을 상징하는 황

5장 • 그대 반짝이는 별을 보거든 – 천상열차분야지도

그림 5-14 경복궁 근정전 천장의 황룡 장식 / 발톱이 7개씩 총 28개이다.

색 용 두 마리가 멋지게 자리하고 있습니다. 이는 고구려 벽화 강서
대묘의 배치와 똑같습니다. 강서대묘 고분 벽화에는 4방위에 각각
사신도가 그려져 있고 천장에 황룡이 그려져 있습니다. 이렇게 동,
서, 남, 북, 중앙에 있는 5개의 신수를 오신(五神)이라 합니다.

　근정전의 황룡은 7개의 발톱을 가져 7조룡이라 부릅니다. 자미원
둘레를 감싸는 28수에 맞춰서 28개의 발톱을 가진 황룡이 여의주를
중심으로 태극 형상을 취하며 돌고 있습니다. 그리고 경복궁 근정전
의 실내는 자미궁을 본떠서 자색(紫色)으로 장식되어 있습니다. 근
정전 정면에 임금이 앉는 용상이 있으며 그 뒤에는 일월오봉도(혹은
일월오악도)가 있습니다.

그림 5-15 근정전의 임금이 앉는 용상 뒤쪽에 있는 일월오봉도 / 이 그림은 우리나라에서만 발견되며, 만 원권 지폐에 그려져 있다. 천지인(天地人)의 삼재(三才) 사상이 적용된 그림으로, 하늘에는 음양을 상징하는 달과 해, 땅에는 오행을 상징하는 오봉(다섯 개의 산봉우리)이 있으며 임금이 그림 앞에 앉으면 비로소 천지인 삼재가 이루어진다. 임금이 가는 곳에 항상 따라 다니는 그림으로 임금이 승하하면 무덤에도 넣는다.

자미원에 있는 '옥황상제'가 북두칠성이라는 수레를 타고 1년 동안 온 우주를 돌며 다스리는 것을 칠정(七政)이라고 합니다. 옥황상제는 우주를 다스리는 통치자이자 신(神)입니다. 북두칠성은 상제의 명령을 받아 4계절마다 각 7수(28수 중 7별자리)를 지휘합니다. 각 7수는 북두칠성의 지휘 아래 맡은 바 영역에서 정해진 시기(계절)에 맞게 활동을 합니다. 7수의 활동은 다시 온 우주에 영향을 미쳐서 우리가 속한 태양계의 일월(해와 달)과 오행성(목성, 화성, 토성, 금성, 수성)까지 이르게 됩니다. 일월과 오행성은 7수의 지휘 아래 각기 자전과 공전을 하면서 이 땅에 만물이 생성되고 자라고 결실시키고 죽이는데 작용을 합니다.

자미원에 있는 상제(혹은 천제)가 온 우주를 다스리듯, 천제의 대행자인 임금은 하늘로부터 인간세상의 통치권을 부여받았기에 이 땅의 백성들을 다스립니다. 그래서 역대 제왕들은 하늘의 변화하는 모습을 관찰하는 관청을 설치하고, 1년 365일 일월 오행성의 움직임과 별자리들을 관찰하고 기록하게 했습니다. 하늘로부터 부여받은 통치권을 행사하기 위해서 자미원에 계신 상제의 뜻을 알고자 했기 때문이었습니다. 하늘(천제)은 말도 몸짓도 없기에 임금은 하늘의 기색을 살펴서라도 천심을 알고자 했습니다. 그래서 조선시대 때 궁전 내부에 관상감(觀象監)이라는 관청을 두어 천문을 관측하고 기록하여 임금님에게 주요사항을 보고하게 했습니다.

예로부터 성인이 나라를 다스리려면 고개 들어 천문(天文)을 보고, 고개를 숙여 지리(地理)를 살피고, 하늘과 땅의 이치와 변화를 깨달아 인도(人道)를 안정시키고 칠정(七政) 즉 춘 · 하 · 추 · 동 · 천문 · 지리 · 인도를 바로잡았습니다.

우리 선조들이 오래 전부터 천문을 관측, 기록했다는 것은 하늘의 뜻대로 지상을 잘 다스리고자 하는 염원과 함께, 자연의 질서를 삶에 반영하고자 했기 때문입니다. 하늘의 움직임과 24절기에 따른 변화는 어로, 수렵, 목축, 채취, 농사 등을 하는 백성들 입장에서도 반드시 알아야 하는 정보였습니다. 천문현상을 국가적인 차원에서 관측하여 알려주었기 때문에 백성들도 많은 도움을 받았습니다. 이것이 천상열차분야지도를 만들었던 이유입니다.

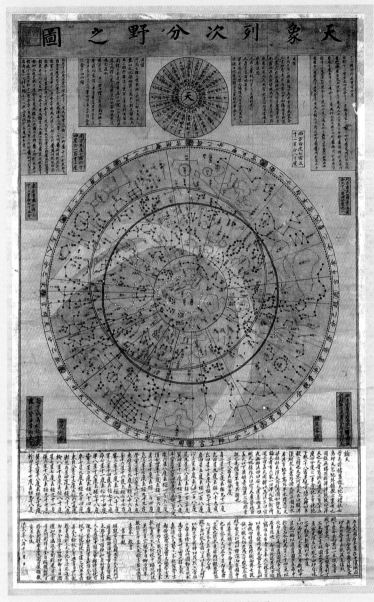

그림 5-16 천상열차분야지도를 종이에 필사한 탑본(국립중앙박물관)

08

고구려가 그린,
세계에서 가장 오래된 별자리

천상열차분야지도는 고구려 때 관측된 별자리를 바탕으로 조선시대에 수정, 보완하여 만들었습니다. 학자들은 약 700년의 격차에서 오는 오류를 줄이고자 천문 관측과 계산에 심혈을 기울였습니다. 그래서 천상열차분야지도에는 조선시대 밤하늘과 고구려의 밤하늘에 나타난 별자리가 함께 담기게 되었으며, 중국의 천문도와 전혀 다른 형태의 천문도가 되었습니다. 이에 대해 1995년 천체물리학자 박창범 교수는 천상열차분야지도를 분석한 흥미로운 결과를 발표했습니다. 천문도의 중앙부분은 조선시대 초기에 관측된 별자리들이며 관측지점은 북위 37~38도로 조선의 수도 한양으로 추정했습니다. 중앙에서 벗어나 바깥에 있는 대부분의 별들은 약 2천 년 전(서기 1세기)에 관측된 별자리들이며 관측지점은 북위 39~40도로 고구려 수도 평양으로 추정된다고 했습니다. 하나의 천문도에 조선과 고구려라는 두 시간대와 한양과 평양이라는 위도가 다른 곳을 담았다는 사실이 놀랍습니다.

또 다른 놀라움은 고구려의 천문관측기술입니다. 현존하는 세계에서 가장 오래된 석각천문도는 중국 송나라 때 만들어진 순우천문도(혹은 소주蘇州 천문도)입니다. 천상열차분야지도와 마찬가지로 돌에 새겨진 석각본이고, 1247년에 완성되었습니다. 정확하게는 1190년에 황상이란 인물이 그린 천문도를 왕치원이란 인물이 1247년 돌에 새긴 것이라고 합니다. 그런데 천상열차분야지도의 바탕이 된 고

그림 5-17 천상열차분야지도의 숙종석각본 / 별의 밝기에 따라 구멍의 크기가 다르다는 것을 육안으로도 확인이 가능하다.(경복궁 국립고궁박물관)

구려 천문도는 무려 서기 1세기에 천문을 관찰한 결과라는 것이 과학적으로 입증되었습니다.

한때 순우천문도 때문에 천상열차분야지도가 학계의 논란에 휩싸인 적이 있었습니다. 천상열차분야지도가 발견되어 전세계적인 주목을 받게 되자, 중국 학계에서 천상열차분야지도가 순우천문도를 본뜬 것이라고 주장했던 것입니다. 조선은 기술이 낙후해서 순우천문도보다 더 과학적이고 정교한 천문도를 만들 수 없다고 했습니다. 왜 그랬을까요? 이유는 천상열차분야지도와 순우천문도의 공통점 때문입니다. 동아시아는 예로부터 공통된 천문학 체계를 공유했기에 두 천문도가 겉보기에는 유사해 보일 수 있습니다. 그러나 두 천문도를 비교해보면 뚜렷한 차이점들이 드러납니다.

표 5-3. 천상열차분야지도와 순우천문도의 차이점

천상열차분야지도	순우천문도
• 별자리의 이름이 같으나 모양과 위치가 다름. 실제 별들 사이 연결선이 다르게 그려져 있어 모양이 다름 • '종대부'라는 별자리가 있음	• 별자리의 이름이 같지만 모양과 위치가 다름 • '종대부'라는 별자리가 없음
• 천문도 중심에서 별까지 직선거리가 북극성에서 별까지 실제 관측 거리와 정비례 하도록 그려짐	• 북극성부터 별자리까지 거리가 비례적으로 표현되지 않음
• 별의 밝기에 따라 크기를 다르게 그림. 고조선 시대부터 전해 내려오는 전통적 표시 방법	• 별의 밝기를 구분하지 않고 모두 동일한 크기로 표시함
• 은하수 모양과 위치가 순우천문도와 다름	• 은하수 모양과 위치가 천상열차분야지도와 다름

천상열차분야지도	순우천문도
• 서양 12궁 체계가 적용되었음(별자리 판 둘레에 서양식 12宮, 12方, 12分을 기록)	• 동양 전통적인 체계 (12次, 12方, 12分, 12野)를 사용
• 중심부(주극원) 관측지 위도가 북위 38도로 14세기 조선시대 한양	• 관측지 위도가 북위 34도로 송나라 시대 수도 개봉으로 추정

천상열차분야지도에는 '종대부' 별자리(네 개의 별로 구성)가 있고 별의 밝기에 따라서 크기를 다르게 표시했습니다. 이러한 대표적 특징들이 순우천문도에는 전혀 나타나 있지 않습니다. 또한 같은 시기 주변국가(북원, 명, 왜)들이 수용하지 못한 12궁 체계가 천상열차분야지도에는 담겨 있습니다. 시간이 갈수록 천상열차분야지도의 우수성이 부각되는 연구결과들이 나오면서 중국 학계의 시비는 잦아들었습니다. 천상열차분야지도에 담긴 천문학은 아주 오래 전부터 계승된 우리 민족의 고유한 문화유산인 것입니다.

황도 12궁

● 지상에서 1년 동안 황도면을 따라가면서 관측되는 12개의 별자리로, 궁수자리, 염소자리, 물병자리, 물고기자리, 양자리, 황소자리, 쌍둥이자리, 게자리, 사자자리, 처녀자리, 천칭자리, 전갈자리입니다.
12궁은 기원전 3천 년 경에 메소포타미아의 바빌로니아에서 명명되어 사용되다가, 기원전 2천 년 경에 페니키아인들이 그리스로 전하였고 서양 천문체계의 바탕이 되었습니다.

09

우주관이 투영된
고구려의 천문학

　그렇다면 천상열차분야지도의 바탕이 된 고구려 천문학은 어땠을
까요? 안타깝게도 고구려 천문도에 대한 정확한 문헌이나 유물은 지
금까지 발견되지 않았습니다. 그렇지만 고구려의 고분벽화를 통해
서 그 당시 수준 높았던 천문학을 조금이나마 엿볼 수 있습니다.

　세계문화유산에 등록된 고구려 무덤에는 별자리를 상징하는 인물,
동물을 비롯한 28수가 새겨진 벽화까지 다양한 천문그림들이 있습니
다. 지금까지 알려진 고구려 고분벽화는 약 80기 정도이며, 별자리
그림이 발견된 고분은 24기입니다. 덕화리 무덤에는 28수 별자리 옆
에 이름이 적혀 있으며, 진파리 4호에는 28수의 모든 별이 금색으로
그려져 있습니다.

　고구려 고분은, 방이 네모나고 천장은 반구처럼 둥글며 천장벽면

고구려의 우주관, 개천설과 혼천설

- **개천설** 동양에서 가장 오래된 우주론으로 하늘이 삿갓 모양으로 생겨서 지상을 덮고 있다는 가설입니다. 고대인들은 땅은 네모지게 펼쳐져 있고 하늘은 반구처럼 땅 위를 둥글게 감싸고 있다고 생각했습니다. 이를 천원 지방이라고 했으며, 이러한 개념에 따라 고구려인들은 무덤 석실은 네모 나게, 천장은 둥그렇게 만들었습니다.
- **혼천설** 하늘과 땅의 관계를 계란껍질과 계란 속 노른자처럼 생각하는 우 주관입니다. 하늘은 계란 껍질 부분이며, 땅은 노른자처럼 공간 혹은 물(바 다)에 떠있다는 관념입니다. 우주의 중심에 땅이 있다는 의미로 천상열차 분야지도가 완성된 시점의 주류 학설이 혼천설입니다.

에는 별자리가 그려져 있는 것이 특징입니다. 이것은 '개천설'이라는 우주관이 투영된 무덤양식입니다.

한국학중앙연구원 김일권 교수의 저서 〈고구려 별자리와 신화〉 (2009년)에 의하면 지금까지 발견된 고구려 고분들 중에 별자리가 그려진 고분은 25기이며, 별의 개수는 총 800개에 육박한다고 밝혔 습니다. 고구려 별자리 벽화가 처음 발견된 곳은 서기 357년에 만들 어진 황해도의 안악 3호분입니다. 천상열차분야지도에서 별의 밝기 에 따라 별의 크기를 달리 그렸듯이 안악 3호분 역시 같은 특징을 갖 고 있었습니다. 408~409년에 축조된 평안남도 덕흥리 고분의 별자 리에는 북두칠성을 실제 별 밝기에 비례하여 그렸으며, 육안으로 구 별하기 힘든 8번째 보성까지 그려져 있습니다.

6세기(590년 경)에 축조된 평양의 진파리 4호분에서는 전체 하늘을 한꺼번에 볼 수 있는 전천천문도(全天天文圖)가 천장 판석에서 발견되었습니다. 북한 학자들의 연구결과에 따르면, 진파리 4호분의 별들은 1등급에서 6등급까지 밝기가 구분되어 있으며, 총 136개의 별이 그려져 있다고 합니다. 중국 문헌에서 전천천문도가 등장하는 시기는 8세기 정도이지만, 고구려는 이미 6세기에 전천천문도가 고분벽화로 등장한 것입니다.

고구려의 전천천문도는 바다 건너 일본에서도 발견되었습니다. 일본 나라(奈良)현 아스카 지역에서 1998년에 발견된 기토라 고분에서 고구려 천문도가 발견되었습니다. 무덤 천정에는 해와 달 그리고 28수의 별들이 고구려 무덤 양식대로 빼곡히 그려져 있고, 진파리 4호분 천정 별자리처럼 별들을 금박(金箔)으로 표현하였습니다. 기토라 고분의 천문도는 천상열차분야지도와도 유사합니다. 이 고분이 만들어진 시기는 7세기지만 별의 관측 장소는 북위 39~40도의 평양지역이며, 관측시기는 기원전 300년에서 기원후 300년 사이로 밝혀졌습니다.

10

신라와 백제 그리고
고려의 천문학

고구려, 백제, 신라 중에서 천문도를 남기고 있는 나라는 현재로선 고구려가 유일하다고 하겠습니다. 당시에는 천문기록에 관한 책이 많이 있었겠지만, 대부분 유실되어 지금은 〈삼국사기〉에 의존할 수밖에 없습니다. 2005년 〈한국의 고천문학 및 천상열차분야지도〉 워크숍에서 발행한 논문집에 따르면, 〈삼국사기〉에 고구려와 백제, 신라가 국가적인 차원에서 천문을 관측하고 기록을 했다고 합니다. 일식 67회, 혜성 59회, 유성과 운석 41회, 월식 20회 등 총 225회 이상의 천문관측 기록이 남아있습니다.

신라와 백제가 만든 별자리 그림은 전해 내려오지 않고 있지만, 천문 현상 기록 중에 별의 명칭이나 별자리가 등장하는 것으로 보아 정밀하게 별을 관측했으리라 여겨집니다. 신라는 692년 당나라에 다녀온 고승이 천문도를 왕에게 바쳤다는 기록으로 보아 천문도가 있었을 것으로 보입니다. 특히 신라는 첨성대가 있었던 만큼 천문관측에 상당한 수준을 보유하고 있었음을 짐작할 수 있습니다. 첨성대가 별자리 28수, 12개월, 24절기 등을 반영하여 건립되었다는 건 잘 알려진 사실입니다. 최근엔 경주가 하늘의 별자리 모양으로 만들어진 도시라는 사실이 과학적으로 밝혀지기도 했습니다. 옛사람들은 하늘의 모습을 땅에 구현하는 개념을 모두 가지고 있지 않았나 하는 생각이 듭니다.

백제의 경우 〈일본서기〉의 기록을 보면 602년 백제 승려 관륵이 와서 역법, 천문지리, 둔갑술에 관한 책을 바쳤다고 했습니다. 3개의 책이 다 천문에 관한 책임을 볼 때 백제 역시 천문도가 있었을 것으로 보고 있습니다.

고구려를 계승한 고려의 천문학은 어땠을까요? 고려시대의 천문관측 기록은 엄청나게 많이 남아있습니다. 정밀한 관측기계가 아니면 관찰이 어려운 천문현상까지 남겼습니다. 고려는 다양한 국가 천문기관에서 30여 명의 천문학자와 관리들이 활동했습니다. 고려왕조 475년 동안의 천문관측 기록은 〈고려사〉, 〈천문지〉, 〈역지〉, 〈오행지〉 등에 집약되어 있습니다. 무려 6,500건에 달하는 자연현상에 대한 기록 중 일식 138회, 혜성 87회 같은 비교적 쉬운 관측에서부터 태양 흑점을 관측한 기록도 38회나 있습니다. 한 예로 1151년 3월 2일에 '일중유흑자(日中有黑子)' 즉 '태양 속에 검은 것이 있다'고 기록하면서 '그 크기가 계란만하다'고 설명하고 있습니다. 이처럼 수많은 천문관측 기록에 반해 고려시대 천문도는 아직 발견되지 않고 있습니다. 다만 〈고려사〉에 오윤부(伍允孚)가 천문도를 제작했다는 기록이 남아있습니다. 조선초기 기록에 평양에 천문도가 있었다고 하는 점에서 고구려 천문도를 고려가 이어 받아서 사용했을 것으로 보고 있습니다.

비록 고려시대의 정교한 천문도는 남아있지 않지만 고구려의 별자리를 볼 수 있는 유적으로, 고려 희종의 무덤천장에 그려진 별자리 그림이 있습니다. 가운데에 북두칠성이 있고 주변에 28수를 그려 넣었으며, 해와 달도 그렸습니다. 무엇보다 북극성과 두 개의 별이 조합된 북극삼성이 그림의 중심에 놓여있습니다. 이외에도 고려시대 무덤 9기에서 별그림이 확인되었습니다.

북극삼성은 고구려시대부터 이어진 특징입니다. 중국 길림성 집안현의 각저총(씨름무덤)과 사신총, 무용총(춤무덤), 평양시 진파리 4호분 등의 고구려 벽화에서 북극삼성이 보입니다. 동시대에 중국 천문도에는 북극오성이 유행이었습니다.

또다른 고구려 벽화의 별자리 특징은 일월, 북두칠성, 그리고 남두육성의 조합입니다. 동쪽과 서쪽에는 해와 달이 그려져 있는데 해에는 삼족오가, 달에는 두꺼비가 그려져 있습니다. 북쪽에는 북두칠성, 남쪽에는 남두육성이 자리하고 있습니다. 이런 배치는 중국 길

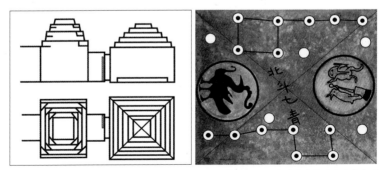

그림 5-18 (좌)중국 길림성 집안현에 있는 장천 1호분 무덤칸 실측도, (우)널방 천정석 별자리 배치도 / 이 무덤에선 남두육성 대신 북두칠성 2개와 태양을 상징하는 삼족오, 달을 상징하는 토끼와 두꺼비 그림이 그려져 있다.

림성 집안현의 각저총을 비롯한 안악 1호분, 덕흥리, 무용총, 삼실총 등 10기 무덤 천장에서 확인할 수 있습니다.

고구려에서 고려로 전해진 독특한 별자리 체계는 또 있습니다. 바로 카시오페아 별자리입니다. 주변국가 천문도에서는 W모양의 카시오페아 별자리가 지금까지 발견되지 않았는데, 고구려 고분(평안남도 남포시의 덕흥리 고분)에서 이 별자리가 발견된 것입니다. 국립중앙박물관에 전시된 고려 석관에도 북두칠성과 함께 짝으로 W모양 별자리가 그려져 있습니다. 카시오페이아 별자리 역시 고구려 천문학의 우수성을 보여주는 증거입니다.

그림 5-19 평안남도 남포시 덕흥리 고분의 고구려 벽화 / 견우, 직녀, 은하수, 남두육성이 그려져 있다. 한성백제박물관에서 재현한 것

11

고구려에 천문과학을 전수한 고조선

　　고조선의 영역에는 수많은 고인돌이 있습니다. 그중에는 별자리가 그려진 고인돌이 많습니다. 불과 얼마 전까지만 해도 고인돌에 새겨진 구멍들을 별자리라고 생각하지 못했습니다. 남한에 있는 고인돌 가운데 대략 300기가 넘는 고인돌 덮개돌에 별자리가 새겨져 있습니다.

표 5-4. 별자리가 새겨진 고인돌 / 이외에도 별자리가 새겨진 고인돌은 다수 존재하며 지금도 계속 발견되고 있다.

지역	특징	시대
함안군 북면 동촌리	• 북두칠성과 좀생이 별(플레아데스 성단)이 확인됨	선사 ~ 청동기시대
함안 예곡리 야촌마을	• 남두육성과 좀생이 별 모양 성혈	선사 ~ 청동기시대
포항시 북구 칠포리 농발재	• 북두칠성이 확인됨	선사 ~ 청동기시대

지역	특징	시대
경북 영일 신흥리	• 오줌바위에는 W자, Y자형 별자리 그림	선사 ~ 청동기시대
경남 거창 박물관	• 북두칠성과 3태성을 비롯한 별자리	선사 ~ 청동기시대
충북 청원군 문의면 가호리 아득이 마을	• 별자리가 그려진 석판 출토	청동기 중기시대
평안남도 증산군 용덕리	• 북극성을 중심으로 10개 이상 별자리	별자리 운동을 감안한 연대는 BC 2900년 경
평안남도 평원군 원화리	• 북두칠성과 다른 별자리 확인됨	BC 25세기 경
함경남도 함주군 지석리	• 북두칠성과 다른 별자리 확인됨	별자리 운동을 감안한 연대는 BC 15세기 경
평안남도 상원군 용곡리	• 고인돌 상판에 별들이 새겨짐	BC 30 ~ BC 1세기 경
황해도 은천군 정도리 우녕동	• 북두칠성이 새겨져 있음	선사 ~ 청동기시대

1978년 충북 청원군 아득이 마을에서 발견된 고인돌 유적에서 크고 작은 별이 60여 개 이상 새겨진 돌판이 발견되었습니다. 학자들은 아득이 돌판의 점들이 진짜 별자리인지 확인하기 위해 평양시 진파리 4호 무덤(6세기 경)의 별자리와 기원전 15세기 지석리 고인돌 별자리와 기원전 5세기 북극성 주변의 별들을 컴퓨터 프로그램으로 구현해서 서로 비교해봤습니다. 그랬더니 아득이 돌판의 별 배치가 다른 예들과 아주 유사하다는 사실을 확인했습니다. 즉 아득이 돌판은 진짜 천문도였습니다.

더 놀라운 것은 아득이 돌판에 새겨진 별들의 지름이 별의 밝기에 따라 다르다는 점입니다. 별이 밝으면 크게, 흐리면 작게 표시하는 고구려 천문학의 전통이 이미 고조선시대부터 시작되었음이 확인된 것입니다.

천상열차분야지도의 원본을 만든 고구려인들은 아득이 돌판을 만들었던 고조선으로부터 세계 최초의 천문관측기술을 전수받았던 것입니다. 천상열차분야지도는 고조선시대부터 고려, 조선시대까지 이어지는 수천 년의 천문관측기술과 역량이 드러난 우리 민족의 걸작이자 세계의 자랑인 것입니다.

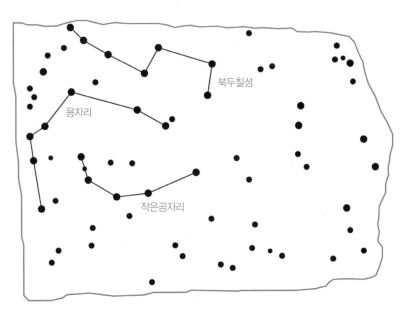

그림 5-20 충북 청원군의 아득이 고인돌 유적에서 출토된 가로 23㎝, 세로 32㎝, 두께 3.5㎝ 별자리 돌판 모사도

나는 박물관 간다

PART
06

판타지 동물과 오행 그리고 오신도

우리문화 유산에는 판타지 영화에 나올 법한 신비스런 동물들이 담겨 있습니다. 우선 사신도에 등장하는 용, 주작, 현무, 호랑이가 있습니다. 경복궁의 해치, 신라의 천마, 백제의 금동대향로에 나타난 수많은 신령스러운 동물들, 고구려 고분벽화를 비롯한 경복궁에서 만나는 신비스런 동물인 기린 등이 있습니다. 대부분 하늘에서 파견 나온 동물들로 일부는 생활 속에서 만날 수 있지만 대부분은 그림과 조각 속에 잠들어 있습니다. 그런데 누구나 알고 있는 거북선은 단순히 거북이를 보고 만든 것일까요? 거북선과 관련된 이야기를 시작으로 환상의 동물들 속으로 들어가 보겠습니다.

그림 6-1 광화문 아치 입구 천장에 그려진 환상의 동물들 / (상)현무, (중)기린, (하)봉황

거북선을 만든 이유는?

"저 쌓인 원한을 어찌할꼬!" 영화 〈명량〉에서 나온 대사입니다. 극장에서 영화가 끝나고 나서도 이 대사는 한동안 머리 속에서 맴돌았습니다. 그 대사가 지금의 삶을 그대로 반영하는 듯 싶었기 때문입니다. 원한 맺힌 전쟁 속에서 이순신 장군의 인간적인 모습을 잘 보여주었으며 조선 백성들의 고단한 삶을 묘사함으로써 전쟁은 군인만 하는 것이 아니라는 것을 새삼 느끼게 했습니다. 이순신 장군의 분신 같은 거북선의 모습은 영화의 마지막 부분에 등장함으로써 명량해전 이후의 해전이 어떻게 전개될 지 짐작하게 했습니다. 실제 명량해전에서 거북선이 등장하지는 않았습니다. 그전에 원균이 칠전량 전투에서 대패하면서 조선 수군은 거북선을 비롯한 거의 모든 배를 잃었기 때문입니다. 그래서 이순신 장군이 명량으로 출전할 당시 "신에게

그림 6-2 통영항구에 정박된 거북선. 2015년에 제작했다.

는 아직 13척의 배가 남아있습니다"라는 말을 하게 된 것입니다. 임
진왜란 때 거북선이 처음 등장한 것은 사천해전(1592년 음력 5월 29
일)이었습니다. 이 사천해전을 시작으로 거북선은 왜적들에게 공포
의 대상으로 각인되었습니다.

　임진왜란 당시 처음에는 3척이었던 거북선이 중간에 5척이 되었
고, 점차 늘어나 최대 8척까지 보유하고 있었을 거라 추정합니다. 이

후 〈동국문헌비고〉에 의하면 18세기 조선에는 40척의 거북선을 보유했다고 합니다. 그리고 우리는 거북선 모양을 두 가지로만 알고 있습니다. 그러나 전해져오는 거북선의 모양은 판옥선 모양을 개조한 것을 포함해서 무려 10가지나 된다고 합니다. 조선후기까지 거북선은 조선 수군의 보편화된 전함이었다고 합니다.

그런데 이순신 장군은 어떻게 이 무적의 거북선을 만들게 되었을까요? 사실 거북선을 누가 발명했는지는 불분명합니다. 이순신 장군 휘하의 무관 나대용이 여러 종류의 전투용 배를 만들었기 때문에 거북선의 발명자로 거론되긴 하지만, 정확하진 않습니다. 근래 들어 거론되는 인물은 이덕홍(李德弘)으로, 이 사람의 문집인 〈간재집(艮齋集)〉에 거북선을 뜻하는 귀갑선도(龜甲船圖)의 그림이 실려 있는데, 이것이 현존하는 가장 오래된 거북선 그림으로 알려져 있습니다. 이덕홍은 고향인 안동에서 류성룡에게 귀갑선도를 전달했고 류성룡은 다시 이순신 장군에게 전달했다는 이야기가 전해 내려오고 있습니다.

거북선의 아버지에 대한 다양한 학설이 존재하지만, 이순신 장군이 거북선의 아버지 후보 대열에서 빠질 수는 없습니다. 임진왜란 때 장군이 쓴 〈난중일기〉와 선조에게 올린 장계와 같은 공식적인 기록에 이순신 장군이 거북선을 제작했다는 기록이 꾸준히 등장합니다. 이순신 장군이 직접 거북선을 발명하지 않았을진 몰라도, 총책임자로서 거북선의 건조를 지시하고 완성하여 전투에 투입했기 때문입니다.

그런데 놀라운 사실은 조선초기에 이미 거북선(龜船)에 대한 기록이 있다는 것입니다. 〈조선왕조실록〉 중 〈태종실록〉에 "국왕이 임진도(臨津渡)를 지나다가 귀선(龜船, 거북선)과 왜선(倭船)이 서로 싸우는 상황을 구경하였다"(〈태종실록〉 권25, 태종 13년 2월)고 나옵니

189

다. 실제 전투가 아닌 훈련을 지켜본 것인데, 태종 13년이면 조선건국 후 불과 20여 년 정도 지난 시점입니다. 그로부터 2년 후, 한 신하가 조선 태종에게 올린 상소에도 "거북선은 많은 적과 충돌하여도 적이 능히 당해하지 못하니 가히 결승(決勝)의 좋은 계책이라고 하겠습니다. 다시 견고하고 교묘하게 만들게 하여 전승(戰勝)의 도구를 갖추게 하소서."(〈태종실록〉 권30, 태종 15년 7월, 좌대언(左代言) 탁신(卓愼)의 상소)라는 기록이 있습니다. 고려후기부터 왜의 약탈행위는 큰 골치거리였습니다. 태종이 귀선과 왜선이 싸우는 것을 지켜봤다는 기록을 볼 때, 거북선은 왜(倭) 같은 해적 혹은 해상세력을 진압하기 위해 개발된 해군 전함임이 분명하며, 최초 탄생시기는 최소한 태종 초나 그 이전일 가능성이 높습니다. 만약 태종 때 발명되었다면 왕이 거북선을 봤다는 사실을 실록에 담담하게 쓰릴 없기 때문입니다. 조선 건국 세력이 육상세력과 신진사대부가 주축인 면을 고려하면, 아마도 고려후기에 이미 개발된 전함이거나, 고려의 선박건조기술로 개발된 전함이 아닐까 추측해봅니다. 태종실록 이후 거북선에 대한 언급이 없다가 선조 때에 다시 등장합니다. 조선초기의 귀선(龜船)이 임진왜란 때 이순신 장군의 거북선과 동일했는지는 알 수 없습니다. 고려말 우왕 때 최무선은 진포해전에서 화약무기로 왜선 수백 척을 격파했습니다. 이러한 점들을 고려해볼 때 거북선이 임진왜란 때 처음 만들어진 것이 아니라 그보다 훨씬 이전에 개발되었고 점차 발전되면서 강력한 돌격선으로 위력을 떨치게 되었음을 짐작할 수 있습니다. 거북선은 당대에 최고의 기술을 동원한 최강의 군함이었습니다.

임진왜란 때 총 23번의 해전에서 23승을 거둔 이순신 장군. 그의 분신과 같았던 거북선은 우리 민족의 우수성을 다시 한 번 증명하는 위대한 유산입니다. 그래서 우리나라는 한때 거북선을 기념하고자 지폐에 새겨 넣기도 했습니다. 지금은 사용하지 않지만 50환 동전과 50원 동전에 거북선이 있었으며 500원짜리 지폐에 이순신 장군과 거북선이 새겨져 있었습니다. 더 이상 지폐에서 이순신 장군과 거북선을 볼 수 없다는 것은 아쉬운 일입니다. 서울 광화문 지하에 가면 이순신 장군에 대해 잘 알 수 있는 전시관이 있으며, 용산 국립전쟁기념관에도 축소된 거북선의 모형이 전시되어 있습니다. 경남 진해의 해군사관학교 박물관에는 거북선을 실물 크기로 복원했고, 이순신 장군과 관련된 다양한 전시물들을 볼 수 있습니다.

그림 6-3 이순신 장군과 거북선이 그려진 구 오백원 지폐

Tip. 거북선을 볼 수 있는 곳

- 1. 용산 전쟁기념관
- 2. 광화문 세종대왕 동상 지하의 이순신 장군 전시관
- 3. 통영 항구
- 4. 사천 해군사관학교 앞 항구

02

물을 다스리는 신성한 동물

    조선의 해군과 이순신 장군은 왜 거북이 모양의 배에 집중했을까요? 배를 거북이 모양으로 만든 것은 음양오행의 목화토금수 중에 수(水)와 연관이 있습니다. 이에 대한 단서는 경복궁 동쪽 민속박물관과 경복궁 고궁박물관에 가면 찾을 수 있습니다. 민속박물관에 가면 조선시대 건축양식에 대해 전시되어 있는데 거기에 '상량'에 대한

그림 6-4 작은 龍자로 쓴 水와 龍 부적 / 고종황제 때 만든 것으로 2001년 근정전 중수 공사 때 발견이 되었다.(경복궁 고궁박물관)

龍
년월일入柱上樑
　　應天上之五光
備地上之五福
龜

龍. 모월 모일 모시에, 동북쪽을 등지고 서남쪽을 향한 자리에 입주상량(立柱上樑-기둥을 세우고 들보를 올림)하옵니다. 모모생(집주인) 성조운에 따라 하늘에 있는 해, 달, 별이 서로 감응하시여 인간에게 오복을 내려주시옵소서. 龜

내용이 나옵니다. 상량(上樑)이란 집을 지을 때 기둥이 세워지고 지붕이 만들어지는 과정에서 대청 중앙인 거실에 해당하는 부분에 대들보를 올리는 것을 말합니다. 상량은 건물의 골격을 완성하는 단계에서 가장 어려운 일이기 때문에 상량식을 합니다. 상량식 때 대들보에 먹물로 상량문을 세로로 적는데 상량문을 시작하는 머리엔 용(龍) 자를 거꾸로 크게 쓰고 상량문이 끝나는 마지막에는 거북 구(龜) 자를 크게 써서 글자가 서로 마주보는 모습을 하게 합니다. 이는 물을 다루는 두 신을 건물에 올림으로써 화재를 막고자 하는 기원의 의미를 담고 있습니다.

경복궁 고궁박물관에 가도 화재예방을 위해 그린 용의 부적과 작은 크기의 용(龍) 자들을 이어서 크게 수(水) 자를 쓴 부적을 볼 수 있습니다. 이 부적들은 근정전 대들보 위에 올렸던 것들입니다.

그런데 용과 거북이가 화재를 막아준다는 생각은 어디에서 유래했을까요? 이것은 고구려 벽화를 떠올리면 이해가 빠를 듯합니다. 고구려 벽화에는 무덤의 4방향에 각각 좌청룡, 우백호, 남주작, 북현무인 4신도(四神圖)가 그려져 있는데 이 신성한 동물들이 무덤을 수호합니다. 여기서 북쪽의 현무를 살펴보면 그 생김새가 복잡합니다. 뱀과 엉켜있는 이 동물은 거북이의 몸통에 머리는 용과 비슷하고 짐승의 발을 가졌습니다. 거북과 용은 전부 물과 연관이 있습니다.

193

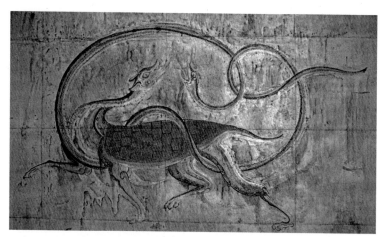

그림 6-5 고구려 벽화에 그려진 현무도

현무가 지키는 북쪽 방위는 음양오행에서 '水'로 상징됩니다. 음양오행 원리에서 水는 木이 성장하도록 돕는 특성을 가지고 있습니다. 이를 오행상생(그림 6-6)이라고 하는데 이는 물이 있어야 나무가 잘 자란다는 의미로 보면 이해가 쉽습니다. 그리고 木은 동쪽을 의미하며 청룡(青龍)으로 상징됩니다. 그래서 전설 속의 용은 현무의 도움을 받아 물을 하늘로 끌어올려 땅에 비를 내립니다. 즉 우리의 전통 속에서 용은 비를 내리게 하는 신성한 동물이며, 거북이(현무)는 물을 다스리는 신성한 동물로 여겨왔습니다. 이런 이유로 상량문에 물과 연관된 두 동물인 용(龍)과 구(龜)란 글자를 넣어서 화재를 막고자 했던 것입니다. 우리의 전통철학인 음양오행과 풍수에서 주로 쓰는 사신(四神)은 과거에 글을 읽고 쓰는 사람들이라면 누구나 알고 있었습니다.

그래서 조선의 해군전문가들이 몸통은 거북의 모습이지만 용의 머

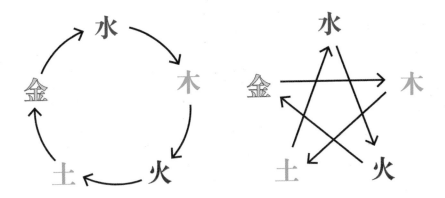

그림 6-6 (좌)오행상생相生도, (우)오행상극相剋도

리를 한 거북선을 고안해낸 것은 어쩌면 기초적인 발상이 아닐까 합니다. 즉 거북선은 음양오행과 전설에서 탄생된 작품입니다.

〈이충무공전서〉라는 조선중기 기록에는 좌수영 거북선이라는 그림이 실려있는데 용의 머리에 거북의 몸통을 하고 있습니다. 거북이의 배처럼 바닥이 평평해서 방향 전환이 자유롭고, 거북이 등과 같이 튼튼한 장갑을 씌워서 방어력이 탄탄했으며, 용머리에서 독한 연기와 불을 뿜어내고 대포를 쏘며 전장을 누볐다고 합니다. 임진왜란 당시 왜적들은 신화 속에나 나오는 존재의 외형에도 놀랐겠지만 도저히 이길 수 없는 막강함에 싸우고자 하는 마음보다 공포감이 더 컸을 거라 생각됩니다.

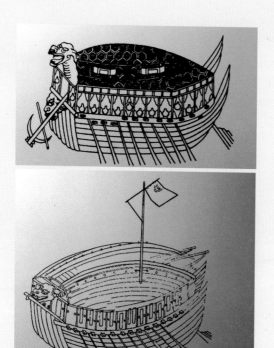

그림 6-7 (상) 전라 좌수영 거북선, (하) 통제영 거북선

그림 6-8 용산 전쟁기념관에 전시되어 있는 거북선

03

거북선에 얽힌 설화들

거북선과 관련하여 그 외에도 몇 가지 설화가 있습니다.

임진왜란이 일어나기 전, 송구봉(실제 이름은 송익필)이라는 야
인이 있었습니다. 송구봉은 어린 이순신이 친구들과 전쟁놀이 하
는 것을 보고 자기 집에 다녀가라고 했습니다. 그래서 이순신은 밤
에 송구봉의 집에 갔는데 송구봉은 이순신에게 아무 말도 없이 돌아
누워 잠만 잘 뿐이었습니다. 그때 이순신은 송구봉의 집에서 귀선
도(龜船圖, 거북모양의 배를 그린 그림)를 보았습니다. 세월이 한참
흐른 뒤 여수 수사로 온 이순신 장군은 거북선을 만들었습니다. 거
북선를 만들고 보니 어린 시절 그림으로 보았던 여러 개의 구멍 중
한 개의 용도를 몰라 송구봉에게 다시 물어보았습니다. 그랬더니 그
구멍은 사청목(巳聽目, 뱀은 눈으로 소리를 듣기 때문에 바깥의 말
을 듣기 위해 한 구멍)이라 알려줬다고 합니다.

또 다른 이야기로 이순신 장군이 꿈속에서 거북선을 봤다고 합니다. 어느 날 이순신은 나랏일로 고심하다가 잠이 들었는데, 이때 거북선 고안의 단초가 되는 신기한 꿈을 꾸었습니다.

"나는 병사들에게 먹일 식량을 찾아 바다로 나갔다. 무척이나 먼 곳까지 노를 저어 갔지만 아무 것도 찾을 수가 없었다. 그러다 갑자기 거대한 거북이 바다에서 솟아올랐다. 나는 식용으로 쓸려고 거북을 잡기 위해 화살과 무기를 총동원했다. 그러나 도무지 내 손으로는 거북을 잡을 수가 없었다. 게다가 그 거북의 입에서는 불이 뿜어져 나왔다. 참으로 무시무시한 광경이었다." 놀라 잠에서 깨어난 이순신은 거북 모양으로 생긴 특수한 전함을 만들게 되었다고 합니다.

이렇게 전해지는 설화 중에 어떤 것이 진실인지 알 수는 없습니다. 다만, 조선시대의 거북선은 분명히 고대로부터 전승되어온 음양오행의 원리와 사신(四神, 청룡, 백호, 주작, 현무) 전설과 깊은 관련성을 갖고 있습니다.

04

생활의 일부였던 4신(四神)

그림 6-9 사신도가 그려진 청동거울(국립경주박물관)

풍수를 이야기 할 때 흔히 쓰는 용어인 동청룡 서백호 남주작 북현무의 사신(四神)은 우리나라 문화유산 속에서 너무나 쉽게 찾아볼 수 있습니다. 우리의 박물관에서 가장 많이 볼 수 있는 것이 용과 봉황입니다. 마치 대한민국에 있는 역사박물관들을 용봉박물관이라 해

그림 6-10 백제 예술의 극치를 보이는 금동대향로 / 불을 상징하는 봉황이 위에 있고 물을 상징하는 용이 향로를 받치고 있다.(한성백제박물관)

그림 6-12 칠기합 / 조선시대 왕실에서 사용하던 합으로 뚜껑 위에는 왕을 상징하는 용과 봉황을 새겼다.(국립고궁박물관)

그림 6-11 고려시대 동종. 고리를 용으로 장식 (국립중앙박물관)

도 될 정도입니다.

고구려시대에 용봉이 제왕들의 무덤을 지키던 신성한 동물이었다면 고려시대부터는 사람들의 생활 속에서 등장합니다. 사찰의 외관과 동종, 도자기에 가장 많이 등장하며 말을 탈 때 사용했던 등자(발걸이)에도 새겨져 있습니다.

조선시대에 들어와서 용과 봉황은 매우 다양한 분야에서 사용되는 아이템이 되었습니다. 민화와 도자기, 바늘 침구함과 같은 생활용품의 무늬로 쓰였습니다. 경복궁 옆 민속박물관에 가면 커다란 용이 그려진 깃발을 볼 수 있습니다. 이는 조선시대 농촌마을에서 비를 내리게 하는 용신에게 풍년을 기원하기 위해 만들었던 것입니다. 왕실 생활을 보여주는 경복궁 고궁박물관에도 용과 봉황이 새겨진 유물이 많이 있습니다. 건물, 벼루, 반상, 식사 때 사용하는 합, 상을 덮는 포, 비녀, 의복, 제사를 지낼 때 사용하는 제기 등 거의 모든 부분에 등장합니다. 천자의 상징이 용봉이기 때문에 왕의 복식에서부터 왕실에서 사용하는 물건에는 모두 용과 봉황이 새겨져 있는 것입니다.

05

판타지 동물의 결정판 5신(五神)

용봉을 포함해서 왕이 살아있거나 죽었을 때 수호하는 것이 있으니 바로 4신입니다. 대표적으로 국립중앙박물관 고구려 전시실에서 강서대묘의 4신도를 만날 수 있습니다. 웅장한 자태로 힘차게 하늘을 날아다닐 듯한 4신도에서 고구려인들의 기상을 느끼게 됩니다. 그런데 사실은 무덤을 지키는 신성한 동물들은 4신이 아니고 5신입니다. 즉 동서남북에 각각 청룡, 백호, 주작, 현무의 4신이 있지만 오행의 원리에 따라 중앙에 해당하는 가장 중요한 다섯 번째 신이 있습니다. 그 신은 황룡으로 중앙 천정에 자리하고 있습니다. 황룡이 박물관 천장에는 전시되어 있지 않았지만 한쪽 벽면에 황룡을 보여주는 작은 사진이 전시되어 있습니다.

황룡을 가장 잘 볼 수 있는 곳은 경복궁 근정전입니다. 근정전 밖은 4신이 수호하고 근정전 내부 중앙 천장에는 황룡 두 마리가 있습니다. 이 황룡은 천자의 상징으로 천자는 살아있을 때도 죽은 후에도 5신의 수호를 받았습니다.

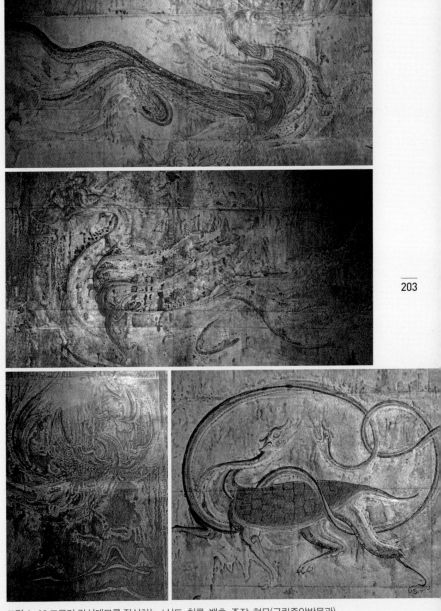

그림 6-13 고구려 강서대묘를 장식하는 4신도, 청룡, 백호, 주작, 현무(국립중앙박물관)

한편 중국에서는 한나라 유물에서 사신도가 처음 등장했습니다. 그리고 지금까지 발굴된 중국 유물에서 4신이 그려진 유물 발견되었지만 5신은 나오지 않았습니다. 더욱이 중국 쪽 고분의 대부분은 4신이 다 그려진 무덤보다 석실로 들어가는 복도 좌우에 청룡과 백호만 그려진 경우가 많습니다. 반면 고구려는 일관되게 온전한 사신을 전부 그려내고 있습니다. 특히, 집안 오회분 4호, 통구 사신총, 강서대묘에는 좌청룡, 우백호, 남주작, 북현무 그리고 중앙 황룡까지 힘찬 모습으로 그려져 있습니다.

만약 중국이 음양오행 원리를 잘 알고 사신도를 그렸다면 분명히 중앙자리에도 신성한 동물을 그렸을 겁니다. 그러나 6~7세기 고구려 벽화에 황룡이 그려진 이후에도 중국에선 중앙에 동물이 배치된 유물은 아직까지 발견되지 않고 있습니다. 혹시 고구려가 강국이었을 때 중국은 고구려보다 지위가 낮은 국가였기 때문이 아니었을까요? 고구려는 천자국이고 중국의 국가들은 제후국이었기 때문에 황룡을 그리지 못했던 것이 아니었을까요?

5신은 음양오행(목화토금수)의 원리에 따른 것입니다. 방위로는 동서남북(목금화수) 그리고 중앙(토)이 반드시 있습니다. 다섯 개의 방위를 색(5방색)으로 나타내면 동서남북은 각각 청색, 백색, 적색, 흑색이 되고 중심인 토(土)는 황색에 배속됩니다. 이때 중앙 토는 황극(皇極)으로 천자의 자리라 합니다. 이를 오황극 사상이라 하는데, 하늘에는 천상을 다스리는 천제(天帝, 하늘 임금)가 있고, 지상에는 천제의 뜻을 대행하여 인간세상을 다스리는 천자(天子, 하늘의 아들)가 있는데 이 천자가 바로 5황극에 해당합니다. 5황극인 천자는 인간세상의 중심인 5토(土)자리에 배속되기 때문에 천장에는 금빛

찬란한 황룡이 그려져 있습니다.

이 황극은 매우 중요한 이야기인데 여기에 대해서는 다음과 같은 기록이 전해 내려옵니다. 약 4천 년 전, 하나라 우(禹)임금이 9년 홍수를 극복하고자 상국(고조선)의 제2대 단군인 부루태자에게 오행치수법을 전수받았습니다. 이 오행치수법이 후대에 기자가 무왕에게 세상을 다스리는 비책으로 전해준 '홍범구주'입니다. 홍범구주에서 '홍범'은 널리 통용되는 규범이며 구주는 그 아홉 가지 큰 범주라는 뜻입니다. 그 아홉 가지 중에서 중앙에 있는 다섯 번째가 5황극으로 왕의 지위를 나타냅니다. 조선시대에 정도전도 경복궁을 만들 때 홍범구주의 5황극 사상을 적용했습니다. 경복궁에서 왕이 생활하고 잠을 자는 전각을 강령전이라 합니다. 강령은 5황극에서 이야기하는 5복에 속합니다. 이는 왕이 건강하고 평안해야 황극을 세울 수 있기 때문에 천군이 가져야 할 다섯 가지 복 중 가장 중요한 복인 강령을 전각이름에 붙인 것입니다.

그림 6-14 강서대묘 5신도 중에 천장에 그려진 황룡

06

중앙은 황룡, 황웅, 도깨비의 자리

민속학자 조자용씨가 발굴한 오신도를 보면 중앙을 차지하는 주인공은 황룡이 아닌 왕도깨비입니다. 왜 도깨비일까요? 고구려에서 오신도 벽화를 그리기 훨씬 이전, 고조선보다 더 옛날로 거슬러 올라가면 우리 선조들이 전쟁의 신, 승리의 신으로 모셨던 치우천황이 있습니다. 그는 배달국의 14대 자오지 환웅천황으로 민간과 주변민족들에게 도깨비로 상징됩니다. 전쟁의 신 치우천황은 도깨비 모습으로 동북아시아의 문화적 상징이 되었고, 민화 속에는 왕도깨비가 사신도의 중간자리를 차지했습니다. 황룡을 상징하는 황제의 근원이 바로 고대 배달국을 다스렸던 환웅입니다. 고대 동아시아의 수많은 민족들을 통치하고 다스렸던 왕들 중의 왕을 부르는 호칭이 "환웅"이었습니다.

또 다른 중앙의 주인공은 고대 설화인 나반과 아만 이야기에 등장합니다. 인류 최초의 사람이라고도 알려진 나반과 아만이 '아이사비'라는 곳에서 처음 만났다고 합니다. 아이사비는 바이칼호수 또는 송화강일 것으로 보고 있습니다. 하루는 천신의 계시를 받아 혼례를 올렸습니다. 맑은 물을 떠놓고 하늘을 향해 부부로 맺어주심에 감사하는 기도를 올렸습니다. 그런데 예식을 올리던 날 천신은 두 사람을 지켜줄 수호신들을 보내주었습니다. 산의 남쪽엔 주작이 날아와 기쁜 듯이 날개짓 하고, 물의 북쪽에서는 신성한 거북이(현무)가 상서로운 기운을 주었고, 골짜기의 서쪽에는 백호가 와서 산모퉁이를 지키고, 시내의 동쪽에서는 청룡이 하늘로 날아올랐습니다. 그리고 나반과 아만이 혼례를 치르는 중앙엔 누런 곰(황웅黃雄)이 웅크리고 앉아 지켜줬다고 합니다. 여기서 중앙을 지키는 신성한 동물은 왕도깨비도 아니고 황룡도 아닙니다. 황웅(黃熊) 즉 누런색 곰이 중앙자리를 차지합니다. 황웅하면 떠오르는 이야기가 있지요? 바로 곰 토템족 여왕 웅녀이야기입니다. 황웅도 황룡과 같은 황색, 중앙 土를 상징합니다. 고대 신석기시대 우리민족의 활동무대였던 중국 우하량의 홍산문화 유적에서 곰 형상의 옥기와 곰의 턱뼈, 곰 발 모양의 토기인형 조각들이 많이 발견되었습니다. 황룡, 왕도깨비, 황웅 이 모든 상징은 전부 중앙 土 자리를 지키는 존재입니다. 시대가 변하고 중앙을 지키는 신성한 동물은 바뀌었지만 중앙자리는 여전히 왕의 자리로 이어져 왔습니다.

홍산문화에 등장하는 수많은 토템에서부터 고구려 벽화에 등장하는 신비한 동물 그리고 조선시대에 등장하는 많은 동물들이 오늘날에는 생활 속 문화로 표현되지 않아 아쉬움이 있습니다. 용과 봉황처럼 우리의 현실 생활문화 속 콘텐츠로 재탄생되기를 기대해봅니다.

나는 박물관 간다

한 폭에 펼쳐진 우주, 태극기

01

우리 근현대사의
애환과 영광을 품다

　2015년에 개봉한 최동훈 감독의 〈암살〉이라는 영화가 있습니다. 독립운동가들의 친일파 암살작전을 다룬 〈암살〉은 재미뿐만 아니라 뭉클한 감동을 주어, 천이백만이 훨씬 넘는 관객을 동원하기도 했습니다. 암살 임무를 맡게 된 세 명의 요원들이 벽에 걸린 태극기 앞에서 환하게 웃으면서 기념사진을 찍는 장면은 시간이 지나도 기억에 남습니다.

　태극기는 우리 민족과 근현대사의 숱한 굴곡을 함께해 왔습니다. 1910년 국권피탈 이후 힘겨운 독립투쟁을 하면서 독립운동가들은 태극기를 그려서 가슴에 품었습니다. 많은 태극기들이 일본 제국주의의 군홧발에 짓밟히고 더럽혀지고 찢겨지고 태워졌지만, 꺼지지 않는 불꽃처럼 끊임없이 만들어져 생생하게 살아움직였습니다.

　1919년 3.1 만세운동을 준비한 유관순 열사를 비롯한 사람들이 일

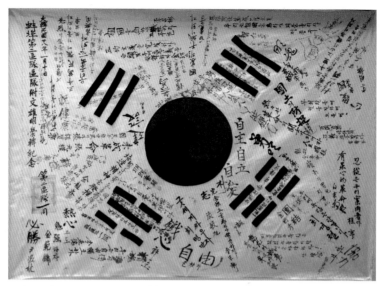

그림 7-1 한국 광복군이 대한독립 의지를 표명하며 서명한 태극기의 복제품 / 1945년 2월
(대한민국 역사박물관)

제의 눈을 피해 태극기를 그려서 몰래 나눠가졌던 사실은 유명합니
다. 일제의 탄압을 피해 꽁꽁 숨겨졌던 태극기가 일시에 물결을 이루
며 거리를 뒤덮었을 광경을 상상하면 가슴이 벅차 오릅니다. 1945년
8월 15일 광복의 기쁨을 만끽할 때에도, 6.25전쟁 시 수도 서울을 탈
환했을 때에도 사람들 손에는 태극기가 있었습니다. 태극기는 결코
꺾이지 않는 우리 민족의 정신을 대변하고 있습니다.

그림 7-2 1930~1940년대 대한독립만세 운동 때 사용했던 태극기 모조품(대한민국역사박물관)

대한민국의 위상이 높아진 지금은 태극기가 세계를 누비고 있습니다. 해외에서 우리 선수들이 경기를 할 때 다른 나라 사람들이 우리의 태극기로 한국선수를 응원하는 장면은 이제 어색하지 않습니다. TV를 통해서 해외 한류 팬들이 태극기를 가지고 있는 모습을 보기도 합니다. 필자가 유럽에서 만난 한류 팬들은 자신이 가지고 있는 태극기를 먼저 이야기하기도 했습니다. 우리는 익숙해서 무관심하지만, 외국인들에게는 한국 문화의 상징으로서 자리잡고 있습니다.

루마니아 태생의 노벨 문학상 수상자이자 신부인 게오르규(Constantin Virgil Gheorghiu)는 자신의 작품 〈25시에서 영원의 시간으로〉에서 태극기를 이렇게 표현했습니다.

> 한국의 국기는 유일한 것이다. 어느 나라 국기와도 닮지 않았다.
> 거기에는 세계 모든 철학의 요약 같은 것이 새겨져 있다.
> 태극기는 멋지다.
> 거기에는 우주의 대질서, 인간의 조건, 살아있거나 죽어있는
> 모든 것의 운명이 선, 점, 원, 붉은색, 흰색, 그리고 파란색으로
> 그려져 있다.

게오르규의 글은 한마디로 '태극기는 우주를 표현하고 있다'입니다. 세계 어느 나라의 국기도 우주의 질서를 담고 있지 않습니다. 게다가 다른 나라 국기들은 모양이 유사한 것들이 많습니다. 반면에 우리의 태극기는 수많은 국기들 중 단연코 돋보이는 독창적인 디자인과 의미를 가지고 있습니다.

온 세계를 다 포용하는 광대한 의미를 지닌 태극기. 태극기의 유래와 그 속에 담긴 진짜 의미를 알아 보겠습니다.

02

최초의 태극기는 무엇일까?

　태극기가 만들어지기 전까지 우리 민족이 깃발을 사용하지 않았던 건 아닙니다. 전쟁 때 지휘관을 상징하는 깃발과 군사들의 사기를 북돋아주고 같은 편임을 나타내기 위한 깃발 및 왕의 행차 때 제왕을 상징하는 깃발 등 다양한 깃발이 있었습니다.

　그렇다면 우리 민족은 언제부터 국기를 사용했을까요? 태극기는 격동기였던 조선말기 때 처음 제작되었습니다. 태극기를 처음 만든 사람을 박영효라고 알고 있습니다. 임오군란 이후 1882년 8월 박영효가 일본에 수신사로 가는 도중 배위에서 만들었다고 알려져 있습니다. 그러나 태극기는 조선말기 고종을 중심으로 여러 사람들의 논의를 거쳐 만들어졌습니다. 즉 태극기는 누군가가 즉흥적으로 갑자기 만든 것이 아니라 왕을 중심으로 여러 대신들이 논의를 했고, 외국사절들의 의견도 듣고서 만들었습니다. 이같은 사실은 국내외의 각종 외교 기록에 남아있습니다. 1883년 3월 6일 태극기가 조선의 국기로 공식 제정되기 전의 상황은 이렇습니다.

1875년 일본이 조선과 통상조약을 체결하기 위해서 불법으로 일본 군함 운요호를 강화도 초지진까지 끌고 들어오자 조선 수비대와 전투가 벌어졌습니다. 이 사건 이후 일본의 강압적 위협으로 강화조약(1876년)을 맺게 됩니다. 조약체결 회의 중 일본 측은 조선의 바다에 불법침범했음에도 적반하장으로 일본 국기가 달린 배를 왜 공격했냐고 항의했습니다. 그리고 조선의 국기가 무엇인지 묻는 일본 측 질문에 역관이었던 오경석은 임기응변으로 개성 유수영 문루에 그려진 태극이 우리 국기라고 대답했습니다. 조선은 이 일을 계기로 국기 제정을 생각하게 되었다고 합니다. 이후 오경석은 김경수와 상의하여 태극 주위에 사괘를 배치하는 도안을 고종에게 올렸고, 국기의 필요성을 느끼고 있던 고종은 우리 민족이 예로부터 사용해왔던 태극 팔괘도 중 '사괘와 태극'을 국기 도안으로 검토했습니다. 고종은 자신이 행차할 때 사괘와 태극이 그려진 태극기를 사용하기 시작했습니다. 태극기가 국기로 정식 제정된 것은 1883년이지만 그 전부터 사용된 것입니다.

1882년 5월 22일 조선과 미국 사이에 조미수호통상조약이 인천 제물포에서 조인되었습니다. 조약식에 앞서 미국 전권대사였던 로버트 W. 슈펠트 제독은 조선의 관리 김홍집에게 독립국가는 국기가 있어야 한다며 국기를 요청했습니다. 태극기를 공식적으로 제정하기 1년 전이었습니다.

당시 조미수호통상조약 체결에 관여한 청나라 사신 마건충은 김홍

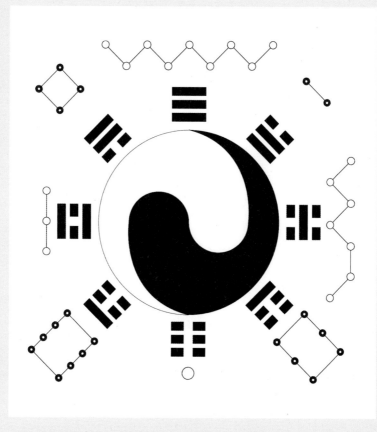

그림 7–3 태극기의 원형으로 알려진 8괘가 그려진 둑신기 / 둑섬에 있었던 치우천황을 모신 둑신
사에 그려졌던 것을 재현한 것이다. 고종은 복잡한 8괘 대신 간단하게 건곤감리 4괘를 취한 태극
기를 사용하게 했다.

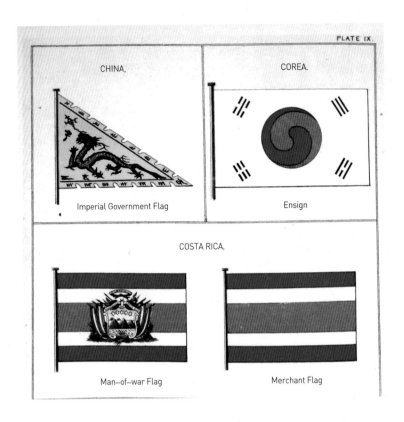

그림 7-4 1880년대 해상국가 기록에 수록된 슈펠트 태극기 또는 이응준 태극기 / 태극기 옆에 청나라 국기가 있다.(대한민국 역사박물관 소장)

집과 만나서 조선의 국기로 청나라 국기인 노랑색 바탕의 황룡기(黃龍旗)를 약간 변형하여 조선의 국기로 쓸 것을 요청합니다. 그들이 요구한 국기의 도안은 청색 바탕의 청룡기입니다. 그러나 청색을 쓴다는 것은 중국의 제후국임을 인정하는 것입니다. 이것은 과거 명나라 태조 주원장에 의해서 만들어진 것입니다. 주원장 자신은 평상복으로 황색 옷을 입고 황제의 형제, 자식 그리고 제후는 청색 옷을 입게 했습니다. 민간인들은 공식적으로 황색을 사용하지 못하게 했습니다.

조선의 태조 이성계에게도 청색 용포를 입으라고 권했습니다. 청색을 쓰면 조선을 청의 속국으로 인정하는 것이나 다름없었기 때문에 고종은 이러한 제안을 언짢게 여겨 단호히 거부하고, 그동안 논의해온 대로 태극기를 만들게 하였습니다(일본 〈시사신보〉 1882년 10월 2일 보도). 이에 따라 김홍집은 역관 이응준에게 태극기를 그리게 함으로써 우리나라 외교사상 최초로 태극기를 사용하게 되었습니다.

이렇게 만들어진 조선의 국기는 미국과의 외교협정 당시 슈펠트에 의해 미국으로 전해졌습니다. 이후 1880년대에 미국 해군이 발간한 〈해상국가들의 깃발들〉에서 배 뒤에 거는 코리아 해군기(COREA Ensign)로 수록되었는데, 이것을 슈펠트 태극기 또는 이응준 태극기라고 부릅니다.

1882년 일본 수신사로 파견된 박영효는 고종으로부터 태극기 만드는 방법에 대한 지시를 받게 됩니다. 박영효는 자신의 일기에 "사각 형태의 흰색 바탕에 폭 부분 5분지 2를 중심 삼아 태극을 그려 청색과 홍색을 칠하고 네 귀퉁이에 4괘가 바라보도록 만든 새 국기를 임시 숙소 옥상에 휘날림으로써 국왕의 명령을 다 받들었노라!"고 썼습니다. 1882년 9월 일본에 도착한 일본 수신사 일행은 숙소에 태극기를 게양했습니다. 이 태극기 사본은 영국 국립문서보관소에서 발견되어 공개되었습니다. 당시 일본 외무성 차관이 주일 영국공사 해리 파크스에게 보내는 외교문서에 코리아 국기(Korea National Flag)의 사본이란 설명과 함께 태극기 도안이 첨부되어 있습니다.

이렇게 여러 나라와의 조약체결 때 사용한 태극기들을 토대로 1883년 3월 6일 드디어 조선의 공식적인 태극기가 제정되었습니다.

03

다양한 모양의 태극기

최초의 태극기가 어떤 모양이었는지는 정확하게 알 수 없습니다. 1883년 고종이 정식으로 제정할 당시 구체적인 모양을 명시하지 않아 다양한 형태로 만들었습니다. 지금까지 슈펠트 태극기와 박영효 태극기를 포함하여 여러 모양의 태극기가 전해져 오고 있습니다.

1886년 청나라 외교문서인 '통상조약장정성안휘편'에는 '대청속국 고려국기'라는 이름으로 태극기가 소개되어 있습니다. 일명 '고려국기'라고 불리는 노란 바탕에 지금과 형태가 다른 태극문양 주위에 청색의 4괘가 그려져 있습니다.

현존하는 가장 오래된 태극기는 데니 태극기라고 불리는데, 이것 역시 지금의 태극기와 모양이 다릅니다. 중앙의 태극문양이 아래위가 아닌 좌우로 구분되어 있으며 역동적인 회오리형으로 그려졌습니다. 그리고 네 귀퉁이를 차지하는 건곤감리 4괘는 파란색입니다. 가

그림 7-5 국립중앙박물관에 전시된 데니 태극기 / 고종황제의 외교 고문을 지냈던 미국인 데니 (Owen N. Denny, 1838~1900)가 1890년 본국으로 돌아갈 때 가져갔던 태극기로, 실존하는 가장 오래된 태극기로 알려져 있다.

로 263㎝, 세로가 180㎝에 달해 고종의 행차 때 사용된 것으로 추측되고 있습니다.

박영효 태극기 이전에는 8괘를 그렸었는데 이것이 복잡해서 4괘로 정리되었다는 이야기가 있습니다. 정확한 사실을 확인하긴 어렵지만, 현재 남아있는 것은 전부 4괘가 그려진 태극기입니다.

04

한민족 역사 속에 살아 숨쉬는
태극문양

우리 민족은 오래 전부터 태극을 상징적으로 사용해 왔습니다. 태극이 〈주역〉에서 처음 나온 말이라 하여 중국에서 넘어온 사상으로 생각하기 쉽지만, 우리나라는 중국보다 훨씬 앞서서 태극문양을 사용해 왔습니다.

7세기(682년)에 창건된 신라 감은사터 장대석에 새겨진 태극문양은 11세기의 송나라 성리학자 주돈이(周敦頤)의 태극문양보다 약 400년 가량 앞서 만들어졌습니다. 백제유적에서도 태극문양이 발견되고 있으며, 고려와 조선에서도 태극문양은 꾸준히 사용되었습니다. 고려 공민왕릉에도 태극문양이 새겨져 있습니다. 고궁박물관, 광화문 지하 '충무공 이야기' 전시관, 국립중앙박물관 등에 가면 '좌독기(조선시대 군기의 일종)'를 만날 수 있는데 원시적 태극문양과 8괘가 그려져 있습니다.

혹자들은 태극기가 조선말기에 외국과의 조약체결을 앞두고 급하게 만들어진 결과물이라고 평가절하하기도 합니다. 그러나 우리나라는 이미 오래전부터 태극기의 원형이라 할 수 있는 도안을 널리 사용해 왔습니다. 성리학이 이 땅에 들어오기 수천 년 전부터 음양오행과 팔괘사상은 우리 민족의 보편적인 철학이었습니다. 태극기는 약 5천 년 이상 사용해온 우리의 문화적 상징을 조선후기에 재구성한 것으로, 약 1년 가까운 검토를 거친 후에 반포한 것입니다.

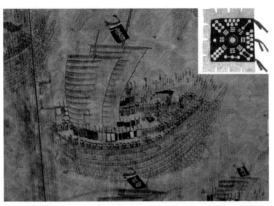

그림 7-6 수군조련도 / 삼도대원수라는 지휘관이 타는 배의 중앙에 좌독기가 있다.(국립중앙박물관)

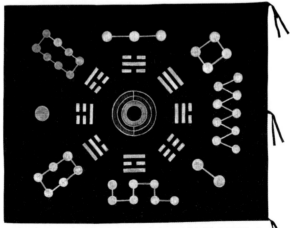

그림 7-7 좌독기 / 조선시대 군기 중 하나로 주장(主將)의 위엄을 나타내는 가장 진중하면서 화려한 깃발(국립고궁박물관 소장)

05

태극기 바탕은 왜 흰색일까?

태극기 한 폭에 존재하는 모든 문양에 우리 민족의 철학과 가치가 담겨있습니다. 바탕도 마찬가지입니다. 태극기의 바탕은 흰색입니다. 백의민족이라 흰색일까요? 아니면 순수와 평화를 사랑해서 흰색일까요? 순수, 평화와 같은 단어를 떠올리는 것은 서구적인 발상입니다. 그 당시는 청나라와의 사대관계를 종결짓고 독립국가로 자립해야 했으며, 서구열강들과 일본같은 제국주의로부터 자주국가를 지켜내야 하는 위기의 시대였습니다. 한가롭게 순수, 평화와 같은 개념을 생각할 때가 아니었습니다. 그렇다면 왜 흰색일까요?

흰색은 바로 광명을 상징하는 색깔이기 때문입니다. 우리는 오래전부터 '배달의 민족'이라는 말을 써왔습니다. 그 배달국시대부터 대한제국까지 약 반만 년 동안 재세이화(在世理化, 세상을 살피고 진리로 다스려 백성들을 깨우친다), 광명이세(光明以世, 밝은 빛으

로 세상을 다스린다), 홍익인간(弘益人間, 널리 사람을 이롭게 한다)의 정신이 나라의 통치이 념이었습니다. 이러한 이념을 가진 우리는 태 양을 숭배하며 태양의 밝은 빛이 온 천지를 비 추어 백성들이 평안해지기를 바랐던 것입니다. '배달'이라는 국호는 '밝은 땅'을 의미합니다. '밝고 환한 광명의 나라'라는 국호의 의미는 밝 땅(배달), 쥬신(조선), 부여, 발해, 고려, 대한 제국, 대한민국 등으로 이어져 내려왔습니다.

광명(光明)이란 빛과 밝음이 합해진 단어입니 다. 특히 명(明)이란 글자는 해(日)와 달(月)이 합해져 낮이고 밤이고 밝음을 뜻합니다. 광명을 순수 우리말로 하면 '환하다'입니다. '환하다'는 공명정대(公明正大)에서 명을 뜻합니다. 여기서 명(환하다)은 숨김이나 사사로움이 없음을 의미 합니다. 따라서 태극기의 흰색 바탕은 밝은 국 가, 거짓 없는 국가, 정의로운 국가를 지향하는 의미입니다.

그리고 흰색을 음양오행으로 이야기하면, 오 행(목화토금수) 중에서 금(金)에 해당합니다. 금 (金)은 서쪽과 가을을 상징하는데 그 정신은 의 로움입니다. 즉 태극기의 바탕을 흰색으로 정한 것은 환한 세상, 의로운 세상, 공명정대한 국가 를 지향했기 때문입니다.

건곤감리의 의미

태극기의 네 모서리에 위치해 있는 4괘는 '건곤감리'입니다.

표 7-1. 건곤감리 각 괘의 의미

모양	괘 명칭	의미
☰	건 乾	하늘을 상징(天)
☷	곤 坤	땅을 상징(地)
☵	감 坎	하늘의 달(月)을 상징하며, 물(水)을 상징
☲	리 離	하늘의 해(日)를 상징하며, 불(火)을 상징

건곤감리는 어디서에서 유래되었을까요? 결론부터 이야기하면, 지금으로부터 약 5700여 년 전 태호복희씨라는 우리의 조상님이 태극의 개념과 8괘를 처음 만들었습니다. 그 8괘에 태극기에 있는 4괘가 포함되어 있습니다. 그러나 안타깝게도 태호복희씨(이하 복희씨로 약

칭)를 처음 들어봤거나 중국사람으로 아는 사람들이 대부분입니다.

국립중앙박물관 3층 중앙아시아 전시실에 가면 '복희여와도'라는 그림이 있습니다. 복희여와도는 실크로드 경유지인 중국 신장 위구르자치구 투르판시 아스타나 무덤군에서 발굴된 그림입니다. 아스타나 무덤군에서 다수의 복희여와도가 나왔습니다. 사람 몸에 뱀 꼬리(혹은 용의 꼬리)를 가진 남녀가 하체를 서로 꼬고 있으며, 위 아래로 해와 달 그리고 별이 그려져 있습니다. 남자는 복희씨, 여자는 여와씨입니다. 국립중앙박물관 전체를 통틀어 태호복희씨와 관련된 유일한 유물입니다.

전설에 의하면, 아주 오래전 신들의 싸움으로 온 세상이 물에 잠기었을 때 오누이 사이인 복희씨와 여와씨만 살아남고 나머지 사람들은 모두 죽게 됩니다. 이 둘이 근친혼으로 지상에 사람들을 번성케 했다는 전설이 바로 이 그림의 배경설화입니다. 사람의 하체를 뱀처럼 그린 것은 중국 한족(漢族)들이 동이족의 고대 영웅들을 사람이 아닌 동물이나 괴수로 표현하는 고약한 습성 때문입니다. 예를 들면, 치우천황은 새머리 혹은 포악한 짐승머리에 손발은 무기로 표현하였으며, 신농씨(神農氏)는 일그러진 얼굴에 뿔을, 서왕모(西王母)는 추악한 얼굴에 날카로운 혀와 이빨을 가진 노파의 모습으로 그려져 전승되었습니다.

이런 신화나 전설은 접어두고, 실제 역사 속 복희씨는 어떤 사람이었을까요? 지금으로부터 약 7천여 년 전 동아시아를 주름잡던 '배달'이란 나라가 있었습니다. 그 나라의 황제를 '환웅'이라고 합니다. 〈삼국유사〉에 소개된 단군신화에는 단군왕검께서 고조선을 건국하기 이전, 3천 명의 무리를 이끌고 신시에 와서 나라를 열었다는 환웅에 대한 이야기

그림 7-8 국립중앙박물관에 전시된 복희여와도. 직각자와 원을 그리는 도구를 들고 있다. 신장 위구르자치구 투르판시 아스타나 무덤에서 발견된 그림. 아스타나는 위구르 언어로 수도라는 의미이다.

가 나옵니다. 배달국은 대대로 여러 환웅천황이 다스렸습니다. 그중 5대 '태우의' 환웅천황에게는 여러 아들이 있었는데 열두 번째 아들이 바로 복희씨입니다. 복희씨는 당시 비를 관장하는 우사(雨師)였으며, 축산업(가축을 기르는 임무)을 담당하던 관리였습니다.

복희씨는 백성들을 위해 관직을 수행하면서도 우주의 이치를 배우고 깨우치는데 노력을 아끼지 않았습니다. 아주 오래전부터 전수되어 온 천부경을 깊이 공부했고 삼신산(三神山)에서 하늘의 제왕인 천제(天帝)에게 지극한 정성으로 천제(天祭)를 올렸습니다. 아마도 큰 일을 하고자 간절한 마음으로 정성을 다해 기도를 올렸다고 보여집니다. 그 서원과 기도에 대한 응답으로 천하(天河, 송화강. 황하가 아님)라는 강에서 나온 용마(龍馬, 머리는 용, 몸통은 말)의 등에 새겨진 우주의 비밀 코드인 하도(河圖, 강에서 나온 그림)를 받았습니다.

복희씨는 계시받은 하도를 깊이 연구했습니다. 그러던 어느 날 태양을 따라 날아다니는 신룡(神龍)을 관찰합니다. 그 신룡은 해를 따라서 몸 색깔을 하루에 열두 번이나 바꾸었다고 합니다. 이러한 신룡(神龍)의 변화와 하도가 내포한 깊은 의미를 통해 세상의 이치에 대한 큰 깨달음을 얻게 되었다고 합니다.

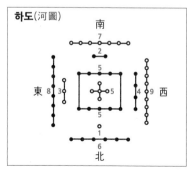
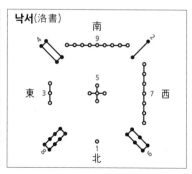

그림 7-9 하도 낙서

07

우주의 원리인 팔괘

사람은 삼라만상의 변화를 깨닫기도 어렵지만, 깨닫더라도 다른 사람들과 공유하기는 더욱 어렵습니다. 태호복희씨는 사람들이 자연변화의 원리와 현상을 쉽게 이해할 수 있도록 '팔괘(八卦)'라는 부호를 만들었습니다. 그것을 복희팔괘(그림 7-10)라고 합니다. 이 팔괘로 인하여 음양오행사상이 체계화되기 시작해서 5천 년 이상 아시아의 정신문화를 지배하게 됩니다.

팔괘를 원형으로 배치하는 도안은 고구려 벽화에서 처음 나타납니다(6세기 초에 만들어진 중국 집안시 오회분 제4호묘에 연꽃 탄 신선이 팔괘를 그리는 모습 등장).

8괘는 서양 과학발전에도 많은 영향을 주었습니다. 17세기 독일의 라이프치히 출신의 라이프니치는 다방면의 천재였습니다. 특히 수학과 철학에 뛰어났으며 물리학, 공학 등 다양한 분야에 두각을 나타냈습니다. 라이프니치는 팔괘 원리에서 나온 64괘를 연구하여 계산기의 이론적 원리를 창안했습니다. 음과 양이라는 철학적 개념을 바탕으로 0과 1만 사용하는 이진법 개념을 만들었고, 이를 토대로 기계식 계산기를 발명했습니다. 이 계산기의 원리가 지금 컴퓨터와 스마트폰 같은 IT장비의 기본 원리입니다. 또한 원자모델을 만든 양자역학의 아버지 닐스 보어는 역경(易經, 음양오행과 팔괘원리가 집약된 주역)의 기본적인 패턴을 본떠 원자모델을 처음 만들고, 그 공로로 덴마크 정부로부터 귀족 작위를 받았습니다. 귀족 작위를 받는 날 닐스 보어가 태극 휘장을 단 예복을 입고 식장에 나타난 일화는 유명합니다.

복희씨는 팔괘라는 우주 철학적 부호체계를 창안하여 인류문명사에 크나큰 전기를 마련하였으며, 현대문명에까지 큰 영향력을 미쳤습니다.

그림 7-10 복희팔괘

08

태극기에 팔괘 아닌
사괘를 쓴 이유

지금 태극기의 디자인을 보면 8괘 중에 4개의 괘만 사용했습니다. 그런데 태극기를 제정한 이들은 왜 건곤감리 4괘만 남겼을까요? 단순함을 좋아했던 우리 민족은 그림에서도 생략기법 또는 여백을 많이 두었습니다. 8괘 중에 4괘만 남긴 것은 사람에게 가장 필요한 핵심이기 때문입니다. 건곤리감 4괘의 천지일월(天地日月) 즉 하늘, 땅, 해, 달은 변함없이 이 세상을 지탱하는 바탕입니다. 그래서 하늘과 땅, 해(불)와 달(물)만 배치해서 온 세상을 다 표현하고 있습니다.

그림 7-11은 팔괘에서 사괘만 남기는 과정을 표현했습니다.

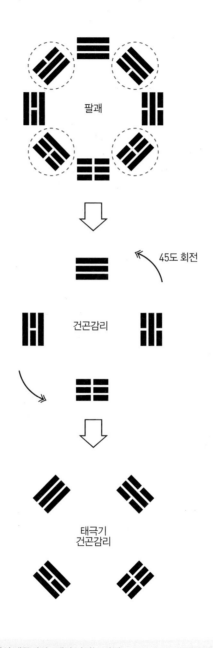

그림 7-11 복희팔괘도에서 태극기의 4괘만 남기는 과정

09

태극은 바로 '대한사람'

우리 조상들은 태극기를 만들 때 4괘를 본래 위치에서 비껴서 놓았습니다. 그것은 건곤감리가 태극기의 주인공이 아니기 때문입니다. 진짜 주인공은 가운데에 놓인 '태극'입니다. 여기에 담겨있는 사상이 바로 천지인(天地人)의 삼재(三才)사상입니다. 천지인 삼재사상은 그저 하늘과 땅, 인간으로 구분하는 것이 아닙니다. 하늘과 땅은 인간의 부모라는 의미가 전제되어 있습니다. 하늘은 아버지이며 땅은 어머니입니다. 인간은 하늘과 땅이 길러내는 자식입니다. 이것이 천지인 삼재사상의 본래 의미입니다. 태극기에서 건곤감리, 즉 하늘·땅·해(불)·달(물)은 '태극'을 보살피고 길러냅니다.

그렇다면 대한민국을 상징하는 태극기에서 하늘·땅·해·달이 굽어살피고 키워내는 태극은 무엇을 의미할까요? 바로 대한사람입니다. 이러한 의미는 애국가에서도 '하느님이 보호하사 우리나라 만세', '대한사람 대한으로 길이 보존하세'로 나타나 있습니다.

그림 7-12 이촌역과 국립중앙박물관의 연결 통로 / 천장에 건곤감리 모양의 등이 켜져 있고 바닥에는 땅을 상징하는 곤괘가 그려져 있다.

　필자는 국립중앙박물관을 갈 때면 보통 지하철 이촌역에서 내려 지하통로를 이용합니다. 이 통로의 바닥과 천장, 그리고 벽면이 익숙한 무늬로 채워져 있습니다.

　건곤감리 4괘 모두 천장에 그려져 있고, 땅을 상징하는 곤괘가 바닥에 배치되어 있습니다. 통로 벽에는 태극의 반복적인 패턴이 채워져 있습니다. 긴 통로 전체가 태극기의 상징들로 채워져 있음을 알 수 있습니다. 이렇게 태극기가 우리 일상에서 좀더 가깝게 다가올 수 있는 시도들이 많았으면 좋겠습니다.

　우리 겨레의 영광과 굴욕을 같이 해온 태극기에는 반만년 역사의 지혜와 철학과 사상이 담겨있습니다. 바로 현재의 복잡한 세상이 가장 필요로 하는 천지인 삼재사상과 재세이화 · 광명이세 · 홍익인간의 정신인 것입니다. 우리의 자랑스런 국기를 무관심하게 바라보지 말고, 그 속에 담겨진 정신을 잊지 않았으면 합니다.

유네스코 세계문화유산, 강화 고인돌

요즘 강화도에 가는 사람들이 많아졌습니다. 등산을 즐기려는 사람들뿐만 아니라 가족끼리 찾아가는 곳이 되었습니다. 강화도에 갔을 때 꼭 가보면 좋을 두 곳이 있습니다. 멀리서 보면 피라미드처럼 생긴 마니산과 고인돌 공원입니다. 고인돌 공원에 가면 넓은 언덕에 큼지막한 탁자 모양의 고인돌이 눈에 들어옵니다. 고인돌에 별 관심이 없던 사람들도 위풍당당한 고인돌의 모습을 한참 둘러보게 합니다. 고인돌 안내판 바로 옆에 '강화 고인돌 노래'를 들을 수 있는 음향 박스가 있습니다. 스위치를 누르면 귀에 익숙한 어린이날 곡에 맞춰서 고인돌 노래가 나옵니다.

가사 중에 "전세계 6만여 기 우리나라 4만여 기 그 중에 160기 강화의 자랑"하고 흘러나옵니다. 이 노랫말처럼 전세계 고인돌의 약 66% 이상을 우리나라가 보유하고 있습니다. 전세계적으로 고인돌은 중

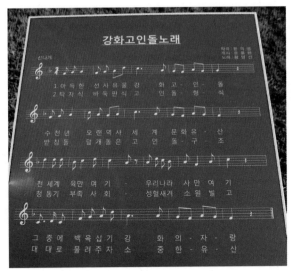

그림 8-1 강화 고인돌 노래 / 우리나라 고인돌에 대한 핵심 정보가 담겨 있다.

국, 일본 등 아시아 지역과 프랑스, 영국 등 유럽에서도 발견되고 있는데, 이 숫자를 모두 합친 것보다 우리나라의 고인돌이 더 많은 것입니다. 그래서 고인돌 문화는 우리가 원류(源流)라고 인정받는 추세입니다.

그렇다면 어디에 가면 고인돌을 많이 볼 수 있을까요? 고인돌은 우리나라 전역에서 발견되고 있으며, 북한에도 1만여 기 이상 있다고 합니다. 과거에 이것이 미처 고인돌인 줄 몰랐던 때에 파손된 것까지 감안한다면 훨씬 더 많은 고인돌이 있었을 것입니다. 유네스코 세계문화유산으로 지정된 곳은 인천의 강화, 전남 고창과 화순의 고인돌로, 각각 수십 기에서 수백 기의 고인돌이 모여있습니다.

고인돌은 말 그대로 '돌을 고였다' 하여 붙여진 이름으로 흔히 청동기시대의 대표적인 무덤이라고 합니다. 그런데 우리나라를 비롯해

그림 8-2 강화도 고인돌 공원에 있는 대한민국을 대표하는 탁자식 고인돌. 30도 정도 기울어져 있지만 안전한 것으로 알려졌다. 덮개돌과 맞닿는 받침돌을 다듬어서 서로 맞물리게 하는 그랭이 공법이 사용되었다. 덮개돌의 무게만 53톤으로, 고인돌 조성 시 약 천여 명이 동원된 것으로 추정된다.

서 전세계적으로 6천~2천 년 전의 고인돌들이 존재합니다. 청동기 시기를 6천 년 전으로 잡는 서양의 기준으로 본다면 고인돌이 청동기시대에 만들어진 것은 맞습니다. 그러나 우리의 기준으로는 좀 다릅니다. 고인돌에서 신석기 후기 때의 토기가 출토되기도 하고, 초기 철기시대의 유물이 나온 적도 있었습니다. 우리의 고인돌이 언제부터 만들어졌는지, 왜 그토록 거대한 돌을 사용했는지 정확하게 밝혀지지 않았습니다. 그래서 시기에 대해서는 대개 신석기시대 후반부터 초기 철기시대까지 오랜 기간 사용되어온 무덤양식으로 추측하고 있습니다.

처음 고인돌이 발견될 무렵만 해도 그 거대한 규모 때문에 당시 지배자(족장)의 무덤이라고 여겼는데, 고인돌에서 발굴된 유골이 여성, 어린 아이까지 있기 때문에 지금은 신분이나 성별과 관련 없이 일반적으로 널리 사용된 것으로 추측하고 있습니다. 세계문화유산으로 지정된 강화, 고창, 화순지역에 고인돌이 군락을 이룬 것을 보면 더욱 그렇습니다.

고인돌은 우리에게 당시 시대상을 알려주는 좋은 유적입니다. 고인돌 안에서는 시신뿐 아니라 토기, 석기, 고조선식(비파형) 동검, 청동거울, 청동방울 등 다양한 유물이 발견되었습니다. 고인돌이 많은 지역은 당대에 사람들이 많이 살았음을 말하며 거대한 돌무덤을 만들 만큼 조직적이고 체계적인 사회를 이루었다는 이야기입니다. 즉 국가 형태가 있었음을 의미합니다.

그동안 우리는 청동기시대에 이르러 한반도에 처음으로 고조선이란 국가 조직이 탄생했다고 배워왔습니다. 그러나 중국의 요령성 지역에 존재했던 홍산문화는 6500년 전에 출현한 것으로 추정되며, 홍산문화 유적 중 우하량에서 발견된 유적을 통해 당시에 이미 국가 형태가 이루어졌음을 알 수 있습니다. 홍산문화는 앞서 금관 편에서 설명한 것처럼 세계 4대문명보다 오래된 발해만문명(요하문명)의 대표주자격으로, 중국 요령성 우하량에서 대규모 유적지가 발굴되면서 세상에 모습을 드러냈습니다. 발해만문명(요하문명) 및 홍산문화를 이룬 민족은 동이족으로, 우리 민족의 조상입니다.

우하량에서 당시 사람들이 종교와 정신문화를 가지고 있었다는 증거인 총·묘·단(돌무지무덤, 여신묘, 제천단 등 세 가지를 말함)이 발굴되었습니다. 따라서 청동기시대 이전에 이미 일정한 규모를 가진 국가가 출현했던 것으로 보는 게 타당합니다.

239

02

세계의 거석문화

전세계에 분포된 고인돌 6만여 기 중에 남북한에 4만여 기가 모여 있습니다. 우리나라를 빼고 거석이 가장 많은 곳은 프랑스이며, 약 1만여 기의 거석이 있습니다. 사실 프랑스를 비롯한 유럽은 많은 거석을 보유하고 있지만, 말 그대로 돌이 서있는 형태의 '선돌'을 제외하면 고인돌은 그리 많지 않습니다.

프랑스에서 거석을 볼 수 있는 대표적인 곳은 브르타뉴 지방의 해안 가까이 있는 카흐낙 열석(列石)입니다. 열석이라는 말은 돌들이 열을 지어 서있다는 의미입니다. 어른 키보다 훨씬 큰 돌 약 3천여 개가 4㎞에 걸쳐 줄을 지어 있습니다. 브르타뉴 지방은 프랑스 북서쪽 끝에 있는 지역으로, 대서양을 향해 땅이 뾰족하게 튀어나온 반도(半島)입니다. 누가 무슨 목적으로 그렇게 돌을 세웠는지 모르지만 장대하게 서있는 모습에 감탄하게 됩니다. 그곳 주변에는 우리나라의 고인돌과 유사한 형태의 고인돌도 있고, 터널식으로 길게 이어진 형태

그림 8-3 덴마크 모엔 섬에 있는 터널형 고인돌

의 고인돌도 있습니다. 터널형 고인돌은 유럽 전역에서 발견되는 형
태이기도 합니다. 유럽 고인돌의 특징은 무덤방 하나에 여러 구의 시
신을 매장했다는 점입니다. 이에 비해서 우리나라 고인돌은 독립적

돌멘(dolmen)이란 단어의 유래

● 고인돌의 국제적인 표기는 돌멘(dolmen)으로, 이는 프랑스에서 기원한 말
입니다. 돌멘(dolmen)은 돌탁자(stone table)라는 의미로, 프랑스 서쪽 브
르타뉴 지방의 켈트어로 taol maen(프랑스어로 타올민)에서 유래되었습니
다. 그리고 나폴레옹 시대의 장교 라투루 도베르뉴가 1796년에 'dolmin'이
라고 표기했습니다. 이후 프랑스에서 dolmin이 아닌 dolmen이 표준어가
되었습니다. 영국의 작가들도 고인돌을 dolmen 이라 표기하기 시작했습니
다. 돌멘이 프랑스에서 기원한 말이라고 하지만, 우리말의 돌멩이와 발음이
비슷한 점이 재미있습니다.

그림 8-4 러시아 카프카스 지역에서 발견된 고인돌 / 덮개돌에 별자리가 새겨져 있고, 마감돌 한쪽은 둥근 구멍이 뚫려있는 형태이다. BC 1800~BC 1300년 경에 만들어진 것으로 발견 당시 내부에 70구의 유골이 발견되었다. 모스크바 붉은 광장에 자리한 러시아 국립역사박물관에 영구전시 중이다.

인 무덤 형태로, 무덤방 하나에 시신 한 구를 매장하였습니다.

유럽에서 주목해야 될 곳은 유럽 남동부와 아시아 사이의 내해인 흑해 동쪽 끝 지역으로, 러시아 카프카스 산맥 북서쪽입니다. 여기에서 약 3천여 개가 넘는 고인돌이 발견되었습니다. 이 일대는 2014년 동계올림픽이 열렸던 소치 주변지역으로, 현재도 계속 발굴이 이뤄지고 있다고 합니다.

또 전세계 거석문화의 대표적인 곳으로 유럽 남부 지중해의 작은 섬나라 몰타를 뺄 수 없습니다. 몰타는 여러 개의 섬으로 이뤄져 있는데, 이곳에서는 거석으로 만들어진 많은 신전이 발견되었습니다.

그림 8-5 몰타 공화국 고조섬 '거인 여자'라는 의미의 주간티아(Ggantija) 신전 내부 / 약 5500년 전에 만들어졌으며, 돌무더기가 주변을 감싸고 있는 형태이다. 공중에서 보면 두 개의 클로버 모양을 이루고 있음을 알 수 있다.

그림 8-6 몰타 공화국 고조섬의 거석 신전 '하자르 임' 입구 / 하자르 임은 서있는 돌이라는 의미로 약 5600년 전에 세워졌다.

그림 8-7 몰타 공화국 고조섬의 거석 신전 '임나드라' 일부 / 약 5600년 전 유적

03

돌무덤의 시대

우리 선조들은 시신을 매장할 때 돌을 가지고 무덤을 만들었습니다. 돌무덤은 이름 그대로 돌을 이용해 만들어진 무덤을 말하며, 형태가 다양해서 부르는 이름도 각기 다릅니다.

땅을 파거나 파지 않은 상태에서 시신을 놓고 돌을 무더기로 쌓아 올렸다 해서 돌무지무덤(적석총積石塚), 땅을 파서 돌로 상자모양의 널(관)을 짠 돌널무덤(석관묘石棺墓), 큰 돌널(관) 안에 시신을 넣은 작은 관이 있고 나머지 공간에 부장품을 같이 넣는 형태로 돌을 덧댔다고 해서 돌덧널무덤(석곽묘石槨墓), 고구려 강서대묘나 무용총, 쌍용총같이 돌로 방을 만들고 그 위에 흙이나 숯, 재, 돌 등을 덮은 후 흙으로 봉토를 만든 무덤으로 사국시대에 발견된 돌방무덤(석실묘石室墓) 그리고 고인돌(지석묘支石墓) 등 종류가 많습니다. 돌무덤

그림 8-8 고인돌의 유형 / 형태에 따라 (좌)탁자식, (중)바둑판식, (우)개석식

은 선사시대부터 이어져 내려온 우리 민족의 전형적인 무덤 축조 양식이었습니다. 고인돌은 돌로 상자 모양의 널(관)을 짠 돌널무덤과 함께 대표적인 청동기 무덤양식이지만, 앞서 설명한 것처럼 신석기 시대부터 청동기, 철기시대까지 폭넓게 나타나고 있습니다.

가장 오래된 돌무덤은 우리 선조들인 동이족이 만들었습니다. 발해만문명(요하문명) 중 홍산문화 시기의 돌널무덤이 발견되었기 때문입니다. 이 형태는 한반도에서 발견되는 것과 같은 양식이면서 가장 오래된(약 5500년 전) 돌널무덤(석관묘)입니다. 돌널무덤에서 발전된 고인돌은 요동반도와 만주, 한반도에 넓게 분포되어 있습니다.

고인돌은 모양에 따라서 탁자식, 바둑판식, 개석식 등으로 구분됩니다. 탁자식 고인돌은 지상에 4개의 판석을 세워서 무덤을 만들고 그 위에 덮개돌을 올린 것으로, 요동반도에서부터 전라북도 고창까지 분

고인돌, 형태에 따라 구분하자

● 최근 탁자식(북방식) 고인돌은 한강 남쪽인 전라도에서도 발견되고 있으며, 바둑판식 고인돌은 북한지역에서도 발견되고 있습니다. 북방식, 남방식처럼 지역적인 구분보다 탁자식, 바둑판식처럼 형태로 구분하는 것이 합당하지 않을까 합니다.

그림 8-9 제주시 용담동에 자리한 위석식 고인돌

포되어 있습니다. 바둑판식 고인돌은 지하에 무덤을 만들고 서너 개 혹은 그 이상의 받침돌 위에 덮개돌을 올린 것으로, 주로 한강 이남지역에서 많이 발견됩니다. 개석식 고인돌은 땅을 파서 무덤방만 만든 형태와 무덤방을 만들고 돌널(석관)을 둔 것도 있습니다.

이외에도 우리나라 제주도에서만 발견된 위석식 고인돌이 있는데, 지상에 받침돌 여러 개를 돌려놓고 그 위에 덮개돌을 올려놓은 형태를 말합니다. 위석식은 탁자식 고인돌과 마찬가지로 무덤방이 지상에 노출되어 있지만 받침돌로 둘러싸여 있기 때문에 내부가 보이지 않습니다.

04

고인돌이 말하는
고대문명사회

인천광역시 강화도, 전라북도의 고창, 전라남도의 화순에 밀집된 고인돌들은 세계문화유산으로서의 가치를 인정받아 2000년도에 유네스코 세계문화유산으로 등재되었습니다. 세계의 고인돌 중 유일하게 우리나라만 유네스코 세계문화유산으로 등록되었는데, 와글와글 몰려있는 고인돌의 모습은 정말 감탄사가 나옵니다.

특히 전남 화순 유적지는 무려 1만3천여 개의 고인돌이 밀집되어 있는데 이는 세계 최대 규모입니다. 그 중에 100톤 이상의 바둑판식 고인돌이 수십 기나 있습니다. 전북 고창 운곡리에는 우리나라에서 가장 큰 고인돌이 있는데 덮개돌 무게가 297톤, 높이가 4m나 되는 미스터리 유적입니다. 저렇게 큰 돌을 끌고 가려면 얼마나 많은 사람들이 동원되었을까요? 전라남도 진도에서 6.8톤의 바위를 옮기는 고인돌 축조작업을 재현했는데 필요한 인력이 73명이었다고 합니다. 그렇다면 100톤이 넘는 돌은 어떻게 옮겼을까요? 수천 명은 있어야 되지 않았을까요? 이는 많은 사람들이 조직적으로 동원되지 않는다면 불가능한 일입니다.

'고인돌'이라는 단어는 많은 사람들에게 원시시대를 떠올리게 합니다. 그래서 고인돌을 만든 선조들도 미개한 사람들로 오해하게 만듭니다. 그래서일까요? 고인돌 공원이나 박물관에 게시된 고인돌에 대한 설명이나 그림을 보면, 당시 사람들은 옷도 제대로 갖춰 입지 않은 원시인이었고, 체계를 갖춘 사회라기보다는 여러 명이 무리 지어 사는 원시적 공동체로 묘사되어 있습니다.

그러나 고인돌을 만든 사회는 결코 미개하지 않았습니다. 단단한 돌을 쪼개고 깎을 정도의 석공기술이 있었습니다. 고인돌은 자연상태의 돌을 그대로 사용한 것이 아니었습니다. 거대한 암석에서 필요한 크기의 돌을 잘라내는 기술, 받침돌이 덮개돌에 닿는 면에 맞물리도록 돌을 깎고 쪼는 기술인 그랭이 공법이 있었습니다. 고인돌을 만들었을 당시에 동이족 선조들이 이룩한 홍산문화 중 5500년 전의 우하량 유적에서 발견된 계단식 피라미드는 한 변의 길이가 100m이며 7층 구조로 만들어졌습니다. 우리 선조들은 이미 대단히 과학적인 석공기술을 보유했던 문명인들이었습니다. 또한 100톤이 넘는 돌을 운반할 정도의 기술과 조직력을 갖추고 있었습니다. 근래에 고인돌을 만들고 운반하는 과정을 재현해 보았지만 중장비를 사용하더라도 옮기기가 불가능했다고 합니다.

그림 8-10 강화도 오상리 고인돌군 / 12기의 고인돌이 모여 있으며 마감돌이 온전하게 보존되어 있다. 신석기시대의 빗살무늬 토기편, 청동기시대의 석촉, 석검이 나왔다.

그림 8-11 전북 고창의 고인돌 / 상판은 약 150톤으로 채석장 바로 아래쪽에 자리하고 있다.

거대한 바위에서 집채만한 돌을 떼어내기 위해서 수 일에서 수십 일간 매달려야 하고, 수백 명에서 수천 명이 달라붙어서 끌어야 몇 미터 움직입니다. 그런 바위를 작게는 수십 미터 길게는 수백 미터 이상을 이동시켰습니다. 적어도 수천 명 이상의 건장한 남자들을 동원할 수 있는 권력자가 아니고서야 누가 자발적으로 이런 고된 일을 할 수 있을까요? 고인돌을 만들었다는 것은 그 사회가 이미 조직적이었으며 지배층(통치자)과 피지배층으로 나누어진 계급사회였음을 의미합니다. 그토록 무거운 고인돌을 작게는 수십 기, 많게는 수천여 기 이상을 일정 지역에 집중적으로 만들 정도로 그 사회는 상당히 안정적이었을 것입니다.

배달국이나 고조선시대 중심지였던 홍산문화 지역과 한강이남인 강화, 순천, 고창지역은 한민족이 살던 고대문명권이었습니다. 고인돌은 주로 양지 바른 곳인 강, 하천기슭, 해안의 평탄한 지역, 산 능선, 작은 골짜기에서 발견됩니다. 홍산문화 시기의 무덤이 조성된 위치도 역시 주로 따뜻한 해안가나 강가입니다. 이는 농경조건과 일치하며, 문명이 형성될 수 있는 조건이기도 합니다. 사람 살기에 적합한 곳, 농사가 잘되는 따뜻한 자연환경 속에서 문명을 일구었다는 이야기입니다.

전남 화순군 춘양면 대신리 고인돌에서 석기와 붉은간토기, 민무늬토기편 등이 발견되었는데, 같이 나온 목탄의 탄소연대를 측정한 결과 지금으로부터 약 4500여 년 전의 것으로 확인되었습니다. 경기도 양수리 고인돌에서 발굴된 유물을 연구한 미국의 고고학자 사라 넬슨(Sarah Nelson)은 이 고인돌들이 대략 4680~4260년 전에 축조

된 것으로 추정했습니다. 고인돌 사례 몇 개만 살펴봐도 고조선 이전인 배달국시대부터 고조선시대까지 다양한 시기에 고인돌이 조성되었음을 알 수 있습니다.

최근에 강원도 춘천시 중도에서 발견된 고인돌 유적에서는 집터와 1,400여 개가 넘는 청동기시대 유물들이 발견되었습니다. 주거지에서는 고조선식(비파형) 동검과 청동도끼까지 발견되었습니다. 고인돌 101기를 비롯해 집터가 약 900여 개로 규모가 크고, 가치가 높은 유물들이 대거 발견되어 학계의 관심이 높습니다.

그런데 이 공간이 레고랜드라는 놀이공원을 만들기로 예정된 부지라는 것이 문제입니다. 처음에 강원도는 문화재를 이전하겠다는 입장이었지만, 점차 정부, 강원도, 역사학계, 시민단체에서 문화재를 잘 보존하는 방향으로 협의를 하고 있습니다. 부디 좋은 결과가 나오기를 바랍니다. 놀이공원 건립이 지역 경제발전에 분명 도움을 주겠지만, 그보다 세계적으로 찾아보기 힘든 고인돌문화공원을 만든다면 더 많은 이들의 방문이 이어지지 않을까요. 특히 외국인들은 한국의 고인돌에 대해 무척 관심이 많습니다. 우리 문화의 가치도 지키면서 지역발전도 함께 고려하는 묘안이 필요해 보입니다.

05

고인돌 최대의 미스터리,
덮개돌의 북두칠성

우리나라 고인돌에는 세계에서 가장 오래된 별자리 그림이 그려져 있습니다. 그런 별자리가 새겨진 고인돌이 한두 기가 아닙니다. 남한에 있는 고인돌 가운데 약 300기가 넘는 고인돌 덮개돌에 별자리 홈이 발견되었습니다. 북두칠성같은 별자리가 새겨져 있는 고인돌도 수십 기가 발견되었습니다. 북두칠성과 남두육성, 묘수, 북쪽왕관자리 별자리가 새겨진 고인돌도 여럿 발견되었습니다. 고인돌에 별자리를 새겼다는 것은 우리 민족이 아주 오래전부터 천문관측을 해온 고도의 문명사회였음을 의미합니다.

평안남도 증산군 용덕리에서 발견된 고인돌의 덮개돌에 파인 80개의 구멍은 약 4900여 년 전의 별자리라고 합니다. 용덕리 고인돌 별자리가 나오기 전까지 약 3200년 전 메소포타미아의 바빌로니아에서 발견된 토지경계비의 별자리가 가장 오래된 것으로 알려졌었습니

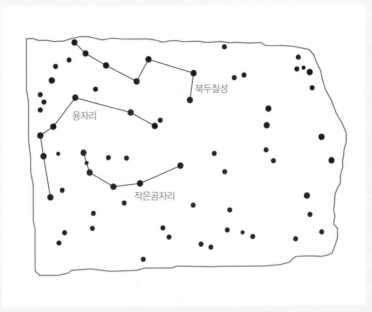

용자리

북두칠성

작은곰자리

그림 8-12 충북 청원군 아득이 고인돌 유적에서 출토된 별자리 돌판 모사도

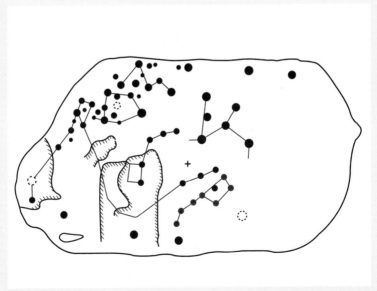

그림 8-13 함경남도 함주군 지석리 고인돌의 별자리 모사도 / 약 3500여 년 전 하늘에 나타났던 북두칠성, 작은곰자리, 카시오페이아, 카페우스, 작은 별들이 많이 모인 은하수를 그렸다.

다. 약 5천 년 전 무렵으로 추정되는 평양시 상군 번동 고인돌 덮개돌에도 역시 80개의 구멍을 내어 북두칠성을 비롯한 여러 별자리들을 표현한 것이 발견되었습니다. 또한 충북 청원군 아득이 고인돌에서는 북두칠성을 비롯해서 다양한 별자리가 새겨진 돌판이 출토되었습니다. 천체물리학자 박창범 교수를 비롯한 수많은 학자들이 모여서 연구 검증한 결과, 고대 밤하늘 별자리를 그대로 옮겨놓은 별자리로 확인되었습니다.

천상열차분야지도 편에서 설명한 것처럼, 과학자들은 아득이 돌판의 별자리와 경기도 이천시 지석리 고인돌 별자리(기원전 15세기 경)와 고구려 진파리 4호무덤(6세기 경)의 별자리들을 컴퓨터로 구현하여 기원전 5세기 북극성 주변 별들의 배치도와 서로 비교해 보았습니다. 결과는 모두 별자리로 판명되었습니다. 우리 선조들은 선사시대부터 천문관측을 지속적으로 해왔던 것입니다.

254

그런데 고인돌에 별자리를 새긴 이유가 궁금해집니다. 왜 그랬을까요?

고대 선조들은 사람이 육체를 받아 태어나기 이전에 있던 곳이 북두칠성 중 어느 별이라고 생각했습니다. 그래서 우리는 사람이 죽으면 "돌아가셨다"고 합니다. 본래 왔던 곳으로 돌아갔다는 의미입니다. 전통적으로 인간계와 사후세계 그리고 하늘이 연결되어 있다는 믿음이 있기 때문입니다.

이런 이유로 북두칠성과 관련된 많은 풍습이 전해져 왔습니다. 장례문화가 시신을 화장하는 방식으로 변하면서 지금은 잘 사용하지 않지만, 과거에는 죽은 이를 안치하는 관 아래에 북두칠성 모양으로 일곱 개의 구멍을 뚫은 '칠성판'을 깔고 시신을 위에 놓았습니다. 그리고 일곱 개의 구멍에 맞춰서 시신을 삼베로 일곱 번 묶습니다. 이를 "일곱 번 염한다"고 하는데, 원래 왔던 북두칠성으로 잘 돌아가시라는 의미입니다. 고인돌에 별자리를 새겼다는 것은 죽은 이를 왔던 별로 다시 돌려보내는 행위입니다.

북두칠성에 얽힌 우주관은 우리의 전통적 종교관과 연결됩니다. 선조들은 오래 전부터 북두칠성은 우주를 주관하는 옥황상제(玉皇上帝)가 사는 곳이라 믿는 한편, 북두칠성을 옥황상제가 타는 수레라고 생각했습니다. 이러한 의미의 북두칠성은 오랫동안 경배의 대상이었습니다. 우리 선조들이 상투를 틀고 다녔던 것도 북두칠성과 연관이 있습니다. 일곱 번을 꼬는 상투는 '상두'에서 온 말로 두(斗)는 북두칠성을 의미합니다. 하늘의 주재자가 있는 곳을 생각하면서 북두칠성을 경배하던 칠성신앙의 흔적입니다.

무덤에 별자리를 남기는 문화적 전통은 지속적으로 이어졌습니다. 고구려 벽화에 그려진 북두칠성 별자리에서도 알 수 있습니다. 고조선, 고구려를 비롯한 사국시대의 천문학은 고려를 거쳐 조선으로 계승되었고, 천상열차분야지도를 통해 나타났습니다.

이처럼 고인돌은 결코 미개한 시대의 흔적이 아닙니다. 고인돌은 고대문명을 일군 자랑스런 선조들의 유산입니다. 우리나라에 고인돌 숫자가 가장 많다는 사실은 아주 오래 전에 위대한 문명을 가졌던 거대한 국가가 있었음을 짐작하게 해줍니다. 한반도 북쪽 끝에서부터 제주도까지 분포되어 있는 4만여 기의 고인돌은 반만 년 이상 이어져 내려온 우리의 자랑스러운 역사를 상징합니다.

PART 09

불꽃 디자인, 청동검

01

고대세계의 산업혁명, 청동기

토기의 발명이 신석기 혁명을 가져왔다면, 청동기의 발명은 고대 세계의 산업혁명이었습니다. 이후 인류는 빠르게 새로운 역사를 창조해 나갔습니다. 2700년 전 고대그리스에 헤시오도스라는 서사시인이 있었습니다. 그는 그리스 신들의 계보를 최초로 정리한 서사시 〈신통기〉와 노동의 윤리를 담은 교훈시 〈노동과 나날〉을 썼습니다. 〈신통기〉에는 프로메테우스와 판도라 이야기와 함께 인류의 역사를 다섯 개의 시대(혹은 종족)로 분류해서 이야기합니다. 다섯 시대란 황금의 시대(황금 종족), 은의 시대(은 종족), 청동의 시대(청동 종족), 영웅의 시대(영웅 종족), 철의 시대(철 종족)를 말합니다. 원래 인간들은 신들과 살면서 질병이나 마음에 근심이 없이 살았는데 판도라가 제우스가 준 상자를 열면서 점점 힘든 삶을 살게 되었다고 합니다.

다섯 시대 중 청동의 시대 인간들은 굉장한 힘을 가졌고, 무기는 청동이었으며, 전쟁의 신 아레스 (로마신화에서는 마르스)처럼 잔인한 일과 폭력에 관심을 기울이는 사람들이었다고 합니다.

청동무기는 세계 곳곳에서 역사의 흐름을 바꾸고 새로운 시작을 만들어냈습니다. 청동기시대는 생존과 번영을 위해서 끊임없이 무기를 개발하고 발전시켰던 기술의 역사이자 전쟁의 역사입니다.

사실 청동기시대에 대한 묘사는 고대그리스뿐만 아니라 전 세계적으로 공통된 것이어서 동아시아도 예외는 아니었습니다. 발해연안과 내몽고, 만주, 한반도를 무대로 삼았던 우리 선조들도 투구, 엄심갑(가슴을 가리는 갑옷), 도끼와 창과 검 등 다

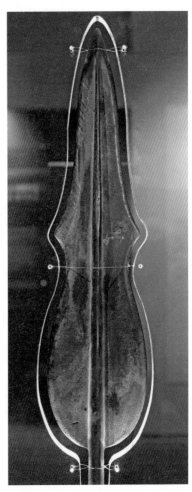

그림 9-1 국립경주박물관에 전시 중인 고조선식(비파형) 청동검

양한 청동무기 유산을 남겼습니다. 우리 민족은 비파형 청동검을 시작으로 세형 청동검(한국형 청동검)까지 오랜 기간의 청동무기 발달사를 가지고 있습니다. 비파형 청동검은 청동기시대를 대표하는 동검이고, 세형 청동검은 청동기 후기부터 철기시대까지 나타납니다.

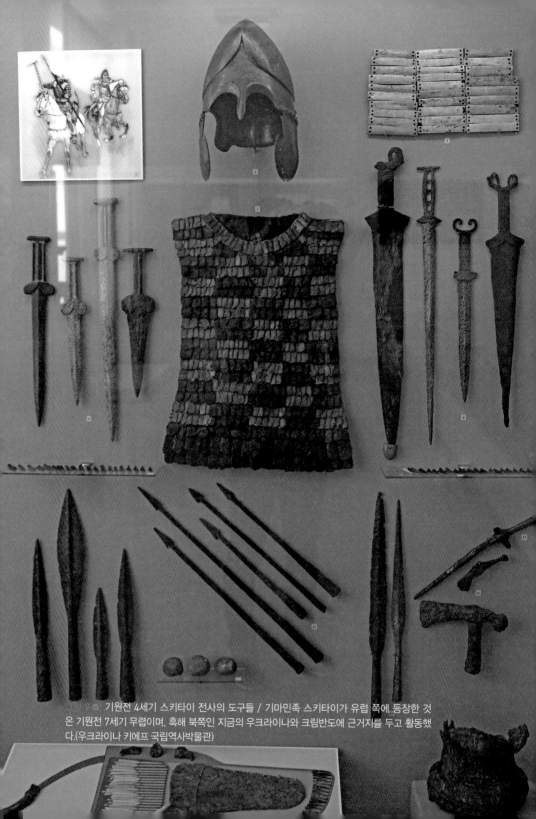

기원전 4세기 스키타이 전사의 도구들 / 기마민족 스키타이가 유럽 쪽에 등장한 것
은 기원전 7세기 무렵이며, 흑해 북쪽인 지금의 우크라이나와 크림반도에 근거지를 두고 활동했
다.(우크라이나 키에프 국립역사박물관)

02

비파형보다
고조선식 청동검

　국립중앙박물관 선사관을 지나 청동기·고조선관으로 들어가면 다양한 청동기 유물들이 전시되어 있습니다. 그중에서 독특한 디자인의 비파형 청동검들이 우리의 시선을 멈추게 합니다. 비파형 청동검은 중국악기인 비파와 그 생김새가 비슷하다고 붙여진 이름입니다. 그런데 비파형 청동검이 나올 당시 중국에는 비파라는 악기가 없었습니다. 그럼에도 우리나라에서 그동안 비파형 청동검이라는 말을 사용해왔습니다. 최근 의식있는 학자들은 이 검이 만주 요령지방에서 많이 발견된다고 해서 '만주식 청동검', '요령식 청동단검' 또는 곡선형의 날을 가졌다고 해서 '요령식 곡인단검'이라 부르고 있습니다. 더 나아가 고조선을 대표하는 유물이라 '고조선식 청동검'이라고 부르기도 합니다.

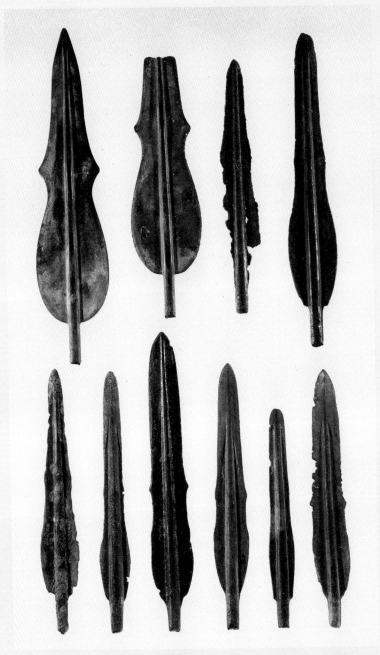

그림 9-3 고조선식(비파형) 청동검(국립중앙박물관)

우리나라 역사 교과서와 여러 박물관들은 비파형 청동검 다음 시대에 나오는 날씬한 세형 청동검에 굳이 '한국식'이라는 이름을 붙였습니다. 한반도에서 주로 출토되기 때문에 붙은 이름이라고는 하지만, 이 때문에 마치 비파형 청동검은 우리 것이 아니라는 듯한 인상을 강하게 심어줍니다.

이제부터는 비파형 청동검을 고조선식 청동검이라고 부르는 것이 어떨까요. 비파라는 악기가 나오기도 전에 제작된 검을 비파형 청동검이라고 이름을 붙이는 건 맞지 않으니까요. 다행스럽게 최근에 이 검을 고조선식 청동검으로 부르자는 인식이 점차 확산되고 있다고 합니다. 게다가 이 검은 한반도를 비롯한 고조선의 강역에서 출토되고 있어, 고조선의 대표유물로 꼽히고 있습니다. 그래서 필자 역시 비파형 청동검을 고조선식 청동검이라고 표기하였습니다.

03

고대 한민족(동이족)의
활동무대에서 주로 발견

고조선식 청동검의 출토지역은 발해만 연안부터 우리나라 남부지 방까지이며, 우리의 고유한 무덤양식인 고인돌을 비롯한 돌무덤에 서 청동거울과 함께 주로 발굴되고 있습니다.

일반적으로 청동검은 유라시아 대륙 전역에서 발견됩니다. 필자 는 오스트리아 빈 자연사박물관, 헝가리 국립역사박물관, 우크라니 아 키예프 국립역사박물관, 러시아 상트페테르부르크의 에르미타지 박물관, 모스크바 붉은 광장에 있는 국립역사박물관, 러시아 카잔 국 립역사박물관, 노보시비르스크 러시아과학원 시베리아분원 박물관, 블라디보스토크 극동대학교 박물관, 카자흐스탄, 우즈베키스탄, 이 란의 테헤란 국립고고학 박물관에서 다양한 디자인의 청동검들을 만 났습니다. 그러나 고조선식 청동검과 같은 형태는 찾아볼 수 없습니 다. 약간 유사한 것으로는 헝가리 국립박물관에 전시된 청동검과 체코의 브르노에 있는 모라비안 박물관에 소장된 청동창이 있지만, 고조선식 청동검과 차이점이 있습니다. 이 차이점에 대해 뒤에서 살펴보도록 하겠습니다. 즉 고조선식 청동검은 만리장성 아래쪽과 시베리아, 중앙아시아에서는 발견되지 않고 있습니다.

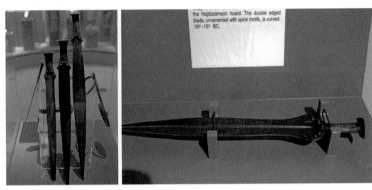

그림 9-4 (좌)헝가리 국립박물관에 전시된 청동, (우)이중 곡면검으로 불리는 청동검으로 고조선식과 약간 유사하다.

고조선식 청동검의 가장 큰 특징은 독특한 디자인입니다. 고조선식 청동검(그림 9-1)은 검날 부분이 부드러운 곡선을 이루며 검 중간에 돌기 부분이 있습니다. 그리고 등배라고 불리우는 줄기가 척추처럼 중심을 잡아주고 있습니다. 현대적인 관점으로 봐도 검의 디자인이 아주 독특하고 매력적입니다. 다른 민족의 고대 검은 대개 직선 모양으로 고조선식 청동검과 똑같은 모양은 발견할 수 없습니다.

그렇다면 우리 선조들은 왜 이렇게 독특한 모양의 검을 만들었던 걸까요? 풀리지 않는 수수께끼는 중국 내몽골자치구의 홍산문화(6500~5000년 전) 유적 중의 하나인 우하량 유적에서 1980년대에 발굴된 옥으로 만든 검이 발견되면서 실마리가 잡힙니다. 이 옥검은 대략 5500년 전에 제작된 것으로, 고조선식 청동검과 유사한 디자인

을 하고 있습니다. 또한 발굴 당시 고
조선식 청동검의 할아버지쯤 되는 초
기 청동검도 함께 발견되었는데, 이
초기 청동검은 한국박물관에서 만날
수 있는 고조선식 청동검과 유사하며,
단지 검의 중간부분에 돌기가 없이 잘
록하게 들어간 형태라는 차이점이 있
습니다.

우리 민족의 조상인 동이족의 활동
무대였던 홍산문명 유적에서 옥검과
초기 고조선식 청동검이 발견됨으로
써 고조선식 청동검이 우리 민족의 전
통적인 디자인이었음을 확인할 수 있
게 되었습니다.

그림 9-5 체코 제2의 도시 브르노의
모라비안 박물관에 전시된 청동창 / 창
의 끝이 고조선식 청동검과 유사하다.

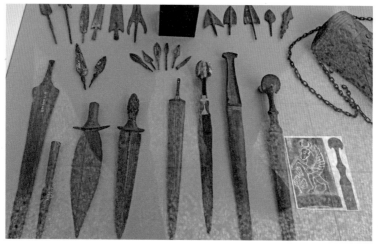

그림 9-6 이란의 수도 테헤란의 국립고고학박물관에 전시된 다양한 청동검

04

고조선식 청동검의 특징,
불꽃무늬 디자인

고조선식 청동검은 고조선시대의 독창적인 디자인이라는 것은 알 겠는데, 왜 그런 모양으로 만들었을까요? 이에 대해 계명대학교 김 양동 교수는 자신의 저서인 〈한국 고대문화 원형의 상징과 해석〉에 서 다음과 같은 주장을 했습니다.

그는 고조선식 청동검을 사용했던 사람들은 태양숭배사상을 가지 고 있던 고대 동이족 계통이라고 정의합니다. 북방유목문화를 형성 한 동이세력들은 태양의 상징인 불(火)을 신권과 왕권의 상징으로 여 겼다고 합니다. 그래서 태양이나 불꽃 무늬를 복식이나 도구를 만들 때 자주 사용하였습니다. 고조선식 청동검은 불꽃 봉오리를 형상화한 것으로, 태양숭배의 상징인 동시에 지도자의 권위를 나타내는 상징물로 제례의식에 사용했다고 정의합니다. 따라서 고조선식 청동검을 '청동 불꽃형 신(무)검'으로 불러야 한다며 새로운 명칭을 제시했습니다. 우하량의 홍산문명 유적지에서 출토된 옥검도 불꽃(횃불)을 형상화한 것이라 보고 있습니다.

예로부터 우리 선조들은 광명이세(光明理世, 빛으로 세상을 다스린다), 제세이화(在世理化, 세상에 있으면서 다스리고 교화시킨다), 홍익인간(弘益人間, 널리 세상을 이롭게 한다)이라는 이념을 가지고 살아왔습니다. 청동검을 만들 때도 이러한 정신과 사상을 담아 불꽃무늬 모양으로 만든 것은 아니었을까요? 그렇게 하여 탄생된 고조선식 청동검을 오늘날 우리가 박물관에서 만나고 있는 것입니다.

아름답고 치명적인
실전용 무기

고조선식 청동검은 날카롭고 뾰족한 끝부분부터 검의 손잡이 쪽까지 아름답고 우아한 곡선을 가지고 있습니다. 이런 디자인 때문인지 청동검이 실전 무기가 아니라는 오해를 받아왔습니다. 많은 학자들은 고조선식 청동검을 실전용이 아닌, 예식이나 제사 혹은 무덤 부장품으로만 사용했던 검으로 단정지었습니다. 과연 그랬을까요?

결론부터 말하자면 고조선식 청동검은 무서운 실전용 무기였습니다. 검의 모양을 살펴보면 공격용 검으로서의 요소를 다 갖췄음을 알 수 있습니다.

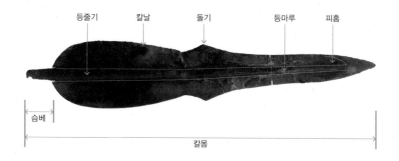

등줄기　　칼날　　　돌기　　　　등마루　　피홈

습베

칼몸

그림 9-7 고조선식 청동검의 형태와 부분별 명칭

　우선 습베를 제외한 몸체 전체가 검날입니다. 그리고 검의 끝부분
에는 '피홈'이라는 구조가 있습니다. 글자대로 피가 나오는 홈으로,
검으로 상대를 찔렀을 때 검이 쉽게 빠지도록 하기 위한 장치입니다.
검에 찔리면 순간적으로 경직된 근육에 물려 검날이 빠져 나오지 않
는 경우가 많습니다. 이때 피홈을 통해서 피가 흘러나오면 근육 속으
로 공기가 들어가면서 검날이 쉽게 빠져 나오게 됩니다. 검의 등줄기
부분 역시 이러한 구조입니다.

　검 중간 부분에 있는 돌기는 여러 가지 효용성을 가지고 있습니다.
전투 중에 검날이 마모되어 무뎌지기 쉽습니다. 이런 경우 돌기는 무
뎌진 날을 대신해 상대를 베는 동작에서 공격력을 높여줄 수 있습니
다. 찌르기 동작에서도 중간 돌기가 상처를 크게 만들어 공격의 효율
성을 높여줄 수 있습니다. 뿐만 아니라 돌기는 공격상황에서 검의 미
끄러짐을 방지해 줍니다. 검이 다른 무기와 강하게 부딪치면 예상치
못한 방향으로 어긋나면서 검날이 손까지 미끄러져 내려와 상처를

입을 수 있습니다. 고조선식 청동검의 돌기와 돌기 아래 잘록한 부분은 검끼리 부딪쳤을 때 검날이 빗겨져서 미끄러지는 것을 1차적으로 막아줍니다. 후대의 청동검들은 돌기 대신 손잡이 위에 끼우는 코등이를 통해 이런 위험으로부터 손을 보호합니다.

고조선식 청동검은 다른 나라, 다른 문화권의 청동검과 다르게 슴베라는 부분이 비교적 짧습니다. 슴베가 짧아서 찌르기밖에 할 수 없다는 오해도 많이 받습니다. 조립된 청동검의 손잡이와 검날 연결부분을 보면 곡선으로 처리된 몸체 하단부분까지 손잡이 안쪽에 들어가 있음을 알 수 있습니다. 거기에다 슴베 끝에 있는 돌기와 손잡이 끝부분이 쇠힘줄과 연결되어서 단단히 고정됩니다. 검날만 보면 짧은 슴베만 남아서 유용하지 않아 보이지만, 손잡이와 조립되면 안정감 있게 힘을 받을 수 있어서 찌르기와 베기 모두 가능하게 됩니다.

이렇듯 검날과 손잡이 부분을 자세히 보면 고조선식 동검은 사용자를 세심하게 배려해서 설계되었음을 알 수 있습니다. 검으로 상대

271

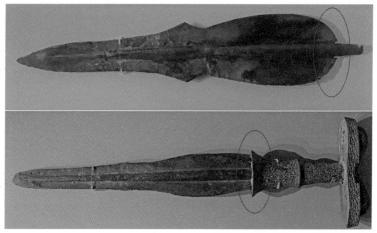

그림 9-8 (상)손잡이와 조립되기 전 청동검 슴베 부분, (하)검의 몸체와 손잡이 부분까지 조립된 청동검(국립중앙박물관)

를 찌른다고 했을때, 강하게 찌르면 물체에 부딪히면서 손이 검날 쪽으로 미끄러져 손에 상처를 입게 됩니다. 이것을 방지하기 위해서 고조선식 청동검 손잡이의 검날 연결부분은 나팔모양으로 벌어진 구조를 가지고 있습니다.

망치처럼 생긴 손잡이 끝의 가중석(혹은 배중석)은 찌르기 동작에 힘을 실어줍니다. 찌르고 나서 다시 검을 빼내려면 손의 힘만으로 부족할 수 있습니다. 이때 당기는 동작이 유리하도록 손잡이 끝부분이 큰 구조를 가지고 있습니다. 뿐만 아니라 가까이서 싸울 때 공간이 좁아서 검을 휘두르지 못하거나, 검을 돌릴 겨를이 없을 때 가중석으로 상대를 가격할 수 있습니다.

고조선식 청동검의 실전성을 의심하는 사람들은, 검의 길이나 너비가 공격용으로 보기에 부적절하다고 합니다. 그런 주장은 의장대 소총이 예식에 사용하는 총이니 전투에서 쓸 수 없다는 말과 비슷합니다. 검을 연구하거나 검술을 하는 사람들은 고조선식 청동검의 길이(약 20~40㎝)와 검면의 너비(약 3~6㎝) 정도면 실전에서 충분히 치명적인 무기가 된다고 합니다. 동유럽, 로마, 중앙아시아, 시베리아, 내몽골 오르도스 지역에서 출토된 청동검 중에는 고조선식 청동검보다 더 짧은 것도 많이 발견됩니다. 청동기는 물론 철기시대에도 짧은 검들이 유용하게 사용되었습니다.

무기의 길이가 길면 전투에서 유리할 수도 있지만 상황에 따라 불리할 수도 있습니다. 처음 맞닥뜨려서 싸움을 시작할 때라면 멀리서도 공격할 수 있는 긴 무기가 유리합니다. 그러나 서로 뒤엉켜서 싸우게 되면 긴 무기의 이점은 사라집니다. 더욱이 나무가 빽빽한 숲이나 공간이 좁은 곳에서는 짧은 무기가 절대적으로 유리합니다. 오랜 기간 긴 창으로 훈련한 병사에게 짧은 병기는 무용지물일 수 있지만, 짧은 검으로 오랜 기간 무술을 연마한 병사에게 20~40㎝ 길이의 청동검은 최고의 무기가 됩니다. 보병이 주력부대였던 로마군사들의 무기가 짧은 검이었다는 점도 청동검의 효율성을 알 수 있는 사례입니다.

여기서 한 가지를 더 짚어보겠습니다. 흔히 청동은 무른 재질이라 전쟁무기로 사용하지 못했을 것이라 생각하는 이들도 있습니다. 과연 그럴까요? 청동거울 다뉴세문경을 복원했던 이완규 선생은 전남 여수에서 출토된 고조선식 청동검을 복원했습니다. 그 복원된 청동검을 가지고 조선검술 연구가 안평노 선생이 짚단 베기와 대나무 베기를 시연했습니다. 대나무가 아주 미끈하게 잘려 나갔으며, 짚단 베기를 연속적으로 해도 손에 충격이 거의 느껴지지 않았다고 합니다. 보통 일반 검으로도 충격이 강해서 연속적으로 베기가 어렵다고 합니다. 이는 청동검이 쇠로 만든 검에 비해 절삭력이 결코 뒤지지 않음을 말해줍니다.

고조선식 청동검의 대부분은 약 10~20%의 주석을 함유하는 것으로 확인되었습니다. 이 비율은 수천 년 전 그리스 시인이 끔찍한 위력을 가졌다고 했던 고대그리스 청동무기에 함유된 주석 비율과 비슷하다고 합니다. 그리스 청동검과 마찬가지로 고조선의 청동검도 실전에서 충분히 막강한 위력을 발휘했음을 알 수 있습니다.

273

06

조립식,
당대 최고의 기능성

고조선식 청동검은 왜 일체형이 아니라 분리되는 조립식으로 만들어졌을까요? 치열한 전투를 하다 보면 검날 부분이 가장 많이 망가집니다. 심하게 마모되거나 부러지거나 휘어버릴 가능성이 큽니다. 일체형은 전투를 하다가 날이 망가지면 더 이상 사용할 수 없습니다. 조립식으로 만든 고조선식 청동검은 이런 면에서 실용적입니다.

손잡이와 손받침대는 그대로 두고 새로운 검날만 교체하면 되기 때문에 일체형 청동검보다 관리가 쉽습니다. 전투가 없을 때 미리 검의 몸체를 다량으로 제작해두었다가, 격렬한 전투 중에 검날 부분만 교체하면 곧바로 전투를 할 수 있습니다. 이렇듯 고조선의 무기제조와 활용방식은 경험적이며 실용적입니다.

다른 민족의 청동검들은 대부분 일체형입니다. 중국 춘추전국시대의 대표적인 청동검인 도씨검(桃氏劍, 도씨가 만든 검)을 보면 손잡이 부분과 검이 일체형으로 되어 있습니다. 오르도스(내몽골 자치구 지역. 몽골어로 '궁전들'이라는 의미) 청동검도 손잡이와 검날이 일체형으로 되어 있습니다.

　　만약 고조선식 청동검이 오로지 예식이나 무덤 부장품으로 사용되었다면 굳이 교체가 가능하도록 조립형으로 만들 필요가 없습니다. 일체형으로 만드는 것이 더 쉽고, 좀더 멋지게 만들 수 있기 때문입니다.

그림 9-9 국립중앙박물관에 소장된 춘추전국시대 도씨검

07

구리+주석에 아연을 넣은
고조선의 청동기

본래 청동은 구리와 주석의 합금입니다. 그런데 우리 민족의 청동기 유물들의 주요성분은 구리와 주석 외에 아연이 있습니다. 중국의 경우 구리+주석에 아연을 넣는 기술은 한나라 이후에 나타났으며, 그전의 청동기는 구리+주석+납의 합금이라고 합니다. 시베리아 청동기에도 아연 성분이 발견되지 않았습니다.

우리 선조들이 청동기를 만들 때 아연을 넣은 이유는 무엇일까요? 거칠게 막 쓰는 물건을 만들 때 아연을 넣으면 쉽게 닳거나 쉽게 녹슬지 않습니다. 그래서 아연이 들어간 청동은 생활용품이나 무기를 만들기에 적합합니다. 구리와 주석은 유연하고 부드러운 성질이 있습

니다. 구리, 주석, 아연 이 세 금속을 함께 섞으면 주조(쇳물을 틀에 부어서 만드는 방식)하기가 쉬워지고 조직이 촘촘하면서 단단해집니다. 다양한 형태를 만들 수 있을 뿐 아니라 무늬를 새기기도 쉽습니다. 염분에도 녹슬지 않아서 오늘날에도 배의 부품을 만들 때 구리+아연+주석 합금을 사용한다고 합니다. 고조선의 청동기 기술자들은 어떤 도구를 만드느냐에 따라 세 금속의 합금비율을 조율했습니다.

무엇보다 놀라운 점은 아연과 구리, 주석은 서로 녹는점과 끓는점이 다르다는 사실입니다. 아연은 419.5도에서 액체처럼 녹고 907도에서 끓습니다. 구리는 1,080도에서 녹고 2,562도에서 끓습니다. 주석은 231.93도에서 녹고 2,602도에서 끓습니다. 서로 녹는점과 끓는점이 다른 금속을 합금한다는 건 대단히 어려운 기술입니다. 금속이라 하더라도 끓는점 이상이면 기체가 되어서 날아가기 때문입니다. 그러나 어떤 금속끼리 어떤 비율로 합금하느냐에 따라서 녹는점이 높아지기도 하고 낮아지기도 합니다. 정말 놀랍지 않습니까? 이미 수천 년 전에 이런 정보를 알고 금속도구를 제조했다니 말입니다. 이렇듯 금속을 합금하여 청동을 만드는 까다롭고 난

이도 높은 기술을 수천 년 전 고조선의 기술자들은 알고 있었습니다.

많은 이들이 과거 중국이 우리나라보다 발달된 선진문명을 가지고 있었을 것으로 생각하지만, 그렇지 않습니다. 앞서 이야기한 것처럼 우리의 청동기는 초기 때부터 아연이 포함되어 있지만, 중국은 한나라 때가 돼서야 아연이 포함된 청동기가 만들어졌습니다. 우리보다 천 년 이상 늦은 시기입니다. 중국의 고문헌 〈주례(周禮)〉의 '고공기'에는 각종 청동도구와 무기를 만들 때 필요한 구리와 주석의 합금 비율이 기록되어 있습니다. 여기에 아연에 대해서는 전혀 언급되지 않았습니다. 중국과 우리의 청동기 제조기술 차이로 보았을 때 우리의 청동검이 중국의 청동검보다 훨씬 강도가 좋고 공격력이 높았을 것입니다. 그렇다면 중국은 청동을 만들 때 아연 넣는 기술을 누구에게 배웠을까요? 당연히 고조선으로부터 배우지 않았을까요? 바로 곁에 그 기술을 가진 우리가 있었으니 말입니다.

〈주례(周禮)〉의 '고공기(考工記)'

● 주례(周禮)는 주나라 때 만들어진 유교경전의 하나로, 여섯 부분(천·지·춘·하·추·동)으로 구성되어 있어서 6관이라고도 합니다. 그중 여섯 번째 동관 기사가 분실되어 한나라 때 첨가한 것이 '고공기'입니다. '고공기'는 중국에서 가장 오래된 일종의 기술백과사전으로 수공업기술, 생산관리, 도시건설에 관해서 다루고 있습니다. 조선왕조 개국 후 한양도성을 만들 때 참고하기도 하였습니다.

08

하늘의 상징,
번개무늬

 고조선식 청동검의 손잡이 중에는 번개무늬가 매우 정교하게 새겨져 있는 것들이 있습니다. 왜 번개무늬를 넣은 걸까요?

 고대 유물이나 유적에 나타난 무늬는 나라와 문화권마다 많은 차이가 있습니다. 특히 우리 선조들이 세웠던 고조선, 부여, 고구려, 백제, 신라, 가야 등의 초기 유물들에는 일정한 무늬를 반복하거나 기하학적인 무늬(직선이나 곡선의 교차에 의한 추상적인 무늬)가 주류를 이룹니다.

고대 유물의 무늬와 상징성

- ● 동심원 하늘, 태양, 남성, 아버지, 숫자 一을 상징(天一)
- ■ 사각형 땅(하천을 포함), 여성, 어머니, 숫자 二를 상징(地二)
- ▲ 삼각형 국가, 사람, 인간, 자녀, 숫자 三을 상징(人三)

그림 9-10 번개무늬기 새겨진 고조선식 청동검 손잡이(울산 암각화박물관)

유물/유적에 나타난 무늬의 분류

1) 천문(天文) 하늘에서 발견할 수 있는 것을 무늬로 사용

　　예) 해, 달, 별, 번개, 구름, 바람 등

2) 지문(地文) 땅에서 발견할 수 있는 것을 무늬로 사용

　　예) 산, 들판, 바위, 물결, 나무, 동물, 도구 등

3) 인문(人文) 사람과 관련된 것을 무늬로 사용

　　예) 사람의 형상(얼굴, 손, 발, 몸매), 글자, 사람이 사용하는 도구,
　　　집 등

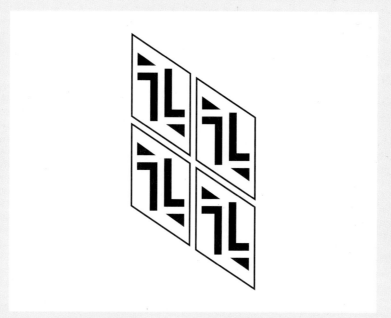

그림 9-11 비파형동검 손잡이문양

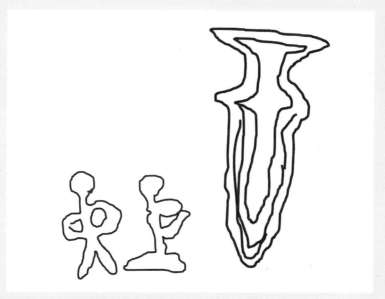

그림 9-12 전남 여수 오림동 고인돌 돌판에 새겨진, 검 앞에 무릎 꿇은 사람 모사도

청동검에 새겨진 무늬를 이야기하기 전에 먼저 검이 가지는 상징을 이해해야 합니다. 전남 여수 오림동 고인돌에 특이한 그림이 새겨져 있습니다. 돌검이 있고 그 좌우로 사람들이 무릎을 꿇고 검을 우러러 보는 듯한 장면입니다. 고대사회에서 '검'은 무력을 보유한 권력을 상징합니다.

그렇다면 강력한 권력을 상징하는 청동검에 '번개무늬'를 넣은 것은 어떤 의미일까요? 번개에 대한 고대 사람들의 생각은 고대 동양사상의 핵심인 팔괘를 통해 알 수 있습니다. 지금으로부터 약 5500년 전 동이족의 조상인 태호복희씨가 그린 팔괘 중에 '진괘(震卦)'가 있습니다. 진괘는 천둥 번개로 상징됩니다. 〈주역〉의 '설괘전'에서 '진괘는 천둥, 우레, 용(龍), 제출호진(帝出乎震, 진방에서 하늘의 임금(天帝)이 출현한다)'이라고 설명합니다. 다시 말해서, 번개란 천제(天帝)가 집행하는 강한 힘(권력, 무력)을 의미하는 하늘무늬(天文)입니다. 청동검의 손잡이에 새겨진 번개의 의미는 그 검의 소유자가 하늘(천제天帝, 상제上帝, 신神)로부터 신성한 힘을 부여 받았다는 의미가 됩니다.

정리하자면 우리 민족의 청동검은 전쟁에서는 적을 제압하는 공격력 높은 무기이자, 최고

그림 9-13 〈주역〉의 '설괘전'에 나오는 진괘

권력자에게는 하늘의 권위를 위임받은 상징으로 사용되었습니다. 청동검은 청동거울, 청동방울과 같이 발견되는 경우가 많습니다. 이 세 가지는 통치자의 권력을 상징하면서, 하늘의 뜻에 따라 백성을 다스려야 한다는 정신을 담고 있습니다. 또한 청동검은 타민족의 검보다 훨씬 더 발전적인 방법으로 만들어졌습니다. 수천 년 전에 어떻게 그러한 과학기술을 보유했는지 지금까지도 명확히 규명하지 못하고 있습니다.

청동검은 우리 선조들의 뛰어난 기술력과 용맹성, 수준높은 정신문화를 고스란히 담고 있는 위대한 문화유산입니다. 우리는 늘 다른 나라의 것을 더 좋게 여기고 우리는 그보다 못하다는 생각을 하지만, 역사를 살펴보면 그렇지 않습니다. 이토록 자랑스러운 우리의 역사와 문화가 오늘을 살고 있는 우리와 미래를 살아갈 후대에까지 생생하게 이어졌으면 좋겠습니다.

청동기시대에 대한 선입견 깨기

우리는 청동기시대가 되어야 국가가 성립되었다고 교육받았고, 신석기시대를 미개한 원시시대라고 생각하지만, 그렇지 않습니다. 사실 고대사를 도구의 발전과정(석기, 청동기, 철기)에 따라 평가한다는 것은 지극히 금속기술사적인 구분입니다. 정치, 경제, 사회, 정신문화 수준을 가늠하는 구분법이 될 수 없습니다.

우리 선조들은 5천 년보다 더 오래전에 벼농사와 밭농사를 지었고, 독창적인 토기를 제작했으며, 일찍부터 섬유제작 및 직조기술을 가졌습니다. 짐승가죽이 아닌 직물로 옷을 만들어 입었습니다. 또한 배를 만들어 조직적으로 고래잡이도 했습니다. 옥을 채취하고 가공하고 유통할 수 있는 국가적 시스템을 갖추었습니다. 현대 중장비로도 들기 어려운 무거운 돌을 가져다가 고인돌을 세울 정도로 조직적이었으며, 화폐를 사용하는 경제체계를 갖추었습니다. 우리 선조들은 동아시아 문화를 선도해갔습니다.

시대별 주요 청동기 유물 발견지

시기	동이족 / 고조선	주변 지역 / 국가
6000 ~ 4500년 전	–	러시아 남쪽 캅카스(코카서스) 지역에서 청동 말재갈 발견. 마이코프 문화(비소합금청동)
6100 ~ 4900년 전	–	수메르의 도시국가 우르크, 주석합금 청동 사용
5500 ~ 5000년 전	홍산문명 후기 유적 동(銅)환, 동주조틀 발견	
4500년 전 (고조선 건국 이전)	평양시 강동군 용곡리 4호 고인돌 유적에서 청동단추, 고조선식 창끝 출토	–
4200년 전	–	황하유역에서 청동기 유물 발견 중국대륙의 청동기 시작

시기	동이족 / 고조선	주변 지역 / 국가
4000년 전 (고조선 건국 이후)	평양시의 용곡리 5호 고인돌, 함경북도 나진시 초도리에서 고조선식 창끝, 청동장식품 출토	–
3400년 전	평안남도 성천군 고인돌에서 세형동검 발견	–
3200년 전	–	시베리아 카라수크 문화 청동기 시작
3100년 전	–	상나라 후기 청동장식단추 발견

　　고조선 유적지에서 많이 출토되는 청동기유물 중에 청동장식단추라는 것이 있습니다. 청동으로 만들어졌으며, 동심원 같은 장식무늬가 있습니다. 평양시 강동군 용곡리 고인돌 유적에선 청동단추를 만드는 틀도 같이 발견되어, 외래에서 청동단추가 수입된 것이 아니라 자생적으로 제작하여 사용했음을 알 수 있습니다.

　　또한 고조선식 청동창도 발견되었습니다. 이를 볼때 우리는 고조선이 건국되기 훨씬 전인 4500년 보다 더 이전에 이미 청동무기를 만들었던 것입니다.

　　그러나 많은 이들이 우리 민족의 청동기시대의 시작을 약 3천 년 전으로 잘못 알고 있습니다. 이미 수많은 유적과 유물을 통해서 고조선의 건국시기보다 앞서 청동기술을 가지고 있었음이 밝혀졌으나, 교과서와 우리의 인식은 수십 년째 '약 3천 년 전'에서 멈춰 있습니다. 오스트리아 빈 자연사박물관에만 가더라도 청동기의 시작을 약 6천 년 전으로 기록하고 있는데 말입니다.

285

나는 박물관 간다

풀리지 않는
신비의 청동거울,
다뉴세문경

엿장수와 다뉴세문경

　고조선의 대표적인 유물인 청동거울은 우리나라의 국립박물관에서 흔하게 접하는 유물입니다. 그런데 청동거울을 처음 접했을 때 '어떻게 얼굴을 볼 수 있지?' 하며 고개를 갸우뚱거린 적이 있습니다. 표면에 새겨진 복잡한 문양 때문에 얼굴을 비춰볼 수 없을 것이란 생각이 들었기 때문입니다. 청동거울을 처음 본 사람들 중에는 필자와 같은 생각을 한 이들도 있을 것입니다. 무늬가 있는 면은 거울의 뒷면이고, 무늬가 없는 앞면이 얼굴을 비춰 보는 용도라고 금방 알게 되었지만 말입니다.

　옛날에는 오늘날과 같은 거울이 없었고, 유리는 금보다도 귀했습니다. 사람들은 물에 비쳐진 상을 통해 자신의 모습을 볼 수 있었습

그림 10-1 충남 논산에서 출토된 다뉴세문경(숭실대학교 한국기독교박물관)

니다. 그런 상황에서 청동거울은 자신의 모습을 비춰볼 수 있는 훌륭한 도구였습니다. 청동거울의 뒷면은 다양한 기하학적 문양과 무늬가 새겨져 있고, 앞면은 아무 무늬 없이 매끈합니다. 청동은 빛을 잘 반사하는 성질이 있어 잘 닦아놓으면 얼굴을 비쳐볼 수 있을 정도가 된다고 합니다.

청동거울(다뉴경)의 종류로 잔무늬거울, 거친무늬거울 등이 있습니다. 잔무늬거울은 이름 그대로 세밀한 무늬가 있는 거울인데, 다뉴세문경(多紐細文鏡) 혹은 고운무늬거울이라고 부릅니다. 다뉴세문경은 '많다'는 의미의 다(多), '고리'라는 의미의 뉴(紐), '세밀한 문양'이라는 의미의 세문(細文), '거울'이라는 의미의 경(鏡)으로, 두 개의 고리가 달린 미세한 무늬가 새겨진 거울을 뜻합니다. 반면에 거친무늬거울은 선이 굵고 무늬가 거칠며, 다뉴조문경이라고도 부릅니다. 제작연대를 고려했을 때 거친무늬거울에서 잔무늬거울로 변화했을 것으로 보입니다. 청동거울은 청동기시대부터 철기시대에 걸쳐서 나타나는 유물입니다. 다뉴세문경 중에서도 압도적인 아름다움을 자랑하는 청동거울은 1960년대 충남 논산육군훈련소에서 참호작업을 하던 도중에 발견되었습니다. 발견 당시 8개의 가지 끝에 방울이 달려있는 팔주령(八珠鈴)이라는 청동유물과 함께 출토되었습니다. 논산의 다뉴세문경은 숭실대학교 한국기독교박물관에 소장되어 있는데, 지금까지 발굴된 청동거울 중에서 정교한 기법 면에서 손꼽히는 유물로 평가받고 있습니다.

그리고 1971년 전남 화순군 도곡면 대곡리 마을의 한 집에서 충남

그림 10-2 전남 화순 대곡리 출토 청동기 / 청동거울 2점, 팔주령 2점, 쌍두령 2점, 세형동검 3점, 청동도끼 1점, 청동새기기 1점(국립중앙박물관 사진 제공)

논산에서 발견된 다뉴세문
경의 제작기법과 형태가 매
우 유사한 다뉴세문경이 우
연히 발견되었습니다. 집주
인이 헛간 배수로공사를 하
다가 돌무지 속에서 푸르스
름한 빛깔의 물건들을 발견
한 것입니다. 집주인은 금
속 물건들을 대수롭지 않게

그림 10-3 전남 화순 대곡리에서 출토된 다뉴세문경
의 미세한 문양(한성백제박물관에 전시된 모조품)

여겨 엿장수에게 팔아버렸는데 엿장수가 뭔가 범상치 않은 물건임을
감지하고 전남도청 문화공보실에 신고하였습니다. 그 물건들은 전
문가들의 감정을 거쳐 고조선시대의 유물로 판명되어 이듬해 국보로
지정되었습니다. 녹아서 사라졌을 수도 있는 귀중한 유산이 엿장수
의 혜안으로 박물관에서 만날 수 있어서 얼마나 다행인지 모릅니다.

이후 문화재당국이 조사한 바에 따르면 전남 화순군 대곡리 유물
들이 발견된 곳은 돌무지덧널무덤이었으며, 발견된 유물은 다뉴세
문경 2점, 팔주령 2점, 세형동검 3자루 등 총 11점이었습니다. 그리
고 2008년, 같은 장소에서 재발굴 조사를 통해 세형동검 2점이 더 발
견되었습니다.

청동거울은 우리나라뿐 아니라 중국을 비롯해 다른 나라들에서도
출토되어 왔습니다. 그런데 유독 우리의 다뉴세문경이 주목받는 이
유는 세계 어느 나라에서도 찾아보기 힘든 정교하고 세밀한 금속세
공기술로 만들어졌기 때문입니다.

02

현대기술로도 재현 불가,
다뉴세문경의 미스터리

다뉴세문경은 앞서 설명한 것처럼 두 개 이상의 고리가 있고 세밀한 무늬로 장식된 거울이라는 의미입니다. 다뉴세문경을 보며 사람들이 가장 크게 놀라는 이유는 현대의 첨단과학기술로도 재현하기 어려울 정도로 매우 정교한 기하학적인 무늬 때문입니다. 충남 논산에서 발견되어 숭실대학교 한국기독교박물관에 있는 다뉴세문경의 경우 지름이 21.2㎝로 작은 쟁반크기에 불과합니다. 그런데 그 안에 약 1만3천여 개의 선과 100여 개의 동심원이 기하학적인 문양을 이루고 있습니다. 각각의 선의 굵기는 0.3㎜로 머리카락 굵기에 불과합니다.

이는 1㎜폭에 머리카락 굵기의 선 3개를 빼곡하게 채워 넣은 것과 같이 매우 세밀하고 정밀합니다. 레이저로 새겨 넣어도 이렇게까지 정교하게 만들기는 어렵습니다. 정밀 로봇팔이 미세한 기구로 새기면 가능할까요? 그런데 최소 2400년 전에 어떻게 사람의 손으로 이렇게 촘촘한 무늬를 만들 수 있었는지 미스터리입니다.

어떻게 저런 무늬를 구현했을까요? 제작방법에 대해서는 모래 거푸집, 진흙 거푸집, 밀랍 거푸집, 활석 거푸집 등 여러 가지로 추정되고 있습니다. 그중에서 가장 유력한 방법 중 하나가 모래 거푸집입니다.

충남 논산 다뉴세문경을 소장하고 있는 숭실대 한국기독교박물관이 2008년 다뉴세문경의 제작방법을 발표했습니다. 입자가 가는 모래로 거푸집을 만들고 문양을 새긴 후 쇳물을 부어 만든 방법이라고 합니다. 박물관측은 다뉴세문경의 앞면과 뒷면의 문양에 거푸집을 만든 재료로 추정되는 모래 알갱이를 발견하였고, 이를 바탕으로 다뉴세문경이 모래 거푸집으로 만들었다고 했습니다. 그러나 모래 거푸집 제작법을 부정하는 사람들도 있습니다. 다뉴세문경의 거푸집을 발굴한 적이 없기 때문입니다. 그래서 다뉴세문경 제작방법은 미스터리로 남아있습니다. 논산에서 다뉴세문경과 같이 발굴된 팔주령도 같은 시기(약 2400여 년 전)에 제작된 것으로 보고 있습니다.

03

태양·광명의 상징

청동거울은 오늘날과 같은 거울이 없던 시절에 자신의 모습을 비춰볼 수 있는 좋은 도구였습니다. 그러나 청동거울은 단지 얼굴을 비춰보는 용도로만 사용되진 않았습니다. 우선 청동거울이 발굴되는 곳이 당시 지배계층의 우두머리의 것으로 추정되는 무덤이고, 오늘날에도 재현하기 어려울 정도로 뛰어난 기술로 만들어진 만큼 이 거울이 평범한 용도로 쓰이지 않았음을 알 수 있습니다. 충남 공주의 백제 무령왕릉과 전남 남원의 가야계 고분에서도 청동거울이 발굴되었는데, 모두 무덤 주인의 머리 쪽에 위치하고 있었습니다. 학자들은 청동거울이 시신의 얼굴을 덮고 있었을 것으로 추측하고 있습니다.

고조선시대의 대표적 유물 중 하나인 청동거울을 만든다는 것은

그림 10-4 전남 함평 초포리에서 출토된 다뉴세문경의 섬세한 문양(국립중앙박물관)

아주 어려운 일이었습니다. 청동은 구리가 주원료인데, 구리는 재질이 물러서 도구를 만들기는 쉽지만 단단하지 못하기 때문에 구리만으로 만든 도구는 실용성이 떨어집니다. 그래서 구리에 주석을 적절하게 첨가한 합금인 청동을 만들게 된 것입니다. 정교하고 단단한 청동기가 발달하였다는 것은 구리와 주석의 합금기술이 그만큼 뛰어났다는 이야기이고, 세력이 강한 나라였다는 반증이 됩니다. 대단히 뛰어나고 정교한 기술로 만들었기 때문에 청동거울은 권력을 가진 지배층 차지였고, 그중에서도 최고 우두머리가 사용했던 것으로 짐작되고 있습니다. 그렇다면 지도자는 청동거울을 어떤 용도로 사용했던 걸까요?

햇빛을 반사하는 청동거울은 하늘 위에 떠있는 태양을 형상화했던 것으로 보입니다. 지도자는 청동거울의 뒷면에 있는 고리에 끈을 연결하여 목에 걸었습니다. 지도자의 가슴에서 밝은 빛을 반사하는 청동거울은 그가 하늘을 대신하는 통치자임을 상징했습니다.

여러 유물과 유적을 통해서 우리 민족은 태양, 광명을 숭상했음을 알 수 있습니다. 고조선의 건국이념도 '밝은 빛으로 세상을 다스린다'는 의미의 광명이세(光明理世)입니다. 고구려 광개토태왕비문에도 고구려의 시조 주몽에 대해 천제지자(天帝之子), 일월지자(日月之子)라 했는데 이는 바로 일월광명(日月光明)의 아들이란 의미입니다. 지도자는 가슴에서 반사되는 햇빛을 백성들에게 보여줌으로써 자신의 위상을 하늘의 대리자로 높이려 했습니다.

04

신의 대리자부터
샤먼과 무사까지

청동거울이 워낙 만들기 어려운 것이기 때문에 처음에는 최고 지도자의 전유물이었습니다. 그러다가 청동기술이 점점 발달하고 청동이 보편화되면서 점차 대중화되어 갔습니다. 이와 함께 청동거울의 뒷면 무늬도 사용하는 계층에 따라 다양화되었을 것입니다. 해마다 7월이 되면 몽골에서 나담(Naadam)이라는 축제가 열립니다. 몽골 전역에서 열리는 전통 스포츠 축제인데, 활쏘기, 씨름, 말타기 등세 가지 전통경기가 벌어집니다. 이곳에선 칭기즈칸 시절 기마병을 재현한 병사들이 가슴에 원형금속판을 달고 있는 모습을 흔하게 볼수 있습니다. 최근에 우리나라 역사드라마에 나오는 군사들도 가슴에 청동거울을 달고 나옵니다. 이는 청동거울이 군인들에게도 전해져 신의 군대, 태양의 군대라는 상징으로 가슴에 매달고 벌판을 달렸음을 의미합니다. 훈족, 돌궐, 몽골 등 북방 기마민족들도 청동거울을 가슴에 달고 대륙의 동쪽에서 서쪽으로 달려갔습니다.

그림 10-5 러시아 바이칼 동쪽에 위치한 울란우데 민속학박물관에 소장되어 있는 샤먼의 거울

그림 10-6 탈을 쓴 샤먼의 청동거울(울란우데 민속학박물관)

반짝반짝 빛나는 청동에 반사된 빛은 은에 반사된 빛보다 멀리 갑니다. 그래서 청동거울은 신호를 보내는 용도와 전쟁 때 상대방을 교란시키기 위한 용도로 사용되기도 했습니다. 고구려 개마무사들이 반짝이는 찰갑으로 무장하고 청동거울을 차고 말을 타는 모습을 상상해 보십시오. 당시 전투를 할 때는 적군이 서쪽에 있으면 새벽에 상대보다 더 서쪽으로 이동했다가 해가 뜨는 아침이 되면 동쪽에 있는 적군을 향해 진격했다고 합니다. 그러면 아침 햇살이 가슴에 있는 거울을 통해 반사되어 적군의 눈을 부시게 했다는 것입니다. 거대한 빛의 전사들이 달려오는 듯한 모습에 적군은 위압감을 느꼈을 것입니다.

청동거울은 처음에는 통치자이자 제사장이 사용하였지만, 왕권과 신권이 분리되면서 종교 지도자인 샤먼(shaman)들에게로 전해져 중요한 제의(祭儀) 도구로 사

그림 10-7 러시아 바이칼 서쪽 이르쿠츠크 박물관에 전시되어 있는 여자샤먼의 거울

용되었습니다. 동북아시아 지
역의 샤먼들은 가슴에 청동거
울을 걸고 다녔습니다. 러시
아 바이칼 인근 브리야트 공화
국의 지역박물관에 가면 청동
거울을 가슴에 달고 있는 샤먼
의 모습을 전시하고 있으며 현
재도 부리야트 샤먼들은 가슴
에 청동거울을 달고 의식을 행
합니다.

그림10-8 우리나라 무당들이 사용했던 명두. 일
월대명두(日月大明斗)란 글자와 해, 달, 북두칠성
이 표현되어 있다.(국립민속박물관)

우리나라의 무당들은 청동거울을 신당(神堂)에 걸어두고 굿을 할
때 사용했습니다. 이때 거울을 둔 곳에 신이 강림한다고 생각하였습
니다. 뒷면에 해, 달, 북두칠성이 새겨져 있는 거울도 있는데, 무당
들은 이 세 가지를 천부삼인(天符三印)이라 하여 하늘의 징표로 삼았
습니다. 천부삼인을 형상화한 도구가 각각 청동거울, 청동방울, 청
동검입니다. 현재 무속에서는 이 거울을 명두(明斗)라고 합니다. 명
두에서 두(斗)는 북두칠성을 의미합니다. 명두에 새겨진 대표적인 글
자로 일월명두(日月明斗)와 북두칠성명두(北斗七星明斗)가 있습니다.

일본의 청동거울

● 이웃나라 일본은 역대 일본왕들이 청동거울, 청동검, 곡옥(曲玉, 굽은 옥)을 절
대권력의 상징으로 물려받았다고 합니다. 일본은 청동거울을 매우 소중히 여
겨서 거울을 보고 절을 합니다. 일본 청동거울엔 일월(日月)이 새겨져 있지만
북두칠성은 없다는 것이 특징입니다.

05

구리와 주석을 환상적으로 조합한 하이테크 금속기술

앞서 이야기한 것처럼 우리나라에서 발굴된 청동거울, 특히 다뉴세문경은 주변 국가들과 차별화되는 우수성을 가지고 있습니다. 첫째는 청동 합금기술이고 둘째는 정교한 주물 거푸집 제작기술입니다.

현재 발견되는 여러 청동기 유물은 무른 구리에 주석을 첨가하여 단단하게 만든 합금입니다. 하지만 주석을 무조건 섞는다고 좋은 청동이 나오는 것은 아닙니다. 일반적으로 청동은 구리 90%에 주석 10%를 섞지만 주석 비율을 높이면 흰빛을 띠는 백동(白銅)이 되어 반사율이 좋아집니다. 우리의 다뉴세문경은 구리와 주석의 비율이 65.7 : 34.3입니다. 이는 가장 강도가 높고 반사율도 가장 좋은 황금비율로, 고조선 장인들이 오랜 시간 실패를 거듭한 끝에 만들어낸 것입니다 . 거울에 반사되는 빛이 멀리 도달하게 하는 기술은 통치자를 상징하는 의미와 더불어 전장에서 빛을 발산하면서 적군에게 달려가는 빛의 전사들로 보이기 위함이었습니다.

그런데 학자들 중에선 중국 주나라 시대 〈주례(周禮)〉의 '고공기(考工記)'에 구리와 주석의 비율을 66.7 : 33.3이라고 기록된 것을 언급하면서, 다뉴세문경을 만든 고조선의 수준을 그리 높게 평가하지 않는 경우도 있습니다. 중국에서 이미 최적의 비율을 제시해놓았다는 것입니다. 그런데 '고공기'의 기록에도 불구하고 춘추전국시대부터 수나라와 당나라시대까지 제작된 중국의 청동거울들은 구리와 주석의 비율이 75 : 25에 가깝습니다. '고공기'의 비율은 지켜지지 않는 권고사항 정도였습니다. 다른 나라의 청동거울도 우리의 다뉴세문경처럼 황금비율에 맞춰 제작된 것은 발견되지 않았습니다.

게다가 '고공기'의 비율은 고조선 장인들이 알아낸 황금비율과는 1%나 차이가 있습니다. 기술 분야에서 1%라는 수치는 아주 다른 결과를 내놓는 큰 차이입니다. 더욱이 고조선 기술자들은 청동제품을 만들 때 주석 이외에 아연, 납 등 다른 재료도 넣었지만, '고공기'에는 오직 구리와 주석의 비율 외에는 다른 제조방법이 없습니다. 아연이나 납 등 다른 재료를 써서 청동기의 품질을 높이는 기술을 중국 장인들은 몰랐던 것이 아닌가 추측해봅니다.

선형미가 아름다운 고조선 청동기의 또 다른 핵심 기술은 거푸집을 만드는 기술입니다. 다뉴세문경의 무늬는 현대의 전문 도안사도 손으로는 그려내기 어려울 만큼 매우 정교합니다. 논산에서 발견된 다뉴세문경은 직경이 21㎝인 쟁반처럼 생긴 청동기 표면에 무려 1만

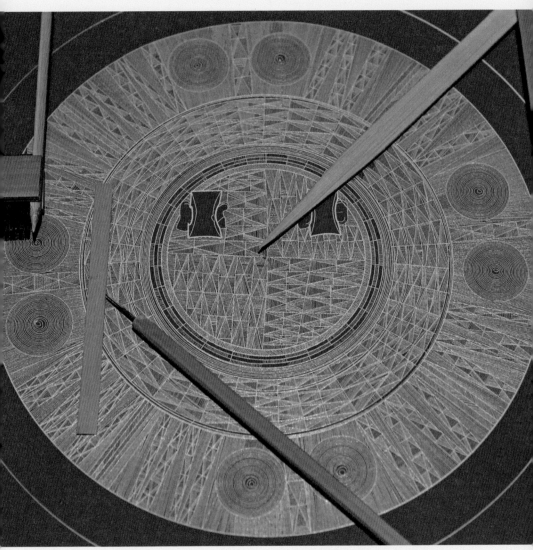

그림 10-9 충남 논산의 다뉴세문경 도안 / 2016년 국립중앙박물관 보존과학특별전 때 전시되었다.

3천여 개의 기하학적인 선이 새겨져 있습니다. 1mm 폭 안에 머리카락 굵기의 선 2~3줄을 그리는 것은 종이에 하기도 어려운데, 이걸 거푸집에 새긴 다음 주물을 뜬 겁니다. 많은 학자와 기술자들이 다뉴세문경을 재현하려다 실패했습니다. 컴퓨터를 통해 밑그림을 만들고 레이저로 선을 그리는 작업이라야 가능할지 모르겠습니다.

경기도 무형문화재인 이완규 씨는 2010년 활석거푸집을 이용한 다뉴세문경 재현에 성공했습니다. 그는 다뉴세문경이 활석거푸집으로 만들어졌다고 추정했습니다. 활석은 무른 돌이라 문양을 새겨 넣기에 적합하고, 표면 질이 뛰어나고 수명이 반영구적이라는 점에서 오늘날의 금속 거푸집, 즉 금형과 가장 비슷한 것으로 평가받고 있습니다. 그는 활석에 다치구(한 번에 여러 개의 원을 그릴 수 있는 컴퍼스 같은 기구로, 그림 10-9 왼쪽에 다치구 모형이 보임)를 이용하여 다뉴세문경의 정교한 문양을 재현해냈습니다.

2400년 전에는 확대경이 없었습니다. 설사 확대경이 있었다고 한들 결코 수월한 작업이 아니었을 것입니다. 또한 당시에 다치구라는 도구가 있었을지도 알 수 없습니다. 다치구가 있었다면 1cm 폭에 원을 그리는 바늘을 적어도 20개는 배치해야 하는데 그런 도구를 만드는 것이 과연 가능했을지 의문입니다. 이렇게 다뉴세문경의 제작방법을 알려고 할수록 의문이 꼬리를 물고 이어집니다. 당시 장인들의 뛰어난 기술력에 감탄할 뿐입니다. 이런 이유로 과학자 이종호 박사는 다뉴세문경을 '한국 7대 불가사의'의 하나로 손꼽고 있습니다.

06

고조선과 중국의
청동거울

논산에서 출토된 다뉴세문경이 만들어진 약 2400년 전, 동아시아
는 어떤 시대였을까요? 한마디로 격동의 시기였습니다. 중국은 황하
강 유역에 수많은 나라들이 난립하면서 전쟁이 끊이지 않던 춘추전
국시대였습니다. 고조선에선 반란이 발생하여 이를 진압하면서 수
도를 옮기고 국호를 '대부여'로 바꾸었던 시기입니다. 특히 고조선과
연(燕)나라가 요하지역을 두고 치열하게 전쟁을 벌이던 때였습니다.

고조선 사람들은 기하학적 무늬를 좋아했습니다. 반면에 춘추전국
시대 사람들은 동물, 식물, 구름, 산(山) 자 형 등 신화적 내용이 담긴
무늬를 좋아했습니다. 즉 고조선은 선형미를 추구하고 중국은 조형
미를 추구했던 것으로 보입니다. 이러한 두 나라의 차이는 청동거울

에서도 고스란히 나타납니다. 또한 고조선의 청동기는 구리와 주석에 아연 등이 포함된 합금이지만, 춘추전국시대 청동기에는 아연 등다른 금속재료가 전혀 포함되지 않았습니다.

우리의 다뉴세문경에는 유독 원과 삼각형이 많이 보입니다. 아무런 의미 없이 그렇게 복잡하게 만들지는 않았을 텐데 어떤 상징일까요? 다뉴세문경의 무늬가 방위, 천체의 운행, 계절을 기록한 것이라는 설도 있습니다. 한 가지 주목할 것은 거울 바깥쪽에 동심원이 두개씩 짝을 지어 상하좌우로 여덟 개가 새겨져 있다는 점입니다. 거울중심부에 고리가 달려있는 부분의 동심원 영역을 중앙이라는 의미로 '중궁'(中宮 혹은 土宮 토궁)이라고 합니다. 중궁은 빛의 중심으로 태양 자체를 상징합니다. 그리고 나머지 8개 동심원은 8개의 방향(방위)으로 뻗어나가는 빛의 줄기(광명)를 의미합니다. 이를 '구궁팔풍

구궁팔풍()운동

● 다뉴세문경의 바깥쪽에 있는 여덟 개의 작은 원과, 고리가 달려있는 부분의 중앙 동심원을 합하면 9개의 동심원 영역으로 구분됩니다. 이를 두고 전통적 동양사상에서는 9개의 자리라는 의미로 구궁(九宮)이라고 합니다. 9개의 자리에서 8개 방위로 우주가 작동하는 것을 구궁팔풍(九宮八風)운동이라고 합니다. 구궁팔풍이란 결국 팔괘와 의미가 연결됩니다.

팔괘를 만든 태호복희씨는 약 5500년 전 배달국의 우사(雨土)로서, 우리의 선조입니다. 태호복희씨는 태양의 움직임을 관찰하여 팔괘를 정립했습니다. 그의 음양오행과 팔괘의 가르침은 고조선으로 전수되어 심화·발전되었습니다. 음양오행과 팔괘사상은 고조선뿐만 아니라 동아시아 전체에 퍼져 공유되었으며, 수많은 고대의 장인들이 유적과 유물에 그 깨달음을 녹여냈습니다.

운동'이라고 합니다. 거울에선 가운데 큰 동그라미와 주변의 8개 작은 동그라미를 합쳐 9개(9궁)이지만 실제로는 태양을 상징하는 중궁의 빛이 8개 방향(8풍)으로 뻗어나감을 의미합니다. 방향을 8개로 압축해서 표현하는 방식은, 우주 삼라만상의 변화를 팔괘(八卦)로 표현하는 것과 같은 맥락입니다. 정리하자면 다뉴세문경의 무늬는 태양빛이 사방팔방으로 퍼져나가는 모습을 기하학적으로 재구성한 것이 아닐까 합니다.

고대인들은 태양에 신이 깃들어 있다고 믿었습니다. 청동거울은 하늘의 태양과 거기에 깃든 신을 상징하기에, 그 거울을 사용하는 사람은 태양신을 대신해서 이 땅을 다스리는 통치자입니다. 청동거울의 8개의 작은 동심원이 가리키는 것은 8방위입니다. 8방위라는 것은 지상의 모든 세계를 의미합니다. 즉 청동거울을 소유한 사람은 태양이 비치는 8방위에 있는 모든 지상세계를 다스리는 통치자입니다.

예로부터 전해져 내려오는 한 이야기가 있습니다. 환웅이 순행을 하다가 태백산에서 사냥을 하고 하늘에 제사를 지낼 때, 풍백(風伯, 바람의 신)은 천부(천부인 혹은 천부경)를 새긴 거울을 들고 나아가며, 우사(雨師, 비의 신)는 무리들로 하여금 북소리에 맞추어 둥글게 춤을 추게 하였고, 운사(雲師, 구름의 신)는 수많은 군사들로 하여금 검을 들고 늘어서서 천제를 올리는 제단을 지키게 하였다고 합니다. 고대에 우리 겨레를 다스리는 임금께서 천제(天帝 혹은 神)에게 내려받은 정통성의 징표로서 앞세웠던 것이 바로 청동거울입니다.

07

청동거울과
여덟 개의 방울

국보 제141호인 다뉴세문경이 논산에서 발견될 때 함께 출토된 팔
주령은 여덟 개의 가지에 방울이 달려있는 청동기입니다. 화순 대곡
리의 다뉴세문경 역시 팔주령과 쌍주령(막대모양의 몸통 양끝에 방
울이 달린 청동기)과 함께 발견되었습니다. 팔주령은 비슷한 시기의
주변 국가에서는 출토되지 않은 우리 민족 특유의 청동유물입니다.

이 방울도 발견 당시 국내외 학자들을 깜짝 놀라게 하였습니다. 여
덟 개의 방울 안에 구슬이 들어있는데 거푸집에 쇳물을 부어서 만든
다음 8개의 구슬을 넣은 것이 아니라 거푸집에서 나올 때부터 구슬이
들어 있었다는 겁니다. 정말 놀라운 기술이 아닐 수 없습니다. 이 팔
주령 역시 태양을 형상화한 것으로 추정됩니다. 태양으로부터 8개 방

그림 10-10 팔주령 복제품(한성백제박물관)

향으로 빛이 갈라져 나와 각 방울에 머무는 모양인데, 이 또한 구궁팔
풍운동으로 보여집니다. 청동방울은 청동거울과 마찬가지로 반만 년
전부터 이어져온 우리 선조들의 '광명사상'을 상징하고 있습니다.

　다뉴세문경과 팔주령은 우리 민족의 우수성을 극명하게 보여주는
훌륭한 유물입니다. 많은 학자들과 기술자들이 연구하고 있으나, 아
직도 많은 것들이 베일에 가려져 있습니다. 언젠가 다뉴세문경의 사
상적, 문화적, 기술적 배경이 세상에 분명하게 밝혀질 날을 기대해봅
니다.

나는 박물관 간다

실크와
실꾸리

01

로마는 왜 비단실을
수입했을까?

대나무에 실을 두텁게 감은 후 대나무를 뺏을 때 남는 실타래를 실
꾸리라고 합니다. 과거 실꾸리는 일반 가정집에서도 흔히 볼 수 있는
익숙한 물건이었지만, 요즘은 손바느질을 잘 안해서인지 쉽게 접하
기 어렵습니다. 그런데 이 실꾸리와 관련하여 매우 놀라운 이야기가
등장했습니다.

영남대학교 섬유공학부 조환 명예교수는 2014년도 〈패션저널〉
에서 실크의 어원을 연구한 논문을 게재하였는데, 그에 의하면 실크
(silk)의 어원이 '실꾸리(sil-kkury)'라는 것입니다. 이 논문은 앞서
2013년도 일본섬유학회지에 게재되어 일본 학술계에서 먼저 주목을
받았습니다. 내용의 핵심은 유럽인들이 실크로드를 통해 비단 섬유
를 구입할 때 최고의 상품은 실꾸리(sil-kkury)였다는 것입니다. 수

세기 동안 서역 상인들과 로마 사람들은 고구려인들의 실꾸리를 수입하여 비단을 만들었고, 이러한 과정에서 실꾸리(sil-kkury)의 어미가 변해서 실크(silk)라는 단어가 되었다는 내용입니다.

그림 11-1 실꾸리 / '비대'라는 막대에 감겨 있다.
(국립민속박물관)

유럽의 패자 로마는 비단을 너무도 좋아했습니다. 로마인들은 뻣뻣한 아마포와 모직물, 가죽이 옷감의 전부라고 생각했는데, 비단이 나타난 것입니다. 그들은 부드럽고 하늘거리는 감촉, 은은한 광택을 머금은 다양한 색깔, 가볍고 얇으면서 질긴 비단의 유혹에 흠뻑 빠져버렸습니다. 로마 공화정 말기의 장군이자 정치가로 이름 높은 율리우스 카이사르(시이저)는 극장에 공연을 관람하러 갈 때면 비단으로 만든 토가(Toga, 로마인들이 입은 겉옷으로 헐렁하게 몸에 둘러 입는 스타일)를 입고 갔습니다. 그 모습은 로마 남녀 귀족들의 눈을 사로잡았고, 비단 옷을 입는 것이 귀족사회의 유행이 되었습니다.

비단은 로마에선 만들 수 없고 동서양을 오가는 중간상인들을 통해서 수입하던 사치품이었습니다. 비단은 권력과 부와 명예의 상징이나 마찬가지였으며, 비단을 찾는 사람들이 많아지자 가격이 하늘 높은 줄 모르고 치솟았습니다. 이에 로마의 2대 황제 티베리우스는 남자가 비단옷을 입는 것을 금지하는 칙령을 내렸습니다. 더 나아가 비단 수입까지 금지했습니다. 하지만 티베리우스 뒤를 이은 3대 황제 칼리굴라가 비단을 착용하면서 비단이 다시 유행하게 됩니다.

〈삼국사기〉에도 사국시대(고구려, 백제, 신라, 가야)에 유사한 상황이 있었음이 기록되어 있습니다. 사치를 방지하기 위해서 계층별로 의복 재료로 쓸 수 있는 비단의 종류를 제한했다는 것입니다. 즉 비단은 동양과 서양 양쪽에서 사치품목 제1순위였습니다.

당시 비단을 생산할 수 있었던 민족은 우리나라와 중국이 대표적이었습니다. 우리나라는 사국시대 이전부터 비단을 생산하였습니다. 동아시아에서 출발한 비단은 이른바 실크로드(육상, 해양)의 여러 나라를 거치면서 비용이 올라갔습니다. 험준한 산맥을 넘고 뜨거운 사막을 지나는 긴 여정 때문에 비싼 운반비용이 매겨지고, 로마에 도착할 무렵에는 순금만큼이나 고가품이 되어버렸습니다. 그래도 로마인들의 비단 사랑은 멈출 줄 몰랐습니다. 동로마의 수도 콘스탄티노플에서는 귀천에 상관없이 모든 사람들이 비단을 사용했고, 테오도시우스 2세의 세례식에 참석한 모든 시민들이 비단과 보석으로 치장했다고 합니다. 로마의 철학자 세네카가 〈행복론〉에서 여성들이 자신의 몸매를 적나라하게 드러내는 비단옷에 푹 빠져 막대한 돈을 들여 먼 타국에서 비단을 수입하는 현실을 개탄하기도 했습니다. 마치 오늘날 이태리의 비싼 명품을 마구 수입해서 전 국민이 사용하는 격이라고 할까요.

이러한 비단 사랑은 로마만의 문제가 아니었습니다. 비단을 만들었던 동아시아, 비단을 중개무역했던 중앙아시아와 중동의 국가들도 귀족적인 사치품 비단에 환호했습니다.

02

비단 중개국,
파르티아

로마인들이 비단을 알기 시작한 것은 약 2500년 전부터입니다. 비단이 로마인들에게 강렬하게 각인되었던 것은 기원전 53년의 유명한 카르하(Carrhae)전투 때입니다. 로마제국이 파르티아(Parthia) 제국과 충돌하며 벌어진 전쟁으로, 지금의 터키 하란 지역인 카르하에서 벌인 전쟁을 말합니다. 파르티아는 '세계를 지배한 등자와 개마무사' 편에서 소개한 바 있는 유목민족으로, 현재의 이란과 이라크 지역에 위치하며 동서양의 무역로였던 실크로드에 막강한 영향력을 행사한 고대왕국입니다. 카르하전투에 대해서는 앞서 자세히 다루었으므로 여기서는 간략하게 정리하겠습니다.

로마 삼두정치의 한명이자 당대 최고 갑부였던 크라수스는 원로원의 만류에도 불구하고 파르티아와 전투를 벌였지만 결국 패하고 맙니다. 이 전투에서 로마군은 파르티아군의 뛰어난 기마술에도 놀랐지만, 파르티아의 깃발을 보고도 크게 놀랐습니다. 가볍고 햇빛을 투영하면서 반짝거리는 비단 깃발(Silk banners)은 그때까지 본 적도 만져본 적도 없는 물건이었습니다. 로마인들에게 카르하전투는 전술의 격차만큼이나 문화적 충격을 안겨준 사건이었습니다.

파르티아 제국과 사산조 페르시아 제국(파르티아를 멸망시킨 나라로, 고대 페르시아 제국의 마지막 왕조의 뒤를 잇는다는 의미에서 '사산'이란 명칭을 넣음)은 로마와 동양의 무역중개로를 가로막았습니다. 파르티아와 사산조 페르시아는 비단무역을 손에 쥐고 있으면서 비단을 소비하는 주요국가였습니다. 이들을 거치지 않으면 비단을 비롯한 동양문물을 접할 수 없었던 로마는 이 지역의 왕조들과 계속 대립할 수밖에 없었습니다.

로마는 다양한 방법으로 비단 만드는 기술을 얻고자 했지만 허사였습니다. 로마로선 비단을 만드는 실이 어떤 나무껍질에서 나왔다

그림 11-2 파르티아 제국(BC 247~AD 226)의 지도 / 페르시아 제국이 망한 뒤, 기마유목민족인 파르니족이 지금의 이란과 이라크 지역에 세운 고대왕국으로, 로마와 한나라 사이에서 중개무역을 하며 큰 이익을 얻었다.

그림 11-3 사산조 페르시아의 2대 왕 샤프르(shapur) 1세가 로마의 황제 발레리안(Valerian)을 포로로 붙잡은 장면이 새겨진 암벽 / 이란의 페르세폴리스 인근에 있는 페르시아 왕들의 암굴묘군에 있는 '낙쉐 로스탐'(이란어로 '전설속 영웅의 조각'이라는 뜻)에 있다.

그림 11-4 암벽의 조각을 재현한 그림으로, 말을 탄 샤프르 1세가 하늘거리는 실크 옷을 입고 실크 스카프를 착용하고 있다.

고 추정할 뿐, 누에고치에서 실을 뽑는다는 것은 상상도 못했습니다.

중개무역상을 거쳐 로마에 들어온 비단은 유통량이 적은 만큼 비쌀 수밖에 없었습니다. 이것은 로마와 파르티아, 로마와 사산조 페르시아가 오랫동안 전쟁을 했던 중요한 이유 중에 하나였습니다.

03

최고위층이 애용한
자주색 비단

비단의 장점 중 하나는 다양한 색깔의 염색이 가능하다는 점입니다. 로마시대에 시돈(sidon, 현 레바논의 항구도시)을 비롯한 해안도시에는 비단을 염색하는 공장들이 있었습니다. 여러 가지 색깔들 중 로마의 최고위층이 사랑한 색깔은 자주색이었습니다. 천상열차분야지도 편에서 소개한 것처럼, 로마에서 자주색 옷은 황제만 입을 수 있었습니다. 그래서 자주색을 임페리얼 퍼플(Imperial Purple, 황제 자주색)이라고 불렀습니다.

네로 황제는 자신 이외에 자주색을 사용하면 사형에 처하는 법을 만들기도 했습니다. 예외가 있었다면 전쟁에서 이기고 돌아온 장군들뿐이었습니다. 로마의 승리를 기념하기 위해 퍼레이드를 하는 동안 온몸에 자줏빛 토가를 두르고 금띠 장식을 둘렀습니다.

퍼플색은 보라색 중 빨강의 비율이 더 높은데, 이 때문에 자주색(紫朱色)이라고 합니다. 임페리얼 퍼플은 이보다 어두운 붉은색처럼 보입니다. 바이올렛은 보라색 중 파랑의 비율이 더 높은 색으로 청자색이라고 합니다. 그런데 이 자주색 염료를 얻는 것이 매우 어려운 일이었습니다.

그림 11-5 임페리얼 퍼플

이 색을 처음 만든 것은 기원전 14세기, 고대 페니키아인들의 도시인 티레(Tyre, 현재 레바논의 해안도시)입니다. 이 지역에서 나는 뿔 고동의 내장을 원료로 하여 길고 복잡한 과정을 거쳐 자주색 염료를 만들었다고 합니다. 이 때문에 이 색을 티리안 자주색(Tyrian purple)이라고도 불렀습니다. 염료를 만드는 동안 매우 고약한 냄새가 났기 때문에 작업장은 도시에서 멀리 떨어져 있었습니다. 예전부터 냄새가 고약한 것을 다루면 돈을 번다고 하지 않았던가요? 로마의 기록에 의하면 자주색 염료 1그램을 만드는데 뿔고동 일만여 개가 필요했다고 합니다. 지금도 레바논의 시돈에 가면 뿔고동 껍데기가 40m 높이의 산을 이룬 모습을 발견할 수 있는데, 당시 뿔고동을 얼마나 많이 채취했는지 알 수 있습니다.

이런 이유로 자주색 염료는 매우 고가에 거래되었습니다. 영국에서 만든 〈고대역사백과사전(Ancient History Encyclopedia)〉에 따르면, 로마 디오클레티아누스 황제 시절(서기 301년)의 가격 칙령에 의하면 자주색 염료 1파운드(0.453Kg)의 가격은 150,000 디나리(Denarii)였다고 합니다. 이는 금 3파운드(1.360kg)에 해당하는 것으로 이 책을 쓰고 있는 현시점의 금 시세로 대략 환산해도 약 6천6백5

319

그림 11-6 6세기경에 건립된 이탈리아 라벤나의 산 비탈레 성당의 모자이크 / 로마의 법전을 만든 로마황제 유스티아누스 1세(상)와 그의 부인 테오도라(하) 황후가 자주색(Imperial Purple) 비단옷을 입고 있다.

십만 원이 넘습니다. 염료의 가격으로는 실로 어마어마한 금액이 아닐 수 없습니다. 자줏색 염료가 이처럼 고가의 사치품이었으니 자줏빛 옷은 황제만 입을 수 있다고 선언한 것이 이해가 됩니다.

　로마에서 자주색 의상을 입은 최초의 인물은 율리우스 카이사르입니다. 비잔티움 제국(동로마제국)에서도 자줏빛은 황실과 동의어가 되다시피 했습니다. 황제는 자주색 돌로 만든 궁전에서 자주색 커튼이 걸려있는 방을 사용했습니다. 비잔틴 황제는 자신의 아들 또는 딸이 태어나면 포르피로예네투스(Porphyrogenitus), 즉 '자주빛 속에서 태어난'이라는 타이틀을 줬는데 이는 황제로 태어났음을 의미했습니다.

04

휴대성 좋고 정확한 무게 측정에
유리한 실꾸리 교역

실크로드를 통해 동아시아에서부터 로마까지 교역되는 비단은 원단뿐만 아니라 비단을 만드는 섬유도 같이 유통되었습니다. 비단 운반자들은 죽음의 사막을 건너고, 험준한 산맥을 넘고, 거친 바닷길로 이동했습니다. 이동하는 동안 길목을 지키는 도적 세력들에게 비단을 빼앗기거나 목숨이 위태로운 상황을 만나기도 했습니다. 위험한 상황을 자꾸 겪게 되는 상인들은 직물(원단)보다 실을 선호하게 되었습니다. 원단보다 가격이 저렴했고, 가벼워서 들고 다니기 편하고, 물건을 잃어버리더라도 손해가 덜했기 때문입니다. 비단을 짜서 팔았을 때 원단 수익보다 좋을 뿐 아니라 원하는 대로 만들 수 있었습니다.

그렇다 하더라도 비단실을 아무 손상없이 로마로 가져가는 것이 쉬운 일은 아니었습니다. 얇은 실은 끊어지거나 엉키기 쉬워서 거래할 수 없기 때문입니다. 그래서 실패에 실을 감아 뭉친 실꾸러미를 사용했습니다. 그런데 실꾸러미와 실패는 큰 단점이 있었습니다. 바깥쪽부터 실을 풀어서 써야 하는데 실을 풀 때 실의 표면이 상하거나 끊어질 수 있었습니다. 또한 실패 자체의 무게가 실 무게 못지 않아서 운반 및 거래 때 불편한 점이 있었습니다. 이러한 고민들을 해결해준 것이 바로 우리 선조들이 만든 실꾸리(sil-kkury)였습니다.

실꾸리(sil-kkury)는 당시로선 획기적인 기술이었습니다. 실꾸리는 '비대(碑臺)'라는 나무 막대기에 실 끝을 묶어서 감습니다. 실이 어느 정도 적정량 감기면 비대를 빼냅니다. 그러면 실꾸리만 남게 됩니다. 실꾸리는 실이 바깥쪽이 아닌 중심부에서부터 풀리게 되어있습니다. 실을 풀 때 실의 표면이 상하지 않고 엉키지도 않습니다. 뿐만 아니라 오로지 실의 무게만을 잴 수 있기 때문에 무역거래 시 훨씬 유리한 장점이 있습니다.

실꾸리의 원조,
고구려

유럽과 중근동지역 직물생산업자들이 동방의 실꾸리(sil-kkury)를 수입하여 자기들 입맛에 맞게 직물을 생산했고, 그러면서 실크(silk)라는 명칭이 자리잡았을 것이라는 조환 교수의 주장은 충분히 가능성이 있습니다. 특히, 조환 교수는 실꾸리의 출발지를 고구려라고 이야기하고 있습니다. 당시 고구려뿐만 아니라 부여, 옥저, 낙랑국, 신라와 백제 역시 대단히 수준높은 비단실과 원단생산 및 가공능력을 가지고 있었습니다. 파르티아의 비단 깃발(silk banners)이 로마인들을 경악시켰을 때 중국은 한나라 시대였고, 우리는 열국시대(부여, 고구려, 백제, 동예, 옥저, 진한 · 마한 · 변한의 삼한 등)였습니다.

우리가 가진 잘못된 인식 중 하나가 비단은 중국에서만 만들어졌다는 것입니다. 그러나 고조선 후기의 비단 직조기술은 이미 중국보다 수준이 높았으며 더 많은 종류의 비단을 생산했습니다. 중국의 역사책 〈위서(魏書)〉의 '고구려전'에는 고추모대왕(고주몽)이 나라를 건국했을 때 토착민들이 백(帛)으로 옷을 만들어 입었다고 소개되어 있습니다. 백(帛)이란 물감으로 물들이지 않은 누에고치실로 짠 비단으로, 흔히 '명주'라고 합니다. 부여와 옥저에서는 '증(繒. 무늬 없이 가늘게 짠 비단)'을 원단으로 한 비단을 사용했습니다. 고추모대왕이 백성(庶人)에게 사(紗, 매우 곱고 가벼운 비단)로 만든 옷을 입지 못하게 했던 〈삼국사기〉의 기록도 있습니다. 일찍부터 비단 직조기술이 발달한 만큼, 실꾸리도 아주 오래 전부터 사용되었던 실 보관기술이 아니었을까 추측해봅니다.

비단의 종류

● 옥편에서 비단을 의미하는 글자는 35개가 넘습니다.
(교학사 실용중옥편 기준).

● 고조선 후기, 열국시대를 거쳐서 사국시대(고구려, 백제, 신라, 가야) 초기에 우리 민족은 문헌 기록상 금(錦), 견(絹), 금(錦), 능(綾), 면(緜), 증(繒), 주(紬), 겸(縑), 백(帛), 기(綺), 환(紈), 나(羅), 사(紗), 단(緞), 연(練), 곡(穀), 초(綃) 등 약 17종의 비단을 생산, 사용했다고 합니다. 반면 중국은 춘추전국시대에는 11종, 한나라 때에는 28종을 생산했습니다.

06

중국보다 우수했던
우리의 비단

　우리 민족이 생산했던 비단과 중국의 비단이 다른 점이 있었을
까요?

　평양과 대동강 인근 유적에서 고조선 후기에서 말기(BC 3 ~ BC 1
세기 무렵) 때의 비단 세 종류(견, 나, 겸)가 발견되었습니다. 이 세 종
류의 비단은 우리 선조들의 비단생산 및 직조기술을 추측하기에 충분
합니다.

　견(絹)은 백제유적(충남 공주 수촌리 무덤과 송산리 무령왕릉)에서
도 발견되었습니다. 〈삼국유사〉의 기록에 의하면 고구려와 백제는
견이라는 비단으로 세금을 징수했고, 가야는 교견(鮫絹. 물고기 무
늬가 있는 견직물)이라는 비단에 초상화를 그렸다고 합니다. 나(羅)
는 무령왕릉에서도 출토되었으며, 신라에서도 많이 생산되었습니

표 11-1. 평양과 대동강 유적에서 발견된 고조선의 대표적인 비단 종류

견(絹)	글자 그대로 비단. 물들이지 않은 누에고치실로 짠 것으로, 성기고 얇으며 무늬가 없이 짠 흰 비단
나(羅)	그물 모양 비단. 누에고치실로 날실과 씨실의 간격을 성글게 하여 그물처럼 짠 비단
겸(縑)	두 가닥 이상의 실을 합친 합사(合絲) 비단. 생명주(生明紬, 생사로 짠 명주) 몇 가닥을 함께 꼬아 만든 실로 두텁게 짠 비단

다. 겸(縑)은 삼한(마한·진한·변한)과 신라에서도 생산했습니다.

우리 선조들의 비단은 중국 비단에 비해서 우수합니다. 우선 실이 고급스럽습니다. 섬유가 가늘수록 직물의 품질이 우수하다고 합니다. 가는 섬유라야 고급실을 만들 수 있습니다. 굵은 실을 만들 때도 굵은 섬유를 쓰는 것보다 가는 섬유 여러 가닥을 써야 보기에도 좋고 촉감도 좋습니다. 상나라(은나라) 때부터 한나라 때까지 제작된 중국의 비단을 보면 고조선의 견직물 수준에 미치지 못합니다. 놀랍게도 고조선 비단섬유는 현대의 기술로 생산되는 섬유보다 훨씬 얇습니다. 현대의 직조공정은 마찰 때문에 신축성이 있는 씨실(가로 방향 실)보다 잘 늘어나지 않는 날실(세로 방향 실)에 꼬임이 많은 강한 실을 사용합니다. 그런데 고조선시대에도 씨실보다 날실에 더 굵은 실을 사용했습니다. 동시대에 중국에서는 그렇지 못했습니다.

또한 고조선시대의 비단섬유는 탄성이 좋고 염색이 쉬웠습니다. 염색이 용이하다는 것이 얼마나 중요한 요소인지 앞서 언급한 임페리얼 퍼플(Imperial Purple)을 떠올리면 이해하기 쉬울 것입니다.

이렇게 몇 가지만 살펴봐도 고조선의 비단은 주변국의 비단보다 품질이 우수했고, 고조선이 독창적인 직조방법과 염색기술을 가졌음을 알 수 있습니다.

07

한민족,
비단문화를 선도하다

　그동안 중국에서 비단이 처음 만들어졌다는 점에 대해서 아무도 의
문을 제기하지 않았습니다. 과연 중국이 처음 비단을 만든 게 사실일
까요? 한(漢)족에게는 누에치기의 시조이자 비단의 여신으로 모시는
누조(嫘祖)라는 신이 있습니다. 누조는 중국인들이 문명의 시조로 받
드는 황제헌원의 아내인 서릉씨입니다. 서릉씨는 신농씨의 딸이라고
합니다. 그런데 신농씨는 우리와 같은 민족이며 배달국시대의 사람입
니다.

　배달국은 고조선 이전에 우리 민족의 조상인 동이족이 세운 나라
로, 환웅천황(배달국 왕의 호칭)이 다스렸습니다. 8대 환웅천황인 안
부련께서 중국 섬서성 강수(姜水)를 개척하려고 소전씨를 관리로 파
견합니다. 소전씨는 강수에서 아들을 낳았는데, 그가 신농씨이며 강
(姜)씨의 시조입니다. 신농씨가 우리 민족이었으니 그의 딸인 서릉씨
도 우리 민족입니다. 그리고 〈잠상췌편(蠶桑萃編)〉이란 중국의 고대

문헌에는 태호복희씨가 누에고치에서 뽑은 실로 가는 비단을 짜냈으며, 신농씨도 명주실로 천을 짜는 법을 가르쳤다고 기록하고 있습니다. 이 책의 태극기 편에서 소개듯이, 태호복희씨는 배달국 5대 태우의 환웅천황 열두 번째 아들로, 배달국의 관리였습니다. 누에치기와 비단에 대한 신화 속의 등장인물들은 우리와 같은 민족입니다. 〈잠상췌편〉의 기록을 있는 그대로 받아들이지 않더라도, 5천~6천 년 전 우리 민족과 중국 민족 모두 누에치기를 해서 명주실을 뽑아 쓰는 문화를 공유했다고 볼 수 있습니다. 좀더 객관적인 근거로 고고학적 사례 몇 가지를 살펴보겠습니다.

중국 요령성 동구현 마가점진 삼가자촌에 약 6700년 전으로 추정되는 허우와 유적이 있습니다. 여기에서 누에 조소품과 가락바퀴(실을 뽑을 때 사용하는 도구)가 발견되었습니다. 만주일대는 고조선 그 이전부터 우리 민족의 활동무대였습니다. 최근에 크게 주목받는 발해만문명(요하문명) 유적에서도 옥으로 만든 누에가 여러 개 발견되었습니다. 누에를 귀하디 귀한 옥으로 만들었다는 것은 국가적으로 누에치기가 중요한 일이었음을 의미합니다. 평양과 함경도의 여러 유적들에서는 뽕잎무늬가 새겨진 질그릇들이 무수하게 발견되었습니다. 고조선의 영역이었던 요령성의 한 유적에서 청동투구와 함께 비단 천조각이 발견되기도 했습니다. 아마도 투구를 쓸 때 안감으로 비단을 사용했을 것으로 추정됩니다. 백제 무령왕릉에서 발굴된 금제 관 꾸미개는 비단으로 만든 모자의 양쪽에 꽂았던 것으로 보고 있습니다.

중국의 6700~4700년 전 유적에서 거친 천을 눌러서 무늬를 만든 토기와 누에 모양으로 구운 토기가 발굴되었습니다. 상나라, 주나라 유물에서는 아주 작은 명주 조각이 발견되어서 비단제작과 사용이 대

중화된 것으로 보기도 합니다. 여러 가지 유물들과 동아시아의 지역적 특성으로 봤을 때 우리 민족은 고대부터 주변 민족 및 국가들과 끊임없이 교류했습니다. 누에치기와 명주실을 만드는 기술, 비단 의복 역시 문화교류의 대상이었습니다. 누에치기와 관련된 헌원씨와 서릉씨 이야기의 사실여부를 떠나 누에치기와 비단 만들기는 동아시아 사람들의 보편적인 생활상이었다고 봐야 합니다.

그림 11-7 국립중앙박물관에 전시된 신석기시대의 가락바퀴와 사용모습 안내도

실크의 어원에 대한 조환 교수의 연구 결과가 긍정적이지만 정설로 받아들여질 수 있을지는 좀더 지켜봐야 될 듯합니다. 하지만 이를 통해서 우리 선조들의 누에치기와 비단제작 및 교역의 역사를 기록하고 그 위상을 회복하는 일이 중요합니다. 최근에는 신라의 수도 금성(현재의 경주)을 실크로드의 주요도시로 위상을 재고하기 위한 노력이 이뤄지고 있습니다.

우리 민족이 아주 오래 전부터 여러 나라와 교류하면서 문화의 중심에 섰다는 사실을 뒷받침해주는 유물과 문헌자료들이 많습니다. 빗살무늬 토기, 옥기, 고인돌, 고래잡이 암각화, 청동기 등 수많은 유물들은 고대부터 대륙의 동서를 연결하던 교류와 소통이 존재했음을 말해줍니다. 우리의 실꾸리 역시 동서교류와 소통을 상징하는 중요한 문화적 아이콘이 되길 기원합니다.

나는 박물관 간다

7천 년 전의
고래사냥,
반구대 암각화

세계에서 가장 오래된
고래사냥 그림

　국립중앙박물관 선사시대 전시관에 들어서면 가장 먼저 관람객을 반기는 커다란 사진 한 장이 있습니다. 입구에 걸려 있기 때문인지 대부분 그냥 지나치기 일쑤입니다. 낙서처럼 보이는 이 사진은 울산 광역시 울주군 대곡리 언양읍에 있는 반구대 암각화로, 세계에서 가장 오래된 집단 고래잡이 그림입니다. 반구대란 이름은, 그림이 발견된 절벽이 있는 산등성이가 마치 거북이 앉아있는 모양과 같다고 하여 붙여진 것입니다. 암각화는 바위에 새긴 그림이라는 의미입니다.

　반구대 암각화는 가로 약 10m, 세로 약 3m 정도되는 암벽에 새겨져 있습니다. 암각화가 처음 만들어진 시기는 무려 7천 년 전으로 추정되고 있습니다. 7천 년 전 그림이라 하기엔 믿기지 않을 정도로 잘 그려진 도안입니다. 정말 놀라워해야 할 일인데 우린 별 관심이 없어

그림 12-1 국립중앙박물관 선사관 입구에 걸려 있는 울산 반구대 암각화 사진

보입니다.

　얼핏 보면 만화처럼 보이는 원시시대 그림이 뭐 특별한 것이 있겠
냐고 생각할 수도 있습니다. 하지만 이 그림은 그 옛날 한반도에 거
주하던 선조들의 생활에 대해 많은 사실을 알려주고 있습니다.

　2013년 프랑스 고고학저널 〈아케올로지(Archeologie)〉 특별호는
반구대 암각화를 다루었습니다. 저널은 반구대 암각화를 세계에서
가장 오래된 고래사냥 장면이라 소개하면서, 신화적 주제를 정해진
스토리에 따라서 가장 완벽하게 표현한 그림이라고 평가했습니다.
사냥하는 모습을 역동적으로 표현한 동시에 동물의 특징을 실감나게
묘사한 사냥미술이자 종교미술이라는 점은 세계 고고학계가 높게 보
고 있습니다.

02

반구대 암각화의 제작시기,
어떻게 알았을까?

    1971년 동국대학교 문명대 교수에 의해 반구대 암각화가 발견되었을 때, 암각화에 그려진 고래 중에 마치 금속 작살을 맞은 것 같은 고래그림을 보고 암각화를 처음 그린 시기를 청동기시대로 추정했습니다. 그 이후 2010년 울산시 남구 황성동 유적지에서 '작살 맞은 고래 뼈' 유물이 나왔는데 약 6천~천 년 전 것으로 판명되었습니다. 더욱이 작살조각은 금속이 아닌 사슴뿔로 밝혀졌습니다. 그리고 반구대처럼 진흙이 굳어서 형성된 퇴적암일 경우 금속이 아닌 단단한 도구로도 충분히 그림을 그릴 수 있다는 사실이 여러 나라의 암각화 연구에서 확인되었습니다. 이로 인해서 반구대 암각화는 금속이 없었던 약 7천 년 전 작품으로 굳어지게 되었습니다.

    그리고 전세계 암각화에 공통으로 나타나는 현상으로 암각화가 새겨진 기법이 면쪼기(물체의 내부를 모두 쪼아낸 방법), 선쪼기(물체의 윤곽만 쪼아낸 방법)가 모두 나타난 것으로 보아, 한 시기에 만들어진 것이 아니라 신석기시대부터 청동기시대까지 오랜 시간에 걸쳐서 그림이 추가로 새겨진 것으로 보고 있습니다.

그림 12-2 암각화가 있는 울산광역시 울주군의 반구대

그림 12-3 국립중앙박물관에 특별 전시되었던 울산 황성동의 작살 맞은 고래뼈 유물 / 화살촉이 꽂혀 있는 오른쪽 부분이 붉은 점으로 표시되어 있다.

03

반구대 암각화 최고의 스타,
고래

　7천 년 전에 이름 모를 화가들은 거대한 바위 캔버스에 그림을 새겼습니다. 그림이 집중된 곳은 가로로 약 10m, 세로로 약 3m의 평평한 표면이지만, 그외에도 그림이 그려진 바위는 10여 개나 된다고 합니다. 울산암각화박물관의 설명에 의하면 암각화에는 353점의 그림이 새겨져 있습니다. 이는 세계에서 유래가 없을 정도로 많은 그림이 한 면에 있는 것입니다. 아마 당시 그림을 새긴 사람들은 하고 싶은 이야기가 아주 많았나 봅니다. 사냥하는 사람의 모습과 고래 · 거북이 · 상어 · 각종 물고기와 같은 바다생물, 사슴 · 범 · 족제비 · 멧돼지 등 육상생물 등이 사실적으로 그려져 있으며, 정확하게 확인되지 않는 기타 미상의 동물이 군데군데 그려져 있습니다.

　이중에서 주목을 받는 동물은 단연 고래입니다. 세계적으로 유명한 유럽의 바위 벽화들에는 대부분 육상동물들이 새겨져 있는데, 반구대 암각화의 주인공은 고래라고 해도 될 정도로 많은 고래의 모습이 새겨져 있습니다. 그중 정밀하게 묘사된 고래가 무려 58점이나 됩니다.

그런데 내륙에 위치한 강변 바위에 왜 고래그림이 새겨졌을까요? 조선시대 문헌을 살펴보면 16세기까지만 해도 바닷물이 울산시에 흐르는 태화강 상류까지 미쳤다는 기록이 있습니다. 암각화가 처음 만들어진 7천 년 전이면 해안선이 더 내륙으로 들어와 있었을 시기입니다. 1만~6천 년 전에는 온도가 지금보다 높아서 해수면이 상승해 있었기 때문입니다. 그래서 수없이 많은 바다생물들이 반구대 앞바다를 누볐을 것이고, 당시 사람들은 이를 사냥했습니다.

얼마전까지도 동해안에는 고래가 상당히 많았습니다. 19세기 중반, 미국에서 원정 온 포경선은 "수많은 혹등고래와 대왕고래, 참고래, 긴수염고래가 사방에서 뛰어논다"는 기록을 남겼다고 합니다.

그러나 그 많던 고래들은 미국, 일본, 노르웨이 포경선들의 무분별

그림 12-4 국립경주박물관에 있는 반구대 암각화 모사도

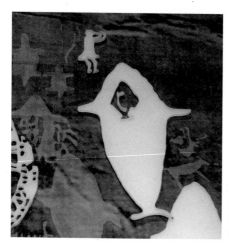

그림 12-5 반구대 암각화에 새겨진 새끼고래를 등에 업고 있는 귀신고래 / 국립중앙박물관 선사관 입구의 암각화 사진을 확대한 것이다.

한 살육으로 점차 사라져 갔습니다. 암각화에 그려진 고래 중에 새끼를 등에 업은 귀신고래가 있습니다. 1912년 미국인 탐험가 로이 앤드류스가 울산 장생포에 와서 우리 해역의 고래를 연구하고, '한국계 귀신고래(Korean stock of gray whales)'라는 명칭을 붙였습니다. 한국계 귀신고래들은 오호츠크해와 동해안을 오갔다고 합니다.

그런데 왜 이름이 귀신고래일까요? 약 15m까지 자라는 이 고래는 호흡이 짧기 때문에 얕은 해안에서 머리를 수면 밖으로 살짝 내밀었다가 귀신같이 사라진다고 해서 붙여진 이름이라고 합니다. 지금 우리나라에선 쇠고래라 부르고 영어권에선 회색고래(Gray Whale)로 불리는데, 새끼가 다치거나 죽으면 어미는 자리를 뜨지 않기 때문에 고래를 잡기 위해서 새끼를 먼저 잡고 어미 고래가 접근할 때 작살로 잡았다고 합니다. 1962년에 우리나라는 귀신고래를 천연기념물로 지정했지만, 1977년 이후 동해안에서 자취를 감추었습니다.

암각화에 새겨진 흑등고래, 긴수염고래 등도 멸종위기종입니다.

국립수산과학원에 따르면 전세계적으로 80여 종의 고래가 있으며 우리나라 연안에는 약 37종류의 고래가 서식하거나 지나간다고 합니다. 특히 울산 앞바다에는 대략 13여 종의 고래가 자주 목격된다고 합니다. 암각화에 보이는 고래는 최대 8종으로 추정됩니다.

전세계적으로 상업적 고래사냥이 금지되었지만 울산은 고래와의 인연을 지금도 이어가고 있습니다. 고래잡는 포경선이 활발하게 들락거렸던 울산 장생포에 대한민국 유일의 고래박물관이 있습니다. 주로 가을에 빈번하게 나타나는 고래떼를 보기 위해 장생포는 우리나라 유일의 고래 관광유람선을 운영하고 있습니다. 울산 앞바다에서 거대고래를 더 이상 관찰하기는 어렵지만, 수천 마리의 참돌고래 떼를 볼 수는 있습니다. 이렇게 7천 년 된 고래와의 인연을 이어가고 있습니다.

멸종위기종 고래를 위협하는 불법사냥

● 1986년 국제협약에 따라 고래의 포획이 전세계적으로 금지되었습니다. 그런데 국제협약에도 불구하고 전세계 곳곳에서 고래에 대한 불법적인 사냥이 이뤄지고 있습니다. 우리나라의 경우 불법사냥의 주요대상이 밍크고래인데 사냥꾼들은 밍크고래의 이동경로를 따라 서해(1~3월), 남해(4~5월), 동해(6~9월)에서 불법 포획을 합니다. 고래가 숨을 쉬기 위해 물에 올라오는 순간에 장대에 작살을 달고 던지는 수법을 사용합니다. 매년 수십 명이 검거돼도 고래고기가 비싼 가격에 유통되고 고래고기를 찾는 사람들이 있는 한 근절되기가 쉽지 않습니다. 울산 장생포에서는 매년 고래축제가 열리고 있지만 문화적인 면보다 고래고기에 더 관심을 두는 듯한 인상을 줍니다. 진정한 고래축제라면 먹는 것에서 벗어나 고래의 생태를 살피고 보존하려고 노력하는 방식으로 바뀌어야 하겠습니다.

나는 박물관 간다

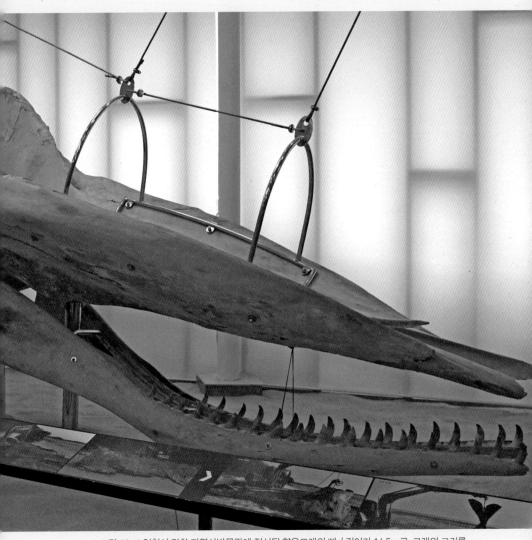

그림 12-6 인천시 강화 자연사박물관에 전시된 향유고래의 뼈 / 길이가 14.5m로, 고래의 크기를 실감하게 한다. 향유고래는 반구대 암각화에 등장하는 고래 중 하나다.

04

선사시대의 영화

　반구대 암각화의 왼쪽은 고래들의 놀이터, 오른쪽은 육상동물들의 놀이터라 하겠습니다. 교미하는 모습의 멧돼지, 새끼를 밴 호랑이와 사슴 등 단지 동물의 모양을 새긴 것이 아니라 다양한 상황을 섬세하게 묘사해 놓았습니다. 중앙아시아부터 동아시아까지 보편적인 토테미즘의 대상이었던 멋진 뿔사슴도 있습니다. 줄무늬가 그려진 동물과 점무늬가 그려진 육식동물들도 여러 점 있습니다. 화살통을 차고 화살로 사슴을 겨누고 있는 사냥꾼도 빠질 수 없습니다. 야생의 육식동물과 바다생물, 그리고 이들을 잡으려는 사냥꾼의 모습이 한데 모여 긴장감까지 느껴집니다.

　고대 화가들은 암각화에 고래의 특징을 잘 묘사하고 있습니다. 배 전체에 주름이 있는 혹등고래, 등지느러미와 얼룩무늬가 있는 범고래, 고래 태아 혹은 새끼를 업은 모습의 귀신고래 등 다양한 고래들이 새겨져 있습니다. 작살을 맞은 고래 모습도 볼 수 있습니다. 무엇보다 북방긴수염고래로 보이는 고래 세 마리가 물을 뿜는 모습이 특이합니다. 이 부분에 대해서 프랑스 선사학자 마크 아제마는 "선사시대의 영화"라고 평가하고 있습니다. 고래에 대하여 이토록 다양한 묘사가 가능한 것은 당시 사람들이 고래의 종류와 생태를 잘 알고 있었다는 증거입니다.

그림 12-7 북방긴수염고래로 보이는 고래가 물을 뿜는 장면 / 마치 고래 한 마리를 세 가지의 모습으로 표현한 것 같다.

거대한 돌 캔버스 위에 그림을 그린 선사시대 화가들은 돌을 사용해서 바위 면을 쪼고 갈아내서 표현했습니다. 다양한 표현기법을 통해 그림을 새겼다는 것은 이것이 하루이틀 만에 뚝딱 완성된 것이 아니라, 많은 시간이 걸려 만들어진 작품임을 이야기합니다. 최초 그림이 그려지고, 시간이 지나면서 새로운 주제와 생각들이 빈 공간에 더해졌습니다. 시대의 흐름에 따라 다양한 생각이 공존하고 있다는 점이 많은 학자들을 찬탄하게 하는 이유이기도 합니다.

암각화를 만들 당시 사용된 도구들은 현대에 비해서 부실하고 불편했겠지만, 결과물은 현대미술과 비교해도 부족함이 없습니다. 당시 화가들은 능숙한 솜씨로 자신들만의 미학과 감수성, 종교심을 사실적으로 담아냈습니다.

모든 서화(書畵)가 그렇듯이 반구대 암각화 역시 당시 종교와 사상과 철학을 담고 있습니다. 새끼를 밴 동물의 묘사라든가, 성기가 강조된 남성의 모습 등을 통해 풍요와 다산을 염원하는 당시 사람들의 간절함을 엿볼 수 있습니다.

05

거친 고래사냥의 성공비결,
튼튼한 그물과 조선술

많은 학자들이 반구대 암각화를 주목하는 이유는 동물에 대한 섬세한 묘사뿐 아니라, 당시 사람들이 사냥하는 모습이 매우 자세히 묘사되어 있기 때문입니다. 암각화는 고대 사냥꾼들의 박진감 넘치는 사냥광경을 담고 있습니다. 국립파리자연사박물관 교수였던 해양생물학자 다니엘 호비노는 자신의 저서 〈포경의 역사〉에서 반구대 암각화를 "고래사냥의 기원을 나타내는 기록화"라고 평가했습니다. 그 당시 고래사냥꾼들은 어떻게 고래를 잡았을까요?

반구대 암각화에는 고래를 사냥하는 모습이 여러 가지 방식으로 묘사되어 있습니다. 지금까지도 고래를 잡는 대표적인 방법은 작살로 잡는 것입니다. 7천 년 전에도 지금과 크게 다르지 않아서, 작살

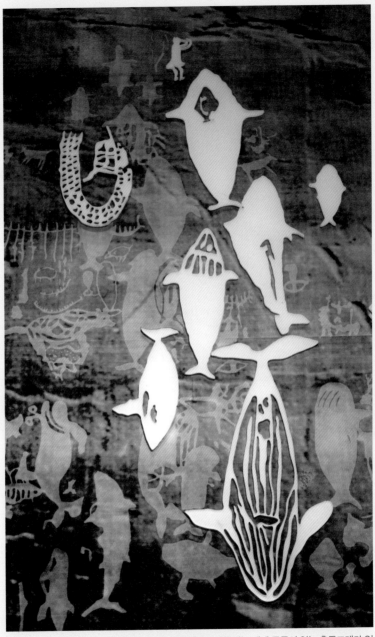

그림 12-8 작살을 맞은 고래(위에서 두 번째 고래) / 아래쪽에는 배에 주름이 있는 혹등고래가 있다. 국립중앙박물관에 있는 암각화 사진을 확대했다.

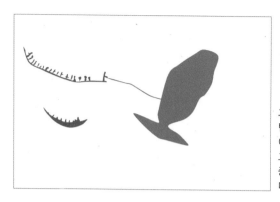

그림 12-9 여러 명이 올라
탄 배에서 고래사냥꾼이 줄
이 연결된 화살을 던져서
고래를 사냥하는 모습(국립
중앙박물관에 전시된 반구
대 암각화의 모사도)

을 던지거나 화살을 쏘는 방법으로 사냥했습니
다. 그림 12-8에서 고래 등에 작살 모양이 선명
한 그림을 확인할 수 있습니다. 그림 12-9에는
사람들이 올라탄 배가 있고 고래까지 줄이 연결
되어 있는 모습을 볼 수 있습니다.

고래잡이 사냥꾼들은 여러 척의 배에 십수 명
씩 타고 바다에 나가, 고래를 향해 화살을 쏘고
작살을 던집니다. 작살이나 화살촉에는 줄이 달
려 있는데, 사람들은 이 줄을 배에 고정시키고
고통에 몸부림치는 고래의 꼬리질과 요동치는
물살을 견뎌내야 합니다. 그렇게 해서 고래가 지
칠 때까지 기다렸다가 끌고 왔을 것으로 추정됩
니다.

때로는 배가 뒤집히거나 부서져 수많은 사람
들이 물에 빠지기도 했을 겁니다. 운이 나쁜 경
우라면 많은 사람들이 목숨을 잃기도 했을 것입
니다. 고통스럽게 몸부림치는 고래의 움직임은

배가 뒤집히거나 부서지게 할 수 있기 때문에, 정말로 목숨을 건 사냥이었을 겁니다.

작살로 잡는 방법뿐만 아니라 그물로도 고래를 잡았던 것으로 보입니다. 그림 12-8 중간을 보면, U자 그물이 드리워져 있고 그 밑에 고래가 있습니다. 아무리 작은 고래라 하더라도 그물로 잡을 정도라면, 우리가 상상하는 이상으로 튼튼한 그물 제조기술을 보유하고 있었다고 봐야 합니다.

고래사냥을 하려면 바다에 타고 나갈 배가 있어야 합니다. 반구대 암각화에는 여러 척의 배가 있습니다. 배는 고래의 몸부림을 버텨낼 정도로 튼튼해야 합니다. 서울 국립중앙박물관에는 경남 창녕 비봉리에서 발견된 배의 파편 복제품이 전시되어 있습니다. 비봉리 목선은 2003년 태풍으로 침수된 지역을 재건하다가 발견되었는데, 약 8천 년 전에 제조된 것으로 확인되면서 많은 학자들이 흥분을 감추지

그림 12-10 경남 창원 비봉리에서 발굴된 세계에서 가장 오래된 통나무 배 조각과 삿대 / 국립중앙박물관에서 보존처리 중이다.

그림 12-11 국립중앙박물관에 전시된 세계에서 가장 오래된 비봉리 목선의 모형 / 돌 도구와 불을 사용하여 통나무 내부를 파내어 만들었던 것으로 보인다.

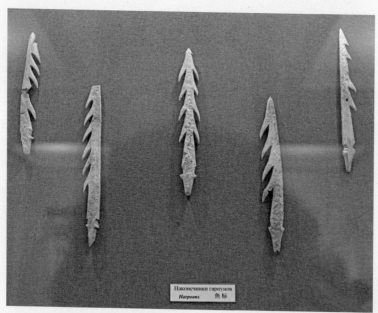

그림 12-12 7천~5천 년 전에 블라디보스토크 인근에서 사용했던 짐승의 뼈로 만든 작살 / 러시아 블라디보스토크 연방극동대학교박물관

못했습니다. 8천 년 전이니, 세계에서 가장 오래된 배에 속합니다. 소나무 재질로, 최대 길이 약 310㎝, 폭 60㎝, 깊이 약 20㎝로 추정됩니다. 그러고 보면 오늘날 울산에 세계 최대 조선소가 있는 게 우연이 아닐지도 모릅니다. 대한민국이 조선 강국이 되기 위한 유전자는 어쩌면 8천 년 전부터 가지고 있었다고 봐도 되지 않을까요?

암각화 그림 속 배가 어떻게 만들어졌는지는 아직 정확하게 알 수 없지만, 비봉리 목선을 통해 암각화 속의 고래잡이 배를 추정할 수 있습니다. 암각화에선 여러 형태의 고래잡이용 선박과 어구 등이 표현되어 있는데, 그 가운데 상당히 큰 규모의 배도 있습니다. 사람이 많이 타고 있는 배는 10~20명 정도의 규모로 보입니다. 그림이 흐릿하지만, 배에는 여러 개의 노가 새겨져 있습니다. 동해의 거친 바다에서 고래를 사냥하고, 잡은 고래를 뭍으로 끌고 왔다는 것은 일정 규모 이상 되는 튼튼한 배를 만드는 기술이 있어야 가능합니다.

사람들은 사투 끝에 잡은 고래를 어떻게 했을까요? 반구대 암각화 그림 중에는 고래를 해체하는 듯한 모습도 보입니다. 뭍으로 끌어올린 고래를 기다리던 일련의 무리들이 각 부위별로 해체했을 것입니다. 이는 7천 년 전에 이미 조직화된 사회가 형성되었다는 것을 추측하게 해줍니다.

349

06

조직화된 사회집단

고래 한 마리는 많은 사람들의 귀중한 식량으로, 그리고 뼈와 기름 등 여러 부속품들은 생활물품을 만드는 재료로 쓰였습니다. 아마도 그 시대 울산지역에 터를 잡고 살았던 사람들에게 최대 수확물이 고래였을 것입니다.

그 시대 사람들이 일상적으로 고래사냥을 했다는 것은, 여러 가지 사실을 알려줍니다. 그중 하나가 사회의 규모에 대한 것입니다. 고래사냥은 물고기 잡이와 크게 다릅니다. 결코 한두 명이 할 수 있는 사냥이 아닙니다. 고래의 크기에 따라 적게는 수십 명 많게는 백 명이 넘는 인원이 동원되어야 합니다. 직접 고래사냥을 하는 사람이 있어야 하고, 사냥도구를 만드는 사람들도 필요합니다. 잡은 고래를 해체

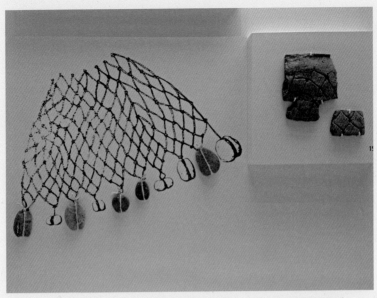

그림 12-13 약 8천 년 전 신석기시대 그물과 그물추, 그물모양 토기조각(국립중앙박물관)

그림 12-14 신석기시대 그물추(국립중앙박물관)

하고 분배하는 사람도 있어야 합니다. 물론 사냥하는 사람이 도구도 만들고, 해체하고 분배하는 작업까지 모두 할 수도 있겠지만, 바다 위에서 사투를 벌이고 돌아온 사람들이 고되고 까다로운 해체작업까지 맡았을 것으로 보이진 않습니다. 고래사냥은 오늘날과 같이 역할 분담이 필요한 작업입니다. 당시 울산지역에서 고래잡이를 하던 사람들은 고도로 조직화된 사회를 이루었으며, 고기와 부속물의 분배는 집단의 지도자에게 가장 중요한 임무 중 하나였을지도 모릅니다.

우리는 흔히 선사시대라고 하면 원시인들이 동물적으로 사는 모습을 상상하지만, 당시 사람들은 굉장히 놀라운 기술력을 보유하고 있었으며, 상당히 체계적인 사회를 갖추고 살았던 것입니다. 전세계적으로 많은 박물관에서 선사시대 사람들의 다양한 유물을 전시하고 있는데, 이를 통해 우리는 그들이 참으로 높은 생활수준을 갖고 있었음을 알 수 있습니다. 단위 조직을 가지고 사회생활을 영위했으며, 예술작품을 만들 만큼 문화적 소양을 갖추고 있었습니다. 종교로 대표되는 정신문화를 가지고 있었습니다. 고래와 맹수사냥을 할 만큼 그물과 작살, 칼, 활과 화살 등의 도구 제조기술도 보유했습니다. 토기를 제작해서 음식을 저장했습니다. 수십 명이 배를 타고 고래와 지구전을 벌일 정도로 튼튼한 배를 만드는 기술역량을 보유했습니다. 고래의 힘과 무게를 지탱할 수 있는 강한 어망(그물) 제작기술도 가졌습니다. 이런 것들이 우리 박물관에 전시되어 있습니다.

07

반구대 암각화를 빼닮은
러시아 잘라부르가 암각화

반구대 암각화는 전세계에서 발견되는 어떤 암각화보다 풍부한 표현력을 자랑합니다. 그런데 반구대 암각화와 너무 비슷한 형태의 그림이 발견되어 세상을 깜짝 놀라게 했는데, 바로 러시아의 잘라부르가 암각화입니다.

러시아 북서쪽에 백해(白海)라는 곳이 있습니다. 겨울에 바다가 얼어서 하얗게 된다고 해서 백색의 바다로 불립니다. 백해 연안 벨레모스크 시(市)에서 고래잡이 암각화가 발견되었습니다. 시기는 6천 년 전으로 우리 암각화보다 약 1천 년 이후에 그려졌다고 합니다. 당시는 지구 기온이 지금보다 매우 높아서 백해가 얼지 않은 때였다고 추정됩니다. 이것을 '잘라부르가 암각화'라고 부르는데, 그림의 형태가 반구대 암각화와 무척 유사합니다. 러시아의 잘라부르가 암각화는

그림 12-15 러시아 벨레모스크 시에 있는 New 잘라부르가(Zalavruga) 암각화의 재현 / 여러 명의 사람들이 탄 고래잡이 배와 사냥 당한 고래의 모습이 보인다.(모스크바 국립역사박물관)

잘라브루가

그림 12-16 러시아 서북쪽 백해(白海) 인근의 벨라모스크 시의 잘라부르가 위치 / 오른쪽의 붉은 사각형 안의 지역을 확대한 것이다.

2015년 6월 울산의 한 방송사에서 제작한 〈인류 최초의 sign, 선사인의 바위〉이란 프로그램을 통해 한국에 처음 소개되었습니다.

벨레모스크 시(市)는 지리적으로 울산 반구대로부터 직선거리로 약 6,700㎞ 떨어진 곳입니다. 학자들은 반구대 암각화를 만든 우리 선조들이 놀랍게도 러시아 백해까지 이주했던 것으로 추측하고 있습니다.

반구대 암각화와 잘라부르가 암각화의 유사점을 살펴보겠습니다. 첫째, 잘라부르가 암각화 전체 구성을 보면 왼쪽에는 해양동물, 오른쪽에는 육상동물을 중점적으로 배치하고 있습니다. 반구대 암각화도 전체를 펼쳐놓고 보면 이와 동일합니다. 이런 구성의 유사성은 반구대 암각화와 잘라부르가 암각화를 그린 사람들이 같은 세계관 혹은 관념을 갖고 있음을 짐작하게 합니다. 전통 동양사상에서 왼쪽을 음(陰)이라 하고 오른쪽을 양(陽)이라 합니다. 마치 음양사상에 맞추기라도 하듯이 해양생물은 왼쪽에 그리고 육상생물은 오른쪽에 배치했습니다.

둘째, 고래와 고래잡이 모습이 담겨있다는 점입니다. 잘라부르가 암각화는 반구대 암각화보다는 고래 종류가 적습니다. 그러나 작은 꼬리와 지느러미, 상대적으로 육중한 몸통, 음각으로 새긴 방법 등 유사한 표현기법이 사용되었습니다. 배를 타고 고래잡이를 하는 모습도 비슷합니다.

셋째는 샤먼과 토테미즘적 요소입니다. 잘라부르가 암각화, 반구대 암각화 모두 많은 사람들이 그려져 있습니다. 대부분의 사람들은 사냥과 관련된 행위를 하고 있으나, 사냥과 상관없는 부류들이 있습니다. 잘라부르가 암각화에는 신체 비례상 크게 그려진 발자국이 왼쪽부터 오른쪽 끝까지 여러 개 배치되어 있습니다. 그 끝에는 기형적으로 발이 크게 표현된 사람이 있습니다. 반구대 암각화에도 두 발을 살짝 굽히고 두 손을 하늘로 모으고 있는 사람이 그려져 있고, 아래쪽에는 새의 머리를 한 사람이 팔다리를 쫙 펴고 있는데 손과 발이 상대적으로 크게 그려져 있습니다. 또한 분장을 한 듯한 얼굴만 그려진 모습, 나팔같은 악기를 부는 모습 등이 보입니다. 학자들은 이들을 당시 사회지도자인 샤먼으로 추정합니다.

그림 12-17 잘라부르가 암각화에서 새의 머리를 하고 발이 크게 표현된 샤먼

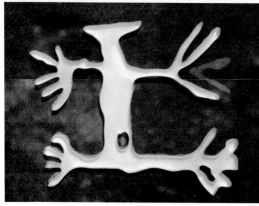

그림 12-18 반구대 암각화에 그려진 새의 머리에 손발이 큰 샤먼 / 국립중앙박물관의 사진을 확대한 것이다.

08

사냥을 위한
샤먼의 노래

357

7천 년 전, 사냥이 시작되면 샤먼들은 사냥의 성공과 사냥꾼들의 무사 귀환을 하늘에 기원했습니다. 샤먼의 기도가 끝나면, 용감한 사냥꾼들은 활과 창을 들고 바다로 들판으로 달려나갔습니다.

반구대와 러시아 암각화의 샤먼들은 큰 발을 하고 새의 머리를 하고 있습니다. 프랑스의 유명한 라스코 동굴벽화에도 사냥을 한 큰 황소 앞에 새의 머리를 하고 있는 샤먼이 그려져 있습니다.

고대인들에게 있어 새는 하늘에 있는 천신(天神)에게 인간들의 염원을 전해주고, 천신의 메시지를 인간에게 가져다 주는 신령스러운 존재였습니다. 새의 머리를 한 샤먼은 큰 손으로 북을 쳐서 조상들의 혼령을 깨우고, 큰 발로 땅을 굴러 자연의 혼령들을 깨워서 천지신명

그림 12-19 반구대 암각화에 나타난 사람들 모습 / 국립중앙박물관의 사진을 확대한 것이다.

그림 12-20 프랑스 라스코 동굴벽화에 그려진 사냥한 소 앞에 새의 머리를 한 샤먼과 솟대 / 경기도 광명시 라스코동굴벽화전에서 재현한 그림

에게 사람들의 간절한 염원을 전하고자 했습니다. 이것이 암각화에서 샤먼이 독특한 모습으로 표현된 이유입니다. 후대에 와서는 높은 신분을 나타내는 상징으로 새의 깃털(혹은 깃털모양 장식)을 머리에 꽂기도 했는데, 고구려 무용총 벽화에서도 이런 남성들의 모습을 발견할 수 있습니다. 현대의 무속인들도 머리에 새의 깃털을 꽂기도 합니다.

'제정일치(祭政一致)'라는 말처럼, 고대에는 샤먼이 나라를 다스리기도 하고, 하늘에 올리는 제사를 주관하기도 했습니다. 암각화에 그려진 얼굴, 새머리에 큰 손과 큰 발을 가진 이, 두 손을 머리에 모으고 하늘에 염원하는 이가 샤먼으로, 통치자이자 종교지도자입니다. 고대에는 신이 선택한 사람 혹은 신이 허락한 대리자만이 마을, 부족, 국가를 다스릴 수 있다고 생각했습니다. 신의 메시지를 받아서 신의 뜻대로 다스려야 풍요롭게 살 수 있으며 전쟁에서도 이길 수 있다고 생각했습니다.

또한 고대에는 샤먼을 '수렵왕'이라고도 했습니다. 수렵왕이 신의 뜻을 받들어 사람을 다스리는 존재이기에 신의 힘을 빌어 동물들도 다스릴 수 있다고 생각했습니다. 그래서 사람들은 그 왕이 하늘에 제사를 올리고 기도해주길 원했습니다. 자신들의 생존을 위해, 사냥을 위해, 맹수로부터의 안전을 위해서 신의 힘이 자신들에게 깃들기를 간절히 원했습니다. 그 간절한 염원을 담아서 샤먼의 지휘 아래 성대

샤먼의 의미

● 샤먼이라는 말은 종교지도자를 의미하는 시베리아의 퉁구스어 샤만(saman)에서 유래했다고 하지만 샤먼이란 말은 삼(三)이란 글자와 안(하늘天, 신神)이란 글자가 합해진 단어입니다. 우리가 지금도 쓰는 단어로 표현하면 삼신입니다. 삼신할머니라고 들어보셨죠? 삼신할머니의 '삼신'에서 유래된 단어가 샤먼입니다. 삼안이란 단어는 아주 먼 옛날부터 동아시아 전반에 걸쳐 쓰였다고 합니다. 이것을 서양학자들이 듣고 자신들의 발음으로 옮긴 단어가 샤먼입니다. 이 샤먼을 통해서 초자연적인 존재와 소통하는 종교적 행위를 샤머니즘(shamanism)이라고 합니다. 불교에서 스님을 '사문'이라고 부르는 것도 샤먼과 연관성이 있습니다.

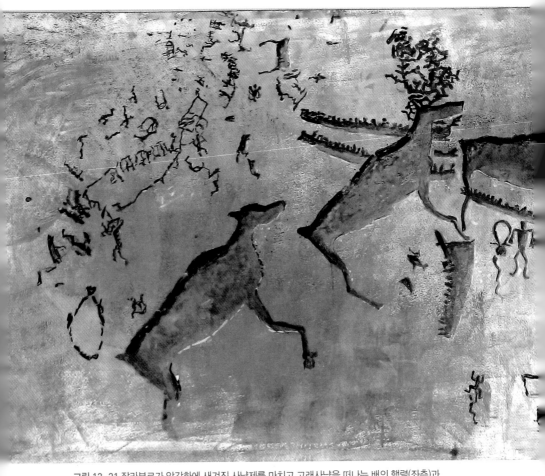

그림 12-21 잘라부르가 암각화에 새겨진 사냥제를 마치고 고래사냥을 떠나는 배의 행렬(좌측)과 순록들 / 러시아 모스크바 국립역사박물관에서 재현한 것이다.

그림 12-22 12-21의 부분확대 / 샤먼 세 명이 고래사냥을 나가는 선단에게 사냥을 무사히 마치고 돌아오기를 기원하는 모습

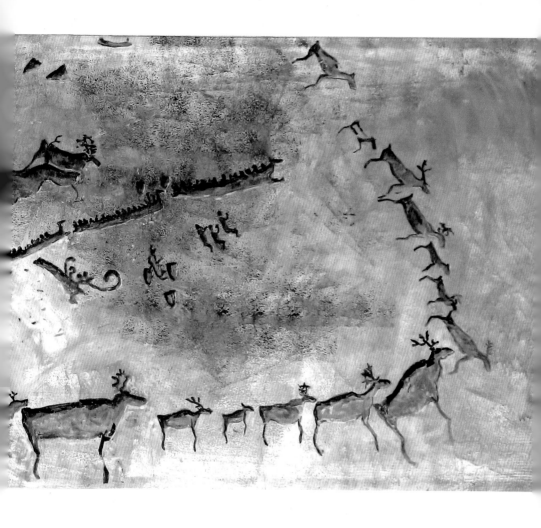

한 사냥제(사냥의 성공을 기원하는 제사)를 올렸습니다.

　암각화를 만든 사람들은 사냥의 성공을 기원하면서 제사하는 모습, 사냥할 동물들의 모습을 새겼을 것입니다. 그리고 사냥이 성공하면 기쁜 마음으로 그 성과물을 그렸습니다. 암각화는 행복하고 풍요로운 삶을 꿈꿨던 고대 선조들의 사냥제의 기록화이자 기도문인 것입니다.

나는 박물관 간다

PART

13

세계 최고
농경문화, 쌀

01

선사인들은 왜
정착하게 되었을까?

우리는 풍족한 세상에 살기 때문에 곡식에 대한 고마움을 잊고 사는 경우가 대부분입니다. 먹지 않으면 사람은 살 수 없는데도 말입니다. 우리 선조들은 오래 전부터 곡물을 키워서 식량으로 활용해왔습니다. 농사를 짓기 이전에는 야생으로 자라나는 곡물과 열매들을 채취했습니다. 경제인류학자 마셜 사린스는 자신의 저서 〈석기시대 경제학〉에서 원시사회는 하루에 4~5시간만 노동하면 나머지 시간은 휴식과 수면으로 보냈다고 주장합니다. 식량도 부족하지 않았고 거친 자연과 싸워 살아남기만 한다면 농경사회보다 삶의 조건이 좋았다고 합니다. 식량저장이라는 개념이 없었어도 현대인 못지 않게 다양한 음식으로 영양을 섭취했다고 합니다. 영양이 좋다 보니 수렵채취인들은 농경사회 사람들보다 건강하고 키도 컸고 오래 살았습니다. 사냥을 하고 맹수와 싸워야 했기 때문에 생존을 위해서 친족 및 집단 내 결속력도 강했다고 합니다. 이런 면에서 수렵과 채집은 야만이고, 농경과 목축은 문명이라는 이분법적 사고는 현대인들이 만들어 놓은 자기중심적인 사고라 할 수 있습니다. 이런 이유로 이스라엘 사학자 유발하라리는 자신의 저서 〈사피엔스〉에서 농업혁명은 사기라고 이야기합니다. 농사를 하면서 중노동과 영향부족에 시달리기 때문에 수명이 짧아지고, 키도 작아지고, 더 일찍 죽었다고 합니다.

스티븐 테일러는 자신의 저서 〈자아폭발-타락 The Fall〉에서 약 1만~6천 년 전에는 전쟁이 없는 황금의 시대를 살았다고 합니다. 그 시대의 유적에서 무기와 같은 도구들과 전쟁의 흔적이 발견되지 않기 때문입니다. 심지어는 가부장제와 사회계급이 나뉘어진 모습을

그림 13-1 가을철 무르익어 고개를 숙인 벼 / 우리 선조들은 수천 년 전부터 농사를 지었다.

찾아볼 수 없는 평등한 사회였다고 합니다.

그러나 인구의 증가와 급격한 기후변화로 인해 사람들은 식량확보가 가능한 곳으로 이동했습니다. 한 예로 대략 1만 년 전까지만 해도 사하라 사막은 비옥한 땅이었지만 극심한 가뭄으로 인해 식량이 풍족한 나일강 주변으로 이주할 수밖에 없었습니다. 약 6천 년 전 시베리아 초원에서는 기상이변(한파) 닥쳐 이주하는 과정에서 다른 집단과 마찰이 생겨 전쟁을 벌이기도 했습니다. 지금의 중동, 이란, 터키 지방이 전쟁터가 되었습니다. 계층이 생기고 무기가 발전되었고 식량을 생산하고 저장해야 했습니다.

제레드 다이아몬드는 〈총, 균, 쇠〉에서 1만 년 전부터 점차 수렵보다 식량생산 쪽으로 택한 이유를 크게 4가지로 설명했습니다.

1. 야생 먹거리의 감소

2. 기후변화로 작물화할 수 있는 야생식물의 증가

3. 야생 먹거리를 채집하여 가공, 저장하는데 필요한 기술발전이 곡류 재배를 가능하게 함

4. 인구증가에 따른 식량생산의 증가는 인구밀도를 더 높이고, 더 많은 먹거리를 필요로 하게 함

물론 채취에서 경작으로 변모하기까지 수천 년이 걸렸습니다. 그러다 신석기혁명이라 하는 토기의 발명과 맞물리면서 농경문화가 확산되었습니다.

02

고대 농경의 흔적,
고성 문암리 유적

    과연 언제부터 우리 선조들은 농사를 짓기 시작했을까요? 여기에 대한 의문점을 풀어줄 만한 여러 흔적들이 발견되면서 학자들이 연구에 매달리고 있습니다.

    강원도 고성군 문암리의 해안 가까운 구릉지에서 밭유적이 발견되었습니다. 그런데 이 밭이 동아시아에서 가장 오래된 밭유적으로 밝혀지면서 세계적으로도 주목받고 있습니다. 그것도 무려 약 5천~6천 년 전에 돌을 갈아서 도구로 쓰던 시대에 만들어진 밭유적이어서 매우 소중한 유산입니다. 이런 밭유적이 일본에서는 발견된 적이 없습니다. 농경문화를 전파했다고 착각하는 중국에서조차 신석기시대 농경유적은 찾지 못하고 있습니다.

    밭유적 이외에도 주거지와 야외노지(불을 피워 음식을 하거나 작업을 하던 공간)도 같이 발견되었습니다. 문암리 유적이 발견되기 전까지 한반도 농경의 시작을 청동기시대로 보는 견해가 많았지만, 유적이 발견됨으로써 우리 민족은 이미 신석기시대부터 밭에서 농작물을 키워서 재배했음이 증명된 것입니다.

그리고 문암리 주거지 터에서는 석기, 돌화살촉 등과 함께 빗살무늬 토기조각이 발견되었습니다. 빗살무늬 토기의 형태와 무늬로 볼 때 고조선의 영역(한반도 전체와 중국의 동북3성 지방, 러시아의 아무르강 연안을 포괄하는 영역)에서 발굴되는 토기들과 비슷합니다.

그런데 문암리 밭유적이 약 5천~6천 년 전이면 시기적으로는 고조선보다 이전에 있었던 배달국시대 유적으로 볼 수 있습니다. 배달국시대에는 농경 역사상 유명한 문화영웅이 한 명 있었습니다. 이 책에서 여러 차례 소개하고 있는 염제신농씨입니다. 신농씨는 배달국 8번째 환웅천황인 안부련 환웅천황 때 사람으로 강수에서 태어난 강씨의 시조입니다. 이 염제신농씨가 문화영웅으로 추앙받는 이유는 백 가지 풀의 맛을 보아서 사람에게 이로운 것과 해로운 것을 구분했다는 전설 때문입니다. 그렇게 구분한 것을 바탕으로 비로소 농경이 시작되었다고 하니, 문암리 유적에서 살았던 선조들도 신농씨의 가르침을 전해받아 밭을 일구지 않았을까 추측해봅니다.

그림 13-2 밭을 갈고 있는 농부의 모습이 그려진 농경문 청동기 / 우리나라에서 발굴된 유물 중 농사짓는 모습이 나타난 가장 오래된 유물로, 기원전 4세기 무렵 제작된 것으로 추정된다. 머리에 깃털을 꽂은 남자가 따비(밭 가는 농기구) 모양의 도구로 밭을 일구고 있고, 그 아래에 괭이를 들고 있는 인물이 있다.(국립중앙박물관)

그림 13-3 농경문 청동기의 뒷면으로, 나뭇가지의 좌우로 벌어진 줄기 끝에 새가 한 마리씩 앉아 있는데, 솟대로 추정된다. 솟대는 신단수의 다른 모습으로, 우리 민족은 정월 대보름 때 풍년이 들게 해달라고 솟대 아래서 다양한 축제를 열었다.(국립중앙박물관)

03

5천~6천 년 전 사람들은
무엇을 먹었을까?

고성 문암리 밭유적에는 이랑과 고랑의 흔적이 고스란히 남아있습니다. 땅을 갈아서 길고 좁게 흙을 쌓은 곳을 이랑이라 하는데 여기에 작물을 심고, 이랑과 이랑 사이는 흙을 파내어 고랑이라는 공간을 만듭니다. 작물이 너무 붙어 있으면 땅으로부터 영양분을 받아들일 때 경쟁하게 되므로 고랑이라는 공간을 만들어서 간격을 띄워주는 것입니다. 고랑은 비가 많이 왔을 때 물이 흘러갈 수 있게 하여 작물이 물에 잠기는 것을 방지하는 효과도 있습니다. 이처럼 밭의 가장 큰 특징은 이랑과 고랑의 구분입니다. 문암리 유적은 청동기시대 밭유적에 비해 고랑의 폭이 일정하지 않고 이랑이 나란히 이어지지 않은 형태입니다.

고랑과 이랑은 농사를 지으면서 축적된 시행착오의 결과물입니다. 자연적으로 발생될 수 없습니다. 문암리 밭유적에서는 사람의 발자국과 경작을 한 흔적, 재배했던 작물의 줄기 흔적들도 발견되었습니다.

당시 문암리 사람들은 어떤 음식을 먹었을까요? 학자들은 그 답을 문암리 밭유적의 흙속에서 찾아냈습니다. 흙속에 포함된 작물의 껍데기, 꽃가루, 줄기들을 찾아서 각종 실험과 연구 끝에 하나하나 밝혀냈습니다.

그중 대표적인 작물이 벼입니다. 벼는 논에서 키우기도 하지만 밭에서도 키웁니다. 특히 논농사가 알려지기 전에는 밭에서만 키웠습니다. 문암리는 야생 벼가 자생하는 지역이 아닙니다. 발견된 벼는 그 시대 사람들이 씨를 뿌려 재배한 것임이 분명합니다. 그리고 밀, 조, 기장, 보리, 생강, 명아주, 들깨도 발견되었습니다. 진짜 놀라운 것은 콩이 발견되었다는 점입니다. 문암리에서 발견된 콩은 야생에 가까운 종이지만, 땅의 힘을 회복시키는 것을 목적으로 다른 작물들과 같이 키운 것으로 추정합니다. 콩의 활용을 보아 그 당시 농사기술은 우리가 생각하는 것보다 더 수준이 높았음을 짐작할 수 있습니다.

강원도 고성 문암리에서 멀지 않은 양양에 오산리라는 곳이 있습니다. 이곳에서 신석기시대 토기조각이 발견되었는데, 토기에 팥에 눌린 자국 두 개가 발견되었습니다. 이는 수천 년 전이나 지금이나 사람들이 재배한 작물들이 크게 다르지 않았음을 보여줍니다. 선조들이 밭에서 손수 키운 쌀과 밀, 조, 기장, 팥 등 작물들로 잡곡밥을 해먹었을 모습이 눈앞에 그려집니다.

04

5천 년 전,
벼농사를 짓다

1991년 일산 신도시를 개발하는 과정에서 경기도 고양시 가와지 마을에서 구석기시대부터 철기시대까지 광범위한 시대의 유물들이 발굴되었습니다. 이중 볍씨 107알을 찾아냈습니다. 볍씨는 문암리에서 발견된 벼의 화분(꽃가루), 벼의 흔적, 탄화미보다도 온전한 모습으로 발견되었습니다.

미국 베타연구소에서 성분을 분석한 결과 가와지 볍씨는 약 5천 년 전의 것으로 연대가 확인되었습니다. 가와지 볍씨가 발견되기 전에는 일본으로부터 쌀이 전래되었다는 어설픈 학설이 대세였는데, 가와지 볍씨 덕분에 바로잡혔습니다.

많은 박물관에서 우리 민족은 기원전 12~10세기(3200~3000년
전)에 벼농사를 시작했다고 안내하고 있습니다. 청동기시대 즈음부
터 비로소 벼농사를 시작했다는 "끼워맞추기" 식 논리입니다. 그러
나 가와지 볍씨의 발견으로 우리 선조들의 벼농사의 시작은 늦어도 5
천 년 전으로 바로잡아야 할 것입니다.

사실 벼농사는 청동기 기술과 큰
연관이 없습니다. 신석기시대에도
농경활동을 했으며 청동기시대에
도 제사용품과 무기 외에는 농경에
석기를 사용했습니다. 청동기가 없
어도 돌과 나무를 가지고 충분히

그림 13-4 경기도 고양시 가와지볍씨 박물
관에 전시된 약 5020년 전 볍씨의 모습

벼농사를 지을 수 있었음을 문암리 밭유적과 가와지 볍씨가 알려주
고 있습니다.

이러한 사실을 증명하는 또 하나의 유적이 해외에 있습니다. 페루
의 안데스 산맥에 가면 잉카문명 이전부터 만들어서 사용하고 있는 계
단식 밭 '안데네스(Andenes)'가 있습니다. 해발 2,000~4,000m 이상

표 13-1. 벼 관련 유물이 출토된 신석기시대 유적지(고양 가와지 볍씨 박물관 설명문)

유적명	시 기	출토유물
경기도 김포군 가현리	4000년 전	벼(벼껍질)
경기도 일산시 가와지	5020년 전	벼(벼껍질), 쌀(탄화미), 벼규소체
충북 충주시 조동리	6200년 전	벼(벼껍질), 벼규소체
충북 옥천군 대천리 주거지	5000년 전	벼(벼껍질), 쌀(탄화미)
경남 김해시 농소리 패총	신석기 말기	벼(벼껍질), 벼규소체

그림 13-5 페루 안데스 고산지역의 잉카시대 농업시험장 모라이(Moray) / 잉카시대 농업시험장
계단식 농경지 안데네스가 장관을 이루는 곳으로 밭의 가장자리부터 가운데 아래까지 온도 차이
가 약 5도나 된다.

의 높이에서 지금도 농사를 짓는 모습을 보면 감탄이 절로 나옵니다.

이런 기술 덕분에 안데스 문명이 발달한 페루와 볼리비아는 현재 인류가 먹는 작물 종류의 약 70% 가량이 경작되고 있습니다. 수백 종류의 감자와 카사바(카사바 나무의 뿌리작물로 고구마와 모양이 유사함), 토마토, 고추, 퀴노아(안데스에서 주로 자라는 곡물), 땅콩 등이 있습니다. 그곳에서 자라는 식물의 종류는 약 2만 여 종으로 우리나라의 4배가 넘습니다.

안데스 고원지대 사람들은 지금도 기계는 고사하고 소나 말같은 가축도 거의 사용하지 않고 있습니다. 심지어 나무 하나를 가지고 농사를 짓는 곳들도 있습니다. 페루 외에 아시아와 아프리카에서도 과거의 모습대로 나무 작대기 하나로 땅을 파서 씨를 뿌리고 수확을 합니다.

농경은 많은 노동력을 필요로 합니다. 따라서 필연적으로 사회집단이 생겨납니다. 농경으로 생존이 한층 유리해졌지만, 또 다른 숙제들이 생겨나게 됩니다.

수확이 성공하면 그 사회집단에게 잉여(남는) 생산물이 생기게 되고 잉여물을 저장해야 합니다. 바로 신석기혁명인 토기의 발명입니다. 또한 그 잉여 생산물을 다른 집단으로부터 지키기 위해 무력이 필요하게 됩니다. 이러한 복잡한 문제들은 자연스럽게 국가라는 시스템을 발전시키게 되었습니다. 단군 왕검이 고조선을 건국한 것은 기원전 2333년으로 추정되고 있습니다. 고양 가와지 볍씨와 고성 문암리 밭유적은 고조선이 건국되기 훨씬 이전, 환웅천황이 배달국을 다스리던 시절부터 농사를 짓고 살았음을 알려주고 있습니다.

05

세계 최고(最古) 농경문화,
1만7천 년 전 볍씨

그런데 가와지 볍씨보다 더 놀라운 이야기가 등장했습니다. 1994년 충북 청원군 옥산면 소로리 오창과학산업단지 예정지에서 구석기 유적층이 나온 것입니다. 이후 발굴작업을 통해 구석기 유물들과 함께 고대벼와 유사벼(외견상 벼와 유사한)가 발견되었습니다. 출토된 볍씨들을 2001년 서울대학교 방사선탄소연대측정 연구실과 미국의 지오크론 연구실(Geochron Lab.)로 보내서 연대를 측정해본 결과, 1만3천~1만5천 년 전의 것이라는 결론을 얻었습니다. 이것이 바로 그 유명한 '소로리 볍씨'입니다.

고대벼와 유사벼는 전자현미경 상으로 보면 모양상 차이점을 알 수 있습니다. 고대벼는 현대 볍씨처럼 껍질이 울퉁불퉁한데, 유사벼

● 소로리 볍씨가 발견되기 전까지, 중국 후난성에서 출토된 1만1천 년 전 볍씨가 세계에서 가장 오래된 것으로 인정받고 있었습니다. 그런데 소로리 볍씨는 후난성 볍씨보다 약 4천 년이나 더 오래된 볍씨로 인정받으면서, 중국이 한반도에 벼농사를 전해주었다는 기존 학설이 뒤집히게 되었습니다.

농경문화는 기원전 7천 년 경 서남아시아의 오리엔트 지역(메소포타미아)에서 맨 먼저 발생한 것으로 간주되어 왔습니다. 하지만 2004년 프랑스 파리에서 열린 학술대회에서 청원군의 소로리 볍씨에 대한 연구결과가 발표된 이후, 신석기시대를 연 농경문화의 발원지가 동북아시아라는 주장이 설득력을 얻게 되었습니다.

최근 영국 케임브리지 대학교가 개발한 최신 탄소연대측정 계산법을 적용하면, 소로리 볍씨의 나이는 무려 1만7천 년으로 그 연대가 상향됩니다. 소로리 볍씨에는 '한국에서 재배된 벼'라는 의미로 '오리자 사티바 코레카(Oryza sativa coreca)'라는 새학명이 부여됐습니다.

의 껍질은 편평한 모습을 하고 있습니다. 발견 당시 고대벼보다 유사벼가 훨씬 더 많았기 때문에 당시 먹을거리로 유사벼의 비중이 더 높았던 것으로 추측됩니다. 2003년 가을 영국 BBC 방송은 세계에서 가장 오래된 볍씨로 소로리 볍씨를 소개했습니다. 일부 학자들은 1만5천 년 전은 구석기 말 빙하기의 끝 무렵이라 아열대 식물인 벼가 자랄 수 없었을 것이라고 주장했습니다. 벼는 자연상태에서 최저 발아온도가 섭씨 20도로 알려져 있었습니다. 그리고 소로리 볍씨가 야생벼인지, 재배벼인지도 불명확하다는 것이었습니다. 이에 대한 답을 얻기 위해서 청주MBC 취재팀이 국립 작물시험장 춘천출장소에서 냉해실험을 취재했고, 실험결과 13도에서도 70% 이상이 발아된다는 결과를 얻었습니다. 냉해실험을 통해 벼는 따뜻한 기후 이외의 환경에서도 적응을 잘하는 식물로 밝혀졌으며, 소로리 볍씨가 최소한 1만5천 년 전의 것이라는 학설이 힘을 얻게 되었습니다.

그러나 일부 국내 학자들이 고대볍씨의 연대측정이 결과치에 대한 신뢰도에 문제를 제기했습니다. 그리하여 2013년 미국과학재단 애리조나 가속기질량분석연구소에서 소로리 볍씨의 방사성탄소연대를 측정한 결과, 약 1만2520년 전의 것이라는 결과가 나왔습니다. 2001년 측정한 것과 거의 일치하게 나옴으로써 연대 논란에 종지부를 찍었습니다.

학계에서는 소로리 볍씨를 야생벼와 재배벼 중간단계인 순화벼로 판단하고 있습니다(충북대학교 박물관팀). 순화벼는 자연상태의 벼를 선택적으로 채취한 것을 말합니다. 또한 고양시 가와지 볍씨는 소로리 볍씨로부터 유래되어 재배된 것으로 추정되고 있습니다. 소로리 볍씨가 유전학적으로 가와지 볍씨의 조상이 되는 것입니다.

소로리 볍씨 출토는 우리 민족이 자생적인 기술로 농사를 지었음을 과학적으로 입증하는 사건입니다. 이는 우리 민족이 중국이나 일본에서 벼농사 기술을 전수받았다는 그동안의 주장을 단번에 뒤집었습니다. 소로리 볍씨, 가와지 볍씨, 문암리 밭 유적들은 이 땅에 살았던 우리 선조들의 농경문화 수준이 매우 높았음을 확인해주었습니다. 이뿐만 아니라 배달국과 고조선의 국가형성을 가능케 했던 정착, 농경문화를 가감없이 보여주기에 그 가치는 더욱더 높다고 하겠습니다.

나는 박물관 간다

한류의 시작,
빗살무늬 토기

01

우리나라 최고(最古)의 토기,
제주도 고산리식 토기

　제주도는 내국인과 외국인을 포함해서 매년 1천만 명이 넘는 사람들이 찾는 관광천국입니다. 그런 제주도에 대한민국에서 가장 오래된 신사유적이 있다는 것은 잘 알려지지 않은 사실입니다. 제주도의 서쪽 끝에 자리한 고산리는 약 1만 년 전 고대유물들이 다량 발견된 곳입니다. 고산리는 제주 올레 12코스를 걷다보면 만나는 곳으로 전망이 좋은 수월봉이 있고, 그 앞바다엔 화산이 폭발한 후 만들어진 차귀도가 자리하고 있는 멋진 곳이기도 합니다.

　고산리에서 약 1만 년 전에 만들어진 것으로 추정되는 토기가 발견되었는데, 이는 세계에서 가장 오래된 토기에 속합니다. 흙에 식물 줄기를 섞어 빚은 식물성 섬유질 토기입니다. 지금까지 제주도에

그림 14-1 제주도 고산리 앞바다의 차귀도. 고려 16대 예종 때 중국 북주 사람 풍수사 호종단이
와서 제주도의 물혈을 끊고 다녔는데, 다 끊지 못하고 돌아갈 때 이곳에서 풍랑을 만나 수장되었
다는 전설이 있다. 차귀도는 호종단이 돌아가지 못한 곳이라는 의미이다.

그림 14-2 바닷가 근처에 자리한 제주도 고산리 유적지. 우리나라 초기 신석기 유적으로, 고산리
식 적갈색 섬유질 토기조각과 기타 토기조각 1천여 점, 석기 9만9천여 점, 주거지터 등이 발견되
었다.

그림 14-3 약 1만 년 전에 만들어진 것으로 추정되는 제주도 고산리식 토기. 세계에서 가장 오래된 토기에 속한다. 유기물과 흙을 개어서 만들었는데 굽는 과정에서 유기물은 타서 없어지고 그 흔적만 표면에 남아있다. 국립중앙박물관 특별전 때 전시되었다.

서 출토되었던 토기들은 식물성 섬유질이 함유된 것도 있고, 함유되지 않은 것도 있으며, 무늬가 있는 것과 없는 것도 있습니다. 여기서 말하는 고산리식 토기는 식물성 섬유질이 함유되어 있고, 무늬가 없는 토기를 특별히 일컫는 말로, 제주도 고산리에서만 발굴되었습니다.

고산리식 토기는 신석기시대 민무늬 토기보다 앞선 시대에 만들어졌으며, 우리나라 토기의 원형(原形)으로, 가장 오래된 토기입니다. 제주도는 섬이므로 대륙과 상관없이 제주도에서 자생적으로 탄생한 것으로 생각할 수도 있지만 그렇지 않습니다. 1만 년 전에는 해수면이 낮아서 제주도가 대륙과 이어져 있었다고 합니다. 지금의 한반도와 제주도가 지리적으로 연결된 하나의 문화권이었다는 이야기입니다. 제주도만의 것이 아닌 우리 민족의 독자적인 형태로 봐야 하는 것입니다. 한동안 우리나라 토기는 시베리아에서 왔다는 설이 지배적이었습니다. 그러다 제주도 고산리식 토기가 발굴되면서 우리나라 토기는 자생적으로 만들어진 것이었음이 밝혀졌습니다.

02

시베리아보다 앞선
오산리 빗살무늬 토기

우리 선조들은 다양한 형태의 토기를 만들어 사용했습니다. 현대의 그릇과 비교하면 원시적으로 보이지만, 체계적인 절차를 거쳐 만들어졌습니다. 진흙을 기본으로 하고 모래를 섞기도 했는데, 물을 부어 반죽한 후 그릇 모양을 빚어 500도 이상의 불에 구웠습니다. 토기를 만들기 시작한 초기에 토기를 가마에서 구웠는지는 확인되지 않고 있습니다. 가마기술에 따라서 토기의 색깔과 단단함이 좌우되는데, 기술이 점점 발달하면서 보다 단단하고 여러가지 색깔(갈색, 검은색, 회색 등)의 토기가 만들어지게 되었습니다. 초기의 토기들은 모두 적갈색을 띠고 있습니다.

당시 사람들은 토기를 만들 때 단지 용도만을 생각했던 건 아닙니다. 보기에도 좋은 그릇을 만들기 위해 무늬를 넣기 시작했습니다.

덧무늬 토기(그릇 표면에 띠 모양의 흙을 덧붙여 만든 무늬토기)를 시작으로 점점 발전해서 빗살무늬 토기가 탄생되었습니다. 두 토기는 신석기시대의 대표적인 토기입니다.

빗살무늬 토기는 토기의 겉면에 빗살과 닮은 기하학적 무늬가 새겨진 토기를 말합니다. 빗으로 점을 찍은 듯한 빗점무늬 토기도 빗살무늬 토기에 포함시킵니다. 빗살무늬 또는 즐문토기라는 명칭은 핀란드 고고학자 아일리오가 독일어 이름을 붙인 '캄케라미크(Kammkeramik)'를 일본 고고학자가 '즐문(櫛文)'으로 번역하였고, 이것을 우리가 직역하면서 빗살무늬 토기라 부르게 된 것입니다.

빗살무늬 토기의 제작시기는 약 5천 년 전으로 알고 있었지만, 최근 약 8천 년 전까지 거슬러 올라가게 되었습니다. 우리 민족의 조상인 동이(東夷)족이 이룩한 발해만문명(요하문명)에서 8천 년 된 빗살무늬 토기가 나왔기 때문입니다.

또한 우리나라에서 가장 오래된 빗살무늬 토기가 강원도 양양군 오산리에서 발견되었는데, 오산리 빗살무늬 토기는 약 8000~7500년 전에 만들어진 것으로 밝혀졌습니다. 이는 시베리아와 동유럽에서 발견되는 빗살무늬 토기보다 최소 500년 이상 앞선 시기입니다. 또한 제작방법과 무늬 등에서도 오산리 빗살무늬 토기와 시베리아 토기는 차이가 있습니다. 한동안 우리나라의 빗살무늬 토기가 시베리아에서 전해졌다는 설이 지배적이었지만, 고산리식 토기와 오산리 토기, 발해만문명 토기로 인해서 시베리아설이 설 자리를 잃었습니다. 현재까지 발굴된 빗살무늬 토기로 보았을 때 우리 빗살무늬 토기의 제작연대는 다른 어떤 민족보다 앞섭니다.

그림 14-4 서울 암사동에서 출토된 빗살무늬 토기. 기원전 약 5천 년 전 무렵에 제작되었을 것으로 추정된다.(국립중앙박물관)

03

동아시아와 유럽으로 뻗어나간
빗살무늬 토기

　빗살무늬 토기는 시베리아, 에스토니아, 스웨덴, 핀란드까지 유라시아 대륙 전체에 걸쳐 분포되어 있습니다. 세계에서 가장 오래된 빗살무늬 토기는 요하지역(발해만 연안)에서 발견되었습니다. 요동반도를 비롯한, 하북성, 요녕성, 산동반도를 포함한 지역으로 우리 조상인 동이(東夷)족의 영역이었습니다. 요동반도와 한반도는 지리 환경이 비슷합니다. 빗살무늬 토기를 만든 흙의 성분도 비슷합니다. 빗살무늬 토기가 출토된 곳에서 뗀석기(돌에서 떼어낸 석기), 간석기(돌을 갈아서 만든 석기), 세석기(가는 형태의 석기)가 함께 출토되는 점도 같습니다.

　가장 오래된 빗살무늬 토기가 우리 민족의 조상이 거주했던 영역에서 발굴되었고, 우리나라에서 발굴된 빗살무늬 토기의 제작연대가 다른 민족의 토기보다 앞서는 만큼 우리가 빗살무늬 토기를 처음으로 만들었다는 합리적인 추론이 가능합니다. 빗살무늬 토기는 아주 서서히 서쪽으로 이동해서 시베리아를 지나 북유럽까지 퍼져나갔습니다.

유라시아 대륙에 퍼져있는 빗살무늬 토기는 모양과 디자인이 서로 비슷하다는 공통점을 가지고 있습니다. 밑이 뾰족하고, 타래무늬(∞무늬)도 유사하며, 용도를 알 수 없는 구멍이 한두 개 이상 뚫려있는 점까지 유사합니다.

당시 사람들은 어떤 네트워크를 가지고 있었을까요? 동아시아 사람들이 빗살무늬 토기를 들고 대륙을 건넜을까요? 반구대 암각화가 러시아 잘라부르가에 전해지기까지 천 년이란 세월이 걸렸듯이, 빗살무늬 토기 디자인도 천 년의 시간을 넘어서 전해지고 공유되었을 것입니다. 최근에 자주 거론되는 유라시안 루트(아시아부터 유럽까지 연결되는 길)는 이미 빗살무늬 토기가 전해질 때 형성되었을 지도 모를 일입니다.

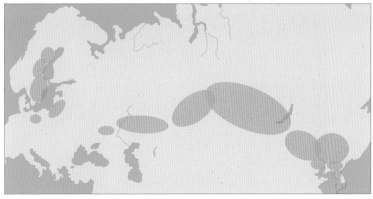

그림 14-5 빗살무늬토기의 분포도. 몽골, 시베리아를 거쳐 독일 북부, 에스토니아, 스칸디나비아 반도의 스웨덴까지 분포되어 있다.

14장 • 한류의 시작, 빗살무늬 토기

그림 14-6 (좌)러시아 노보시비르스크에 자리한 러시아 과학원 시베리아분원 박물관에 소장된 빗살무늬 토기

그림 14-7 (우)모스크바 국립역사박물관에 전시된 빗살무늬 토기 / 시베리아 3500~3000년 전

그림 14-8 스웨덴 스톡홀름 국립박물관에 있는 빗살무늬 토기. 해가 그려져 있어 햇살무늬 토기라 부를만 하다.

빗살무늬, 토기의
단단함을 보완하다

빗살무늬 토기를 처음 봤을 때, 기하학적 무늬가 토기 전체에 빼곡하게 새겨져 있는 것이 참 신기했습니다. 토기 전체에 무늬를 넣는 것은 쉽지 않은 작업이었을 텐데, 왜 그렇게 했을까요?

그 궁금증은 고등학생들이 해결해 주었습니다. 2013년도 고등학생 전국과학전람회에 출품한 "신석기시대 사람들은 왜 토기에 빗살무늬를 새겼을까"라는 자료에서 찾았습니다. 두 학생이 장장 10개월 동안 연구한 빗살무늬의 과학적 이유가 기발하고 대견합니다.

빗살무늬는 토기제작의 여러 가지 한계를 극복하기 위해 고안된 과학적인 무늬라고 합니다. 그당시 토기는 이물질이 많이 함유된 진흙으로 만들어졌으며, 비교적 낮은 온도에서 구웠습니다. 앞서 밝힌 것처럼 토기를 처음 제작할 당시 가마를 사용했는지의 여부는 확인되고 있지 않습니다. 토기를 구우려면 최소 500도 이상의 온도로 불을 떼야 하는데, 가마없이 장작불로 토기를 굽다 보면 가열이 고르지 못해 수분이 빨리 증발하게 되어 균열이 생길 수 있습니다. 그러나 토기를 빚으면서 빗살과 같은 무늬를 교차하여 눌러주면 압력으로 인해 진흙 속의 빈 공간이 채워져 단단해지는 효과가 생긴다고 합니다. 또한 빗살무늬는 구울 때 발생하는 잔금이나 갈라짐이 전체로 퍼지는 것을 막아준다고 합니다. 그런데 무늬를 만들 때 긁어내는 방법을 쓰면 토기의 강도가 약해지고 갈라짐 방지효과가 떨어진다고 합니다. 빗살무늬를 왜 눌러서 만들었는지에 대한 과학적 이유를 연구한 두 학생의 노력에 아낌없는 박수를 보냅니다.

05

빗살무늬 아닌
햇살무늬

빗살 패턴 무늬에는 이런 과학적인 이유만 있을까요? 계명대학교 김양동 석좌교수는 빗살(머리를 빗는 빗)무늬에 대해 지금까지와는 다른 관점을 제시했습니다. 중국 최초의 자전(字典)인 〈설문해자說文解字, 후한시대(또는 동한시대)허신이 약 1만여 자의 한자에 대해 글자모양과 의미, 발음을 설명함〉에서 '신(神)'이라는 글자에 들어간 'ㅣ'는 태양의 빛살을 본뜬 것'이라고 한 내용을 소개하면서, 토기의 줄무늬는 태양광선을 그릇에 새겨 넣은 것이라고 해석했습니다. 빗살무늬는 빗금의 단순 반복 패턴이 아니라 토기 전체를 놓고 보면 해와 햇빛을 형상화한 것이라고 합니다.

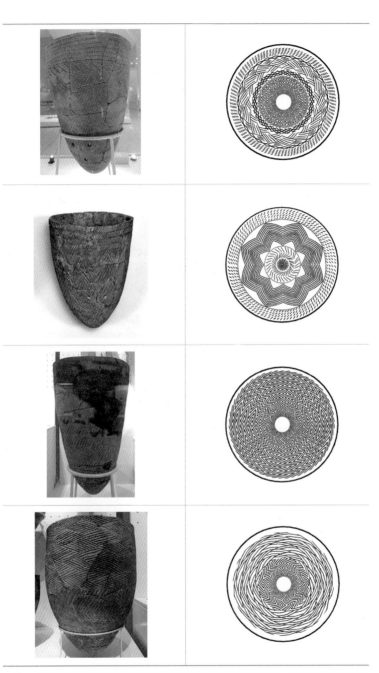

그림 14-9 남한에서 발견된 빗살무늬 토기와 토기 아랫부분에서 보여지는 햇살무늬를 컴퓨터 그래픽으로 구현했다.

빗살무늬 토기를 엎어놓고 바닥 쪽에서 무늬를 보면 그가 왜 빗살무늬를 햇살무늬라고 하는지 쉽게 이해가 됩니다. 다음 그림은 우리나라 박물관에서 만날 수 있는 4종의 빗살무늬 토기를 엎어놓고 그 무늬가 어떤 모습으로 보이는지를 컴퓨터 그래픽으로 구현한 것입니다.

무늬의 패턴들이 무엇처럼 보이나요? 해의 빛살이 퍼져나가는 것처럼 보이지 않습니까? 그렇다면 왜 하필 해와 햇살일까요? 우리 민족만의 독특한 문화코드 때문입니다. 해와 달은 온세상을 밝게 비쳐주는 존재입니다. 한민족은 해와 달, 즉 '밝음', '광명'을 숭상하는 문화를 가지고 있습니다. 이 문화가 빗살무늬 토기에 새겨져서 우리나라에서부터 유라시아 대륙의 반대편인 북유럽까지 전파되었을 수 있습니다.

우리의 광명문화는 아주 오래전부터 다양한 형태로 지속적으로 이어져 내려왔습니다.

태양숭배의 흔적, 동지(冬至) 축제

● 동지(冬至)는 일년 중 낮이 가장 짧고 밤이 가장 긴 날입니다. 이날을 기점으로 낮 시간이 다시 길어지기 시작하기 때문에 과거 전세계는 동지를 태양이 다시 탄생하는 날로 보고 동지축제를 즐겼습니다. 무적의 태양신 미트라를 신봉해온 로마는 당시 동짓날인 12월 25일에 태양신 축제로 열었습니다. 기독교 크리스마스가 12월 25일이 된 것은 로마 교황 율리오 1세가 서기 350년에 12월 25일을 예수 탄생일로 선포한 이후의 일입니다. 이후 예수의 진짜 탄생일은 잊혀졌습니다. 우리 민족은 동지가 생명의 상징인 양(陽)의 기운이 태동하기 시작하는 날이어서 동지를 작은 설로 지냈습니다. 즉 봄을 준비하는 첫 날이었습니다. 남미에서 가장 유명한 동지축제인 '잉카 태양의 축제(태양제)'는 매년 6월 24일에 열립니다. 우리의 하지에 해당하는 시기이지만 남반구에 위치한 페루는 동지에 해당하기 때문입니다.

매년 1월 1일, 많은 이들이 새해 해돋이를 보려고 하는 것도 광명문화의 대표적인 형태라 하겠습니다. 우리 민족이 태양을 숭배했다는 예는 우리의 상고사가 기록된 책 〈조대기朝代記〉에도 나타나 있습니다.

"옛 풍속에 광명을 숭상하여 태양을 신으로 삼고, 하늘을 조상으로 삼았다. 만방의 백성이 이를 믿어 서로 의심하지 않았으며, 아침 저녁으로 경배함으로 일정한 의식을 삼았다.
태양은 광명이 모인 곳으로 삼신(三神)께서 머무시는 곳이다. 그 광명을 얻어 세상 일을 하면 함이 없이 저절로 이루어진다 하여, 사람들은 아침이 되면 모두 함께 동쪽 산에 올라 떠오르는 해를 향해 절하고, 저녁에는 모두 함께 서쪽 강으로 달려가 떠오르는 달을 향해 절하였다."

이 글에서 나타나듯이 광명 속에 삼신(三神)이 내재되어 있다는 종교적 관념은 자연스럽게 예술적 표현에 그대로 녹아들었습니다. 우리의 국호에서부터 지명 그리고 생활 속까지 남아서 지금까지 이어지고 있습니다.

'배달의 민족'에서, 배달의 어원에 대해 여러 설이 있는데 그중 하나가 배달은 밝음을 뜻하는 '배'와 땅을 뜻하는 '달'이 모여서 '동방의 밝은 땅'을 의미한다는 것입니다. 또한 조선(朝鮮)은 아침 햇살을 먼저 받는 곳(조광선수지朝光先受地)을 뜻합니다. 조선시대 지리서인 〈신증동국여지승람新增東國興地勝覽〉에는 '동쪽 끝 아침 해가 떠오르는 땅에 위치하였으므로 조선이라 불렀다'라고 나와 있습니다.

고조선 말기에 국호를 '북부여'로 바꾼 이래로 부여라는 국호가 널리 쓰입니다. 백제(百濟)도 남부여(南夫餘)라는 국호를 사용하기도 했습니다. 이 '부여(夫餘)'라는 국호의 기원설 중에 부여가 '불'에서 비롯되었다는 주장이 있습니다. 불은 광명을 의미합니다. 신라의 시조 박혁거세도 밝다는 뜻의 '박(朴)' 자를 성으로 썼고 빛날 '혁(赫)' 자를 썼습니다.

고조선의 화폐 명도전에 그려진 '해와 달'(해와 달이 그려져 있어서 明도전이라하며 연나라 화폐로 여겨져 왔으나 근래 들어 고조선의 화폐라는 주장이 설득력을 얻고 있음), 북부여의 해모수 설화, 삼족오(고구려인들이 사랑했던 태양새), 비천(해와 달을 두손으로 받쳐들고 천상을 날고 있는 고구려 벽화 속의 신), 일광보살과 월광보살(북두칠성 신앙이 무속신앙으로 변화되어 나온 칠성도 속의 보살들), 일월오봉도(조선의 왕이 있는 곳에 항상 따라다니던 그림) 등 정말 헤아릴 수 없이 많은 문화유산이 우리 민족의 해와 달, 광명숭배 사상을 담고 있습니다.

빗살무늬 토기 역시 태양의 밝음을 숭배하던 사상이 담긴 문화유산입니다. 〈한국 고대문화 원형의 상징과 해석〉에서 김양동 교수의 이야기대로 가까운 미래에는 빗살무늬가 아닌 빛살무늬(혹은 햇살무늬) 토기라고 부르게 되었으면 합니다. 그것이 의미가 더 정확하지 않을까 합니다. 빗살무늬 토기는 과학적 지혜, 유라시아 대륙에 널리 유행했던 세계적인 디자인, 광명의 상징이 담겨 있는 신석기 최대 걸작입니다.

발해만문명(요하문명)과 한민족 문화의 동질성 정리

발해만문명(요하문명)지역에서 발굴되는 유물들은, 한반도에서 발굴된 유물들과는 동일한 형태를 보이고 있지만 중국의 중원에서는 발견되지 않는 형태의 유물들입니다. 요동, 요서, 만주, 한반도의 문화권은 곰 토템을 가진 웅족이 주도했던 곳으로, 전세계에서 유일하게 신석기시대 4대 문화가 중첩되는 곳입니다. 거석문화권, 채도문화권, 빗살무늬토기문화권, 세석기 문화권이 모두 발견되고 있습니다.

그동안 이 책에서 소개했던 발해만문명(요하문명)의 시대별 유물을 정리하였습니다.

발해만문명(요하문명)의 시대별 구분

순서	시대 구분	문화 구분	연도	특 징
1	신석기 시대	소하서문화	9000 ~ 8500년 전	• 사람얼굴 토기
2		흥륭와문화	8200 ~ 7200년 전	• 최초의 옥 귀걸이, 옥기 • 최초의 용 • 최초의 빗살무늬토기 • 구멍 뚫린 치아(치과치료 흔적) • 집단주거지(120~150가구)
3		사해문화	7200년 전부터	• 돌로 쌓은 석소룡
4		부하문화	7200 ~ 7000년 전	• 봉황 무늬 사용 • 채색토기 • 세석기
5		조보구문화	7000 ~ 6400년 전	
6	동석(銅石) 병용시대 (구리와 돌을 함께 사용)	홍산문화	6500 ~ 5000년 전	• **초급문명사회** : 적석총(피라미드), 신전, 재단, 여신상, 옥으로 만든 용, 무문토기, 제사용 토기
7		소하연문화	5000 ~ 4000년 전	• 부호문자 토기, 석기, 세석기
8	초기 청동기	하가점 하층문화	4000 ~ 3500년 전	• **고급문명사회** 고조선식(비파형) 동검

위 문화권에서 나온 유물들 중 중원에서는 발굴된 바 없고 한민족 문화로 이어진 대표적인 것들은 아래와 같습니다.

❶ **돌무지무덤(적석총)** 홍산문화의 우하량 유적지에선 한 변이 100m나 되는 피라미드가 발굴되었습니다. 이는 이집트 계단식 피라미드보다 천 년이 앞섭니다. 돌무지무덤(적석총)은 홍산문화 → 고구려 → 백제 → 일본으로 이어집니다.

❷ **수암옥** 세계 최초의 옥 귀걸이(흥륭와문화 약 8200년 전 경)가 발견되었는데 재질이 압록강 바로 위에서 채취되는 수암옥으로, 강원도 고성에서 발견된 옥 귀걸이도 수암옥으로 만들어졌습니다. 이는 발해만문명 사람들이 동해안을 따라 고성과 부산, 일본과도 교류했음을 보여줍니다. 무엇보다 발굴되는 수많은 옥 중에서 절반이 수암옥으로 만들어졌고 20~30%는 바이칼 옥, 20~30%는 자체옥이라고 합니다. 이는 한반도 북부가 동일문화권이라는 증거입니다.

❸ **빗살무늬(햇살무늬) 토기** 약 8천 년 전 흥륭와문화에서 세계 최초의 빗살무늬토기가 출토되었으며, 흥륭와문화는 세계 최초로 치아에 구멍을 뚫어 치료까지 했습니다.

❹ **채도무늬 토기** 중원에서는 출토되지 않고 있습니다.

❺ **고조선식(비파형) 청동검** 중원에는 출토되지 않았으며 한반도 전역에서 발굴되었습니다.

❻ **치** 성곽에서 치(雉)가 발견되었습니다. 치는 적군이 성벽으로 올라올 때 활 같은 무기로 공격하기 쉽게 만든 방어시설로 '凸'모양으로 튀어나온 부분을 말합니다. 꿩 '치' 자를 쓰는 것은 꿩이 몸을 숨기고 머리만 내놓고 사방을 살피는 듯한 모양이라 이런 이름이 붙었습니다. 우리 민족의 대표적인 성곽문화로 고구려성은 다 치성이며, 수원화성에서도 볼 수 있습니다.

발해만문명(요하문명) 시기인 8천~3천 년 전 요하일대는 지금보다 매우 따뜻해서 연평균 기온이 10~12도였습니다. 이는 우리나라 중부지방에 해당하는 날씨로 농사를 짓고 풍족한 생활을 할 수 있었습니다. 특히 발해만문명(요하문명)의 하이라이트인 홍산문화가 최고조에 이르던 시기엔 해수면이 지금보다 10m 정도 높았기 때문에 황하강과 양자강 하류는 다 바다에 잠겨 있었습니다. 그래서 황하문명이 형성될 수 없었습니다. 그러다가 홍산문화인들이 사는 일대의 날씨가 추워지고 기온이 내려가면서 황하강과 양자강 하류부분이 드러나자 중국인들의 조상인 황제족(화하족)들이 이주해서 황하문명을 일구었다고 보고 있습니다. 그래서 홍산문화가 황하문명보다 빨리 발생한 것입니다.

懋臺尚感翟褕之舊貯雙欽遹

於　遺旨乃亟舉於舞章

谷爾金氏柔姿幽閒襲訓

詩禮璜聲靚穆羊動合坤元

나는 박물관 간다

고대 패션
it-Item, 옥(玉)

찬란한 고대 옥문화를 만든
민족은 누구일까?

현대인들에게 사랑받는 다이아몬드, 루비, 사파이어, 에메랄드 같이 단단한 광물이 보석으로 사용되기 시작한 것은 그리 오래되지 않았습니다. 고대에는 이런 돌들이 있다는 것조차 몰랐고, 가공이 불가능한 것은 말할 필요도 없었습니다. 그렇다면 오래 전에는 어떤 보석이 사랑을 받았을까요? 선사시대에는 조개껍데기, 동물 뼈와 이빨 같은 것들이었습니다. 그러다가 옥, 터키석, 금, 은, 구리 등을 주로 사용하기 시작했습니다. 이 중에서 옥은 우리 민족에게 가장 오랜 기간 동안 압도적인 사랑을 받아온 보석입니다. 그래서 옥은 우리 민족의 발자취가 있었던 유적지에서 가장 많이 출토되고 있습니다.

옥은 빛깔이 곱고 광택이 좋으며 단단합니다. 광물질은 순수할수록 광택이 강합니다. 특히 연옥은 연마하면 기름을 바른 듯한 그윽한 광택이 납니다. 피부에 닿을 때의 매끄러운 감촉과 상쾌한 느낌은 아주 매력적입니다. 뭔가에 부딪치거나 두들기면 경쾌한 소리가 납니다. 이런 장점들 때문에 고대인들의 사랑을 받았을 것이라는 생각이 듭니다.

발해만문명(요하문명)의 흥륭와문화에서 약 8천 년 전의 것으로 추정되는 세계에서 가장 오래된 옥귀걸이(옥결)가 나왔는데, 이는 인류 최초의 장신구라고 합니다. 우리나라 강원도 고성군의 문암리

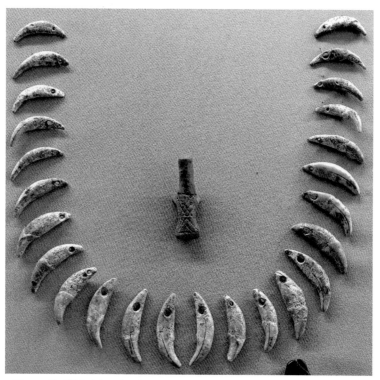

그림 15-1 약 4천 년 전에 그리스 남부 펠로폰네소스 반도 북서부의 트리필리아인들이 짐승 이빨로 만든 목걸이(우크라이나 키에프 국립역사박물관)

그림 15-2 곡옥이 달린 금제 귀걸이(국립중앙박물관 신라관)

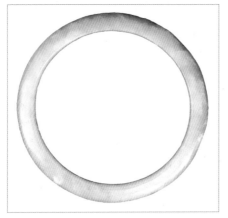

그림 15-3 홍산문화 우하량 유적지에서 출토 된 옥팔찌
/ 사진은 도서 〈우하량유지牛河梁遺址〉에서 인용

선사유적지에서도 약 8천 년 전 옥귀걸이가 출토되었는데 흥륭와에서 발굴된 것과 같은 형태, 같은 시기, 같은 재료인 수암옥으로 만들어졌습니다. 수암옥이 생산되는 곳은 압록강에서 멀지 않은 곳입니다. 이는 한반도와 요하강 일대가 8천 년 전부터 같은 문화권이었음을 말해줍니다.

특히 발해만문명(요하문명)의 꽃은 홍산문화입니다. 홍산문화를 대표하는 우하량 유적지에서 엄청난 옥 부장품들이 쏟아져 나왔습니다. 우하량 묘지 중엔 신석기시대의 무덤에서 흔히 보이는 석기와 토기는 한 점도 없고, 옥기만 발굴된 묘가 26기나 됩니다. 사람들이 몸에 장식하던 옥목걸이, 옥팔찌, 옥귀걸이를 비롯하여, 당시 신앙을 말해주는 옥으로 만든 토템(신앙적으로 숭배 받는 동물이나 식물의 상징)들이 나왔습니다. 대표적으로 용, 새, 곰입니다. 또한 옥으로 만든 누에벌레도 발견되었습니다. 누에벌레는 실꾸리 편에서도 설명했지만, 홍산문화를 일군 사람들이 비단을 만들어 사용했다는 증거입니다.

이처럼 홍산문화는 옥기시대라고 할 만큼 옥으로 만든 유물이 많습니다. 이 때문에 학자들 사이에서 석기-옥기-청동기-철기로 시대를 구분해야 된다는 목소리도 나오고 있습니다. 이미 2천 년 전의 한나라 역사서 〈월절서〉에 석기-옥기-청동기-철기로 시대를 구분한 기록도 나옵니다. "헌원, 신농, 혁서의 시대에는 돌로 병기를 만들었고, 황제시대에는 옥으로 병기를 만들었고, 우임금 때는 청동기로 병기를 만들었고…"

이 책 전반에 걸쳐 이야기했지만, 발해만문명 및 홍산문화를 일군 사람들은 동이족으로, 우리 민족의 조상으로 추정할 수 있습니다. 즉 발해만문명(요하문명) 지역은 배달국-고조선-북부여-고구려로 이어지는 국가들의 터전이었습니다. 중국 만리장성 북동쪽에 위치해 있어서 중국 중원문명과 거리가 멉니다. 그러나 중국은 발해만문명을 중화문명의 기원으로 주장하고 있습니다. 중국은 과거 역사를 고치는 작업(국사수정공정, 2005~2015년까지 10여 년에 걸쳐 황제부터 명나라까지의 역사를 전면 수정 보완)을 통해 동북아시아 고대사를 크게 왜곡하고 있습니다.

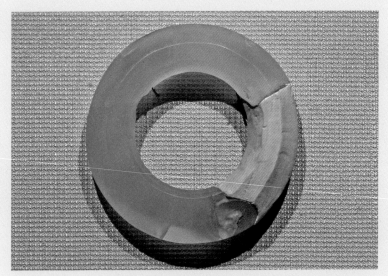

그림 15-4 옥이 나지 않는 제주도에서 발견된 초기 철기시대의 옥환 / 하북성 진황도 지역에서 만든 것과 매우 유사하다.(국립제주박물관)

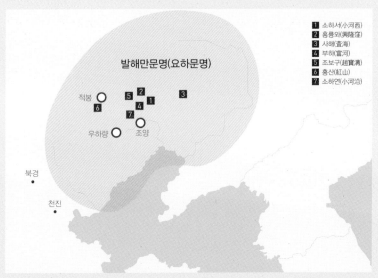

그림 15-5 발해만문명의 홍산문화 지역인 조양, 우하량, 적봉. 그리고 가장 오래된 옥기가 발견된 흥륭와문화

02

하늘로 안내하는
보석

　사국시대나 고려를 배경으로 하는 사극을 보면, 남자들이 장신구를 한 모습을 볼 수 있습니다. 과거 우리나라 역사상 화장을 하고 장신구로 몸을 치장하는 것은 여성들만의 전유물이 아니었습니다. 남성들도 곱게 화장을 했고 반지나 귀걸이, 목걸이, 머리 꾸미개 등을 착용했습니다. 조선시대 초기까지 남자들이 귀걸이를 했다고 합니다. 은평 역사한옥박물관에는 조선초기 남성들이 착용했던 귀걸이가 전시되어 있습니다. 당시 남성들이 신분에 상관없이 귀걸이를 했지만 크기와 모양은 신분에 따라 달랐습니다.

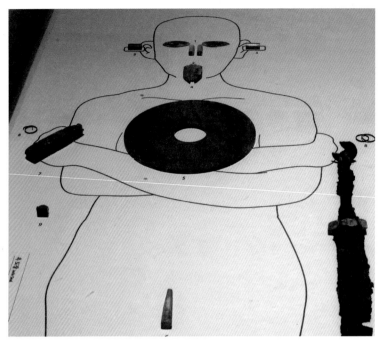

그림 15-6 국립중앙박물관에 전시된 낙랑국 무덤의 장옥들 / 신체의 모든 구멍을 옥으로 막았다.

　고대 이집트, 그리스나 로마시대에도 군인들은 전쟁에 나가기 전에 화장을 하고 손톱을 치장했습니다. 아프리카의 일부 지역에서 전통문화를 유지하는 부족들은 지금도 남자 전사들이 아름답게 치장하는 모습을 볼 수 있습니다. 고대 세계로부터 지금까지 남자들이 치장을 하고 장신구를 착용하는 것은 전세계에 매우 보편화된 풍습이었다는 것을 알 수 있습니다.

　그리고 살아있는 사람은 물론이고 죽은 사람에게도 옥으로 치장을 했습니다. 과거 홍산문화의 우하량에서 삶의 터전을 일구었던 사람들은 장례식 때 시신을 옥으로 치장했습니다. 시신에 옥을 넣은 이유는 옥의 변하지 않는 성질이 영생불멸을 상징하기 때문입니다.

그림 15-7 장옥 중 가슴에 놓는 옥벽

그림 15-8 저승으로 이끄는 신성한 동물 돼지 옥(돈옥)(국립중앙박물관)

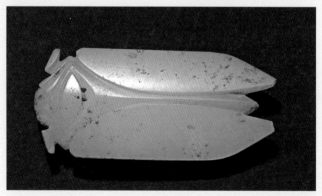
그림 15-9 환생을 바라는 의미에서 입에 넣었던 매미 모양의 함옥含玉(국립중앙
박물관)

장례에 사용하는 옥을 장옥(葬玉)이라고 합니다. 우하량 유적지의 무덤에서 시신의 손에 쥐어주었던 옥거북, 옥베개, 구름문양 옥패, 가슴에 올려 놓는 둥근 옥벽, 옥팔찌, 머리카락을 상투로 틀어 올린 후 비녀를 꽂아 고정하는 장치인 옥고 등이 발굴되었습니다. 상투의 옛말은 '상두(上斗)'로 북두칠성을 의미하며, 가슴에 있는 원형 옥벽은 태양과 광명숭배사상의 상징입니다.

홍산문화 지역에서 옥을 시신과 같이 안치하는 전통은 고조선을 비롯하여 동아시아에서도 크게 유행했습니다. 국립중앙박물관에도 고대의 장옥(葬玉)을 전시하고 있습니다. 입에 넣는 옥은 허물을 벗는 매미 모양으로 부활을 의미하며, 손에는 돼지 모양의 돈옥을 쥐게 했는데 돼지는 물을 주관하는 수신이기 때문에 죽은 이를 저승에 이르게 하는 신성한 동물로 여겼습니다. 귀와 코와 항문을 막는 색옥은 정기가 빠져 나가지 말라는 의미입니다. 이렇게 시신과 옥을 함께 매장하는 풍습은 현대인들의 눈으로 보면 생소하지만, 당시 사람들은 분명한 이유가 있었습니다.

중국 동진시대의 학자 갈홍은 춘추전국시대로부터 내려오는 신선에 관한 이론을 집대성한 서적 〈포박자抱朴子〉를 지었습니다. 〈포박자〉 '내편(內篇)'에 "옥을 시신의 아홉 개 구멍에 넣어 두면 시신이 썩지 않는다"고 기록했습니다. 그리고 〈주역周易〉의 '설괘전(說卦傳)'에서는 팔괘 중 하늘을 의미하는 건(乾)괘의 성질을 옥에 비유했습니다. 이는 하늘을 상징하는 하늘색 옥의 힘을 빌어서 무사히 하늘 또는 신선의 세계로 돌아가길 바라는 염원이 담겨 있다고 하겠습니다.

03

아름다움과 최상의 수식어,
옥

우리 선조들은 매우 귀하거나 아름다운 것에 '옥'이라는 글자를 붙였습니다. 고운 여성의 손을 보고 섬섬옥수라 했고, 좋은 피부를 가진 여성에게 백옥같다고 했으며, 옥과 같이 고운 살결이란 의미로 옥기라 했습니다. 아름다운 경치 속에 세워진 정자를 옥루라고 했으며, 후손이 귀한 집안에서 태어난 사내아기를 옥동자라고 불렀습니다. 성품이 고결하고 깨끗하며 신선같은 풍채를 가진 사람을 옥골선풍이라고 칭송했습니다. 매우 값지고 맛있는 반찬을 말할 때는 옥찬이라 했습니다.

그림 15-10 조선시대 왕이 착용했던, 용이 새겨진 옥대(경복궁 국립고궁박물관)

특히 나라의 임금과 관련된 것을 지칭할 때 '옥'이란 글자가 많이 쓰였습니다. 임금의 몸은 옥체, 임금이 앉아 정무를 보던 의자는 옥좌라고 불렀습니다. 임금이 어명을 내릴 때 사용하는 도장을 옥으로 만들어서 옥새라고 했습니다.

옥책(玉冊)이라는 것도 있습니다. 이름 그대로 옥으로 만든 책인데, 고려 광종 때 제작된 〈부모은중경〉(한없이 크고 깊은 부모의 은혜에 보답하라는 내용을 가르치는 불교경전)이 있으며, 조선의 세종 때 제작된 것으로 보이는 〈월인석보〉 옥책이 있습니다. 제왕, 왕비, 대비, 왕대비, 대왕대비 등에게 존호(개인의 덕을 칭송하여 올리는 칭호)를 올리는 문서도 옥책이라고 불렀는데, 옥으로 만든 책에 금글씨로 기록했습니다. 경복궁 국립고궁박물관에 가면 옥판 위에 중요한 문장을 금으로 상감하여 기록한 옥책 '단종비정순왕후'를 볼 수 있습니다.

하늘이나 신(神)과 관련된 명칭에도 옥과 관련된 것들이 있습니다.

달에 산다는 토끼를 옥토끼, 두꺼비는 옥섬이라 했습니다. 온우주를 다스리는 천상 통치자가 계신 수도를 옥경(玉京)이라고 했으며, 그곳에 계신 가장 높은 신(神)을 옥황상제(玉皇上帝)라 하였습니다.

이렇게 옥은 고귀한 신분을 의미하는 장신구이며, 신과 소통하는 물건이었습니다. 하늘에 제사를 지낼 때 사용하는 제기를 옥으로 만들기도 했습니다. 예(禮)라는 글자를 풀어보면 제기를 의미하는 두(豆) 위에 두 개의 옥(曲)을 올려놓은 형상으로, 이는 '옥을 바쳐 신을 섬기는 것'을 뜻합니다. 이렇게 옥(玉)이란 글자를 넣어 극찬을 하거나 높이는 의미의 표현이 우리말에 수없이 많습니다.

그림 15-11 경복궁 국립고궁박물관에 전시된 단종비정순왕후 옥책

04

옥 장신구의 재구성

그림 15-12은 옥기로 치장한 6천 년 전 여성을 상상하여 그린 것입니다. 지금의 관점과는 차이가 있겠으나 그 당시엔 모두가 우러러볼 정도로 '블링블링' 했을 거라 생각됩니다. 환웅천왕과 혼례를 올렸던 웅씨 황후도 이렇게 치장하지 않았을까요? 국가에서 하늘에 제를 올리고 온나라가 축제로 떠들썩해지면 남녀가 이처럼 화려하게 치장하고 거리로 나왔을 것입니다.

그림 15-12에 나오는 옥은 모두 실제 발굴된 유물들의 모습입니다. 귀걸이로 쓰인 파주 주월리 옥기와 문암리에서 발견된 옥귀걸이는 약 7~8천 년 전에 만들어진 것입니다. 목걸이의 옥대롱은 부산 범방 패총, 울진 후포리, 부산 가덕도 등지에서 출토된 옥기들입니다. 팔찌와 허리의 옥, 복부의 옥벽, 옥단추 등은 발해연안 홍산문화 지역에서 출토된 유물들입니다.

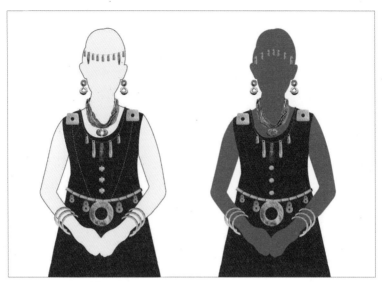

그림 15-12 출토된 옥기로 치장한 귀부인 상상도

아주 오랜 시간 우리 민족이 애용한 옥 장신구 문화는 발해만문명에서 시작되어 한반도 문화권으로 들어와서 동해안을 따라 남쪽으로 내려갔다가 일본으로 건너갔음을 추측할 수 있습니다. 황금 장식문화를 꽃피웠던 사국시대(고구려, 백제, 신라, 가야연맹)에 와서 장신구들이 금으로 만들어지기도 했지만, 여전히 옥은 가장 중요한 부분을 차지했습니다. 왕이 착용하는 왕관, 귀걸이, 목걸이에는 굽은 옥이라는 뜻의 곡옥(曲玉)이 장식되었습니다. 아직까지 고구려 지역에서 곡옥이 출토되었다는 보고는 없지만 신라, 백제와 동일문화권이었기 때문에 시간이 지나면 나오리라 봅니다.

백제와 신라, 가야에서 발견되는 곡옥 중 신라 왕관에 달린 곡옥은 단연 으뜸입니다. 경주시 황남동의 황남대총에서 발굴된 금관엔 수십 개의 곡옥이 달려 있으며, 금관총에서는 금관에 달린 곡옥까지 합해서 130개가 넘는 곡옥이 출토되었습니다. 곡옥은 한반도와 일본 열도에서 독자적인 형태로 발전해 나갔습니다. 곡옥의 발전된 형태 중 모자곡옥(母子曲玉)이라는 형태가 있습니다. 이것은 곡옥 표면에 작은 곡옥들을 붙인 것인데, 마치 어머니에게 자식들이 붙어있는 모습같다고 해서 붙여진 명칭입니다.

곡옥의 모양에 대해서는 왕의 상징인 용을 형상화했다는 의견이 많습니다. 이유는 발해만문명(요하문명) 중에서 홍산문화 시기에 옥으로 만들어진 용 모양이 나왔는데, 이중 'C' 자 모양의 옥조룡(玉雕龍)이 있습니다. 학자들은 이것을 곡옥으로 발전하기 전의 초기 형태로 보고 있습니다. 즉 금관에 달린 곡옥은 용을 달아놓은 것과 같은 의미로, 천자(天子)의 상징이자 권력자의 위상을 나타내고 있는 것입니다.

그림 15-13 홍산문화 C자형 옥조룡(5천 년 전), 내몽골 적봉시에서 출토됨 / 사진 출처는 도서 〈홍산문화〉에서 인용

그림 15-14 홍산문화에서 출토된 퇴화된 옥웅룡, 곰토템을 가진 웅족들의 곰 얼굴을 형태로 만든 곡옥(개인 소장품)

그림 15-15 황남대총 북분에서 출토된 금관 / 곡옥이 주렁주렁 달려 있다.(국립중앙박물관)

그림 15-16 경주 황남동 미추왕릉에서 발굴된 금제 드리개 / 신라에서 출토된 드리개 가운데 가장 화려하다.(국립경주박물관)

귀신 쫓고 건강에도 유익한
옥의 신비한 능력

옥이 건강에 이롭다는 사실은 과학적으로도 증명된 바 있지만, 아주 오래전부터 옥은 인간에게 유익한 물건으로 인식되어 왔습니다. 고대인들은 옥이 단순히 건강에 이롭다는 정도로 여긴 게 아니라 벽사(귀신을 물리침) 기능을 가진 신기(神器)로 여겼습니다. 중국의 대표적인 신화집인 〈산해경〉을 비롯한 여러 고전에서 옥의 신비한 힘에 대해 기록하고 있는데, 몇 가지를 소개하겠습니다.

천지의 귀신들은 다섯 가지 색(色)을 먹고 마신다고 합니다. 여기서 색이란 기(氣)라는 에너지가 시각화된 형태를 말합니다. 그런데 옥에는 그러한 다섯 가지 색깔이 있기 때문에 군자가 옥을 차고 다니면 그 옥이 뿜어내는 에너지가 귀신같은 영적 존재들에게 영향을 미쳐서 불길한 일이 생기지 않는다고 합니다. 또 다른 이야기는 고대 전설 속의 여신 서왕모에 대해서입니다. 〈산해경〉에서 서왕모는 옥산(玉山)에 살며 역병을 비롯한 다섯 가지 형벌을 관장하며, 삶과 죽음을 결정하는 무서운 신이었습니다. 외모는 사람의 모습을 하고 있지만 표범의 꼬리, 호랑이 이빨을 가졌고 휘파람을 잘 불며 더부룩한 머리에 머리꾸미개를 꽂고 있다고 합니다. 이 머리꾸미개가 옥으로 만들어져서 옥승(玉勝)이라고 불렀습니다. 서왕모가 옥승을 썼기 때문에 사람들은 옥으로 머리꾸미개를 만들어서 액막이로 쓰고 다녔다고 합니다. 이러한 전설에서도 알 수 있듯이 당시 사람들은 옥이 사악한 기운을 물리치는 능력을 지니고 있다고 생각했습니다. 마치 현대인들이 부적이나 십자가를 몸에 지님으로써 부정적인 기운으로부터 몸을 지킬 수 있다는 믿음과 비슷합니다. 또한 옥은 건강을 지켜주는 능력을 가졌다고 여겨졌습니다. 조선왕실에서 왕의 건강과 섭생을 보살피는 내시 집안에서 구전되어온 '왕실 양명술'에는, 옥과 관련된 몇 가지 정보가 있습니다. 그 내용을 보면 조선왕실에서는 옥돌솥을 사용해 임금이 먹을 밥을 지었다고 합니다. 태교에도 옥을 사용했는데 임금의 아이를 잉태한 여성은 수태한 지 3개월째부터 별궁에서 지내면서 벽옥(碧玉)과 소나무를 바라보며 마음을 안정시켰다고 합니다. 왕비가 착용하는 장신구에도 반드시 옥이 들어갔습니다. 옥반지, 옥비녀, 옥 머리띠 장식, 옥 노리개까지 옥으로 장식했습니다. 이는 옥을 몸에 지니고 있으면 청량감을 주고 마음이 안정된다고 여겼기 때문입니다. 비만한 내시나 궁녀들은 하루 20~30분씩 매일 옥돌을 딛고 있기만 해도 체중이 줄었다고 합니다.

옥 중에서 연옥이 건강에 도움을 준다는 속설은 오래 전부터 전해져 내려옵니다. 조선시대 허준의 〈동의보감〉에서 옥가루를 치료 약제로 기록하고 있으며, 중국 명나라 때 학자 이시진이 지은 〈본초강목〉과 중국 후한에서 삼국시대 사이에 집필된 것으로 추정되는 〈신농본초경〉에서도 〈동의보감〉과 유사한 옥의 섭취법과 효능에 대해 기록하고 있습니다. 이렇게 벽사의 능력과 건강을 지켜주고 병을 몰아낸다는 신뢰를 받으면서 옥은 동아시아 대부분 지역에서 대중적인 사랑을 받았습니다.

419

하늘의 정기를 품고
사람에게 덕을 끼치다

〈주역〉의 '설괘전'은 팔괘 중 첫째인 하늘을 상징하는 건(乾)괘를 옥과 같다고 표현했습니다. 옥은 하늘과 땅의 정기가 굳어서 생긴 신이 내려준 물건이라 생각했습니다. 허신은 〈설문해자〉에서 옥에는 다섯 가지 덕성이 있다고 했습니다. 광택이 있고 밝으면서도 온화함은 인(仁), 암석의 속 무늬가 밖으로 내비치는 투명한 속성은 진(眞), 때렸을 때 소리가 낭랑하여 멀리서도 들을 수 있는 것은 지(智), 부러지거나 부스러질지언정 굽혀지지 않는 성질은 의(義), 마지막으로 단면이 날카로워 보이지만 사람의 피부에 상처를 내지 않는 특징은 공정(公正)을 상징한다고 했습니다. 옥이 가지고 있는 특징을 빌어 인간이 사회생활에서 갖추어야 할 고매함, 순결함, 아름다움, 영구성을 이야기하고 있는 것입니다. 중국의 유교경전인 〈예기〉에서는 '군자는 이유 없이 몸에서 옥을 놓지 않는 것이니, 군자는 옥을 보고 자신의 덕을 거울 삼는다'고 했습니다. 인간들은 옥을 통해서 살아서도 죽어서도 천지의 힘을 얻고자 했던 것입니다. 오늘날에도 많은 사람들이 옥을 사랑하고 옥의 빛깔을 칭송합니다. 옥빛 하늘, 옥빛 바다 등 곱고 맑은 빛깔을 옥의 빛깔에 비유하고 있습니다.

07

옥 유물이 증명하는
고대국가

옥은 하늘의 권위를 상징하고, 변하지 않는 영원불변함과 고귀한 지위를 나타내는 수단으로 신분고하, 성별을 막론하고 많은 이들의 사랑을 받았습니다. 인기가 많은 만큼 찾는 사람들이 많았을 텐데, 고대에는 옥기를 어떻게 만들었을까요? 지금이야 옥을 가공하는 것은 일도 아니지만, 수천 년 전에는 옥을 채취하고 운송한 후 가공하는 과정까지 쉽지 않았을 것입니다.

무려 6천~8천 년 전에 전문적인 옥 채취, 운반, 가공 기술자들이 존재했습니다. 전국 각지에서 출토되는 옥 유물의 수량을 보면 옥과 관련된 일을 하는 사람들이 상당히 많았을 것으로 보입니다. 또한 옥이라는 광물이 아무데나 널린 것이 아닙니다. 옥을 채취할 수 있는 지역이 한정적이라서 옥이 집중된 장소를 찾는 일도 하루 이틀 만에

그림 15-17 러시아 이르쿠츠크 역사박물관에 전시된 바이칼 옥으로 만든 옥 팔찌 / 전세계 박물관에 다녀보면 매우 드물게 옥을 발견하게 된다. 고대시대의 옥기는 매우 가치가 높아서 신분이 높은 사람들이 착용했다.

해결할 수 없습니다. 채취, 운반, 가공 등 옥이라는 보석을 얻기 위해서는 만만치 않은 경제력과 강력한 무력도 필요했습니다. 그래서 예로부터 '금의 가치는 돈으로 매길 수 있지만 옥은 가치를 매길 수 없다'는 이야기가 있습니다.

고고학 전문가인 선문대학교 이형구 교수는 발해만문명 지역의 옥기 출현을 제정일치 사회, 즉 고대국가 개막의 증거로 이야기합니다. 옥을 독점하고 제작하는 과정에서 신분이 생기고 전문적인 옥 기술자들이 생겨나서 분업화가 이루어졌습니다. 하늘에 제사지내는 종교 지도자가 하늘의 뜻을 받들어 나라를 다스리는 제정일치 사회가 나타남을 뜻하는 것입니다.

앞서 설명한 것처럼 요하지역의 홍산문화 영역에서 옥 유물과 함께 적석총, 빗살무늬 토기, 고조선식(비파형) 청동검 등 동이족 계통의 유물과 유적이 발견되었다는 것은, 신석기 문화에 대한 기존의 학설을 완전히 뒤집는 결과물입니다. 이는 중국의 중화민족이 활동했던 영역에서는 출토되지 않는 독자적인 유물과 유적으로, 우리 선조들은 타민족에 비해 훨씬 더 발달된 수준의 고대국가(배달국과 고조선)를 이룩했음을 짐작하게 합니다.

전세계 곳곳을 여행하면서 각 나라와 그 민족의 문화를 살피다 보면, 우리 선조들처럼 참으로 다양한 분야에서 뛰어난 재주를 가진 이들이 없다는 사실을 깨닫게 됩니다. 그토록 자랑스러운 선조들의 후예인 우리가 선조들의 업적을 너무 모르고 사는 게 아닌지 안타깝습니다. 요즘 역사에 대한 관심이 높아지고 있어 그나마 다행이지만, 아직도 역사라고 하면 고리타분한 옛날 이야기로 치부하는 사람들이 많습니다. 그런 분들에게는 박물관 기행을 꼭 추천하고 싶습니다. 박물관에 오면, 수천 년 전 우리 선조들의 삶이 바로 오늘날에도 살아 숨쉬고 있음을 생생하게 느낄 수 있습니다. 우리의 박물관이 특별한 행사 때가 아니라 사람들이 늘 찾는 일상 속의 문화공간이 되기를 바랍니다.

423

01

민담과 전설 속에서 내려오는
친숙한 신

얼마 전 한 방송사에서 도깨비를 소재로 한 드라마가 신드롬을 일으키면서, 우리 전통의 도깨비에 대해 많은 관심이 집중되었습니다. 그 드라마는 사람과 친숙한 습성을 가진 전통적인 도깨비의 모습을 살리면서도 현대적 감각을 가미해 매우 세련되게 표현했습니다.

우리 민족의 전설이나 설화상으로 내려오는 도깨비의 모습을 보면 전쟁의 신, 불사(不死)의 신이며, 개고기를 좋아하고, 귀신과 악을 물리치는 존재, 노래와 씨름하기를 좋아하고, 메밀과 수수팥떡을 좋아하고, 시기 질투도 하고, 변신에 능하며, 미녀를 탐하고, 멍청하기도 합니다. 어떤 이야기에서는 남자로, 또 다른 이야기에서는 노인으로, 청년으로 나타나기도 합니다. 어찌 보면 신과 같지만, 흡사 사람과 다를 바 없는 모습입니다. 그래서일까요? 도깨비는 민담에서 오

랫동안 다양하게 전해져 왔으며,
오늘날까지 아이들이 재미있게
읽는 옛이야기의 주인공이 되고
있습니다.

도깨비 이야기가 오래된 만큼
우리 민족의 다양한 유물 속에서
도깨비 문양을 쉽게 찾아볼 수 있
습니다. 가장 오래된 도깨비의 모
습은 고구려의 안악3호분 그림과
고구려의 붉은 기와(국립중앙박
물관 소장)에서 볼 수 있습니다.
그리고 백제의 금동대향로, 백제

그림 16-1 국립중앙박물관에 전시된 통일신
라시대 도깨비 기와

의 기와, 통일신라시대의 정교한 기와와 문고리, 통일신라시대 삼족
토기에서도 도깨비의 모습을 발견할 수 있습니다.

또한 창덕궁 금천교 교각, 창경궁 옥천교 교각, 서울도성의 북쪽
문인 홍지문 교각에도 돌에 새긴 도깨비가 있으며, 경주 불국사 대웅
전 문이나 단청을 비롯해서 여러 사찰의 입구를 지키는 사대천왕의
가슴에도 도깨비 문양이 있습니다. 우리 민족 역사상 유서깊은 존재
인 도깨비를 기념하기 위해 서울 지하철 3호선 안국역에는 지하의 벽
면을 따라 뿔이 두 개 있는 도깨비들이 새겨져 있습니다.

우리 민족의 유물과 유적지에 유달리 도깨비가 많은 이유는 도깨
비가 액운을 막아준다고 믿어왔기 때문입니다. 도깨비와 관련된 굿
도 있는데, 대표적인 것이 진도 도깨비굿입니다. 마을에 어려움이 닥
치면 여자들이 나서서 하는 굿입니다. 제주도에서도 도깨비는 다양

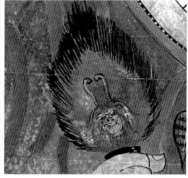

그림 16-2 (좌)황해도에 있는 고구려 안악 3호분 무덤 주인, 그가 들고 있는 부채에 도깨비가 그려져 있다. (우)도깨비가 그려진 부채 부분 확대 / 두 사진 모두 한성백제박물관 고구려 고분 특별전에서 재현한 그림

그림 16-3 (좌)고구려 도깨비 기와(국립중앙박물관), (우)백제 도깨비 벽돌(국립중앙박물관)

한 모습으로 나타나고 있습니다. 도깨비 영감, 도깨비 참봉, 집안 수호신, 고기를 몰아주는 신으로 나타납니다. 그래서 제주 사람들은 고마운 도깨비가 좋아하는 것을 차려서 고사를 지내오고 있습니다. 도깨비는 이름도 참 많습니다. 도채비, 독갑이, 돗가비, 도각귀, 귓것, 망량, 물참봉, 김서방, 허체 등이 있습니다. 도깨비가 다양한 이름을 가졌다는 것은 전설이나 민담 수준을 넘어 오래된 역사적인 사실과 결부되어 있음을 말해줍니다.

역사적인 고리를 이순신 장군 이야기로부터 찾아보겠습니다. 임진왜란 때 왜군을 벌벌 떨게 했던 이순신 장군은 전투에 나가기 전에 전쟁의 신 치우천황에게 올리는 둑제를 세 번 지냈다는 기록이 나옵니다. 이순신 장군이 주인공인 영화 〈명량〉에서도 도깨비가 등장합니다. 장군은 전쟁을 치루기 전날 밤 어머니의 위패 앞에서 제사를 지내는데, 이 장면에서 치우천황을 상징하는 도깨비 형상과 함께 환(桓)이라는 글씨가 나옵니다. 치우천황은 전쟁의 신이자 불패와 승리의 상징으로, 무기를 만든 무예의 시조이며, 도술로 풍운조화를 일으키고 귀신과 요괴들을 굴복시켰다고 하는 인물입니다. 치우천황에 대해서 신화적으로 표현되지만, 사실 그는 배달국의 14번째 자오지 환웅천황으로 역사 속 실존 인물입니다.

그림 16-4 거북선의 재현 / 거북선의 가슴 쪽에 도깨비가 있다.(용산 전쟁기념관)

02

치우천황의 사당이 있었던
뚝섬

서울 지하철 2호선 뚝섬역, 7호선 서울숲역은 뚝섬과 연결되어 있습니다. 현재 서울숲으로 변한 뚝섬은 서울에서 각광받는 유원지입니다. 그런데 뚝섬이라는 명칭과 달리 섬의 모습은 아닙니다. 사실 뚝섬은 진짜 섬이 아니라 조선시대 때 큰비가 오면 중랑천과 한강을 가로지르는 물길이 생겨서 일시적으로 섬이 되는 곳이었다고 합니다. 그런데 왜 이름이 뚝섬일까요?

뚝섬은 원래 둑도라 불렸습니다. 오래 전 이곳엔 치우천황을 모시던 사당이 있었는데 치우의 깃발을 뜻하는 둑(纛)기가 세워져 있어서 둑섬이라고 했습니다. 그리고 둑을 독이라고도 읽었기 때문에 독도

그림 16-5 정조대왕 화성능행도 8폭 병풍에 나오는 붉은 둑기(경복궁 국립고궁박물관)

라고도 했습니다. 매년 열리는 국가제례인 둑제(치우제) 때와 국가에 큰 환란이 있을 때 치우사당에서 정체불명의 붉은 연기가 피어 올랐다고 전해지는데, 이것을 치우의 깃발 또는 치우기(旗)라고 했습니다. 그래서 둑기(치우기)는 붉은색입니다. 매년 둑제(치우제)를 올리던 둑섬은 후대에 뚝섬으로 불리게 되었습니다.

둑기의 모습을 확인할 수 있는 것으로, 조선 정조대왕이 화성행차후 한양으로 돌아오는 모습을 담은 그림병풍인 '화성능행도'에서 가마와 쌍용기 사이에 붉은 둑기가 행진하는 장면이 있습니다. 화성행궁에서의 중요행사를 그린 그림에도 쌍룡 깃발과 둑기가 보입니다.

그림 16-6 뚝섬 수도박물관에 앞에 전시된 둑기

1940년대까지만 해도 둑섬에는 치우사당이 있었지만, 이후 장마에 휩쓸려 사라졌습니다. 치우사당에는 치우천황이 중국의 황제 헌원과 싸웠던 탁록(중국 북경인근 만리장성 너머 북쪽) 전투도가 거대하게 그려져 있었다고 합니다. 민족운동가들이 치우사당을 복원하려 했지만 일제의 민족정기 말살정책으로 그곳에 마구간을 지어버렸고 얼마 전까지도 경마장이 있었습니다.

고려시대와 조선시대에는 둑기 (치우기) 앞에서 매년 경칩과 상강 그리고 전투에 나가기 전에 둑제 (치우제)를 지냈다고 합니다. 그런데 둑제는 어떤 제례였을까요?

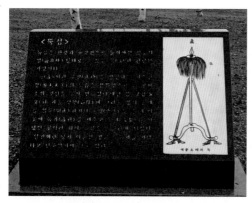

그림 16-7 서울의 숲에 세워진 뚝섬 표지석 / 뚝섬의 유래를 알리는 표지석에 그려진 〈세종오례〉의 둑

전쟁의 신에게 올린 둑제

전남 여수시에서는 매년 봄에 거북선 축제를 개최합니다. 그 축제 프로그램 중에 '전라좌수영 둑제'라는 행사가 있습니다. 군대를 출동시킬 때 군령권을 상징하는 대장기인 치우천황의 둑기를 세우고 지내는 제사입니다. 앞서 이야기한 것처럼 임진왜란 당시 이순신 장군도 둑제를 세 차례 지냈다는 기록이 있습니다. 둑제는 축시(새벽 1~3시 경)에 올렸는데 이순신 장군을 비롯한 지역인사들과 병사들이 하나가 되어서 전쟁의 신인 치우천황에게 왜적을 물리치고 승리를 가져다 달라고 기원했습니다.

보통 제례라고 하면 엄숙하고 정적인 의식을 떠올리지만, 둑제에서는 음악과 함께 춤을 춥니다. 도끼와 방패, 창과 칼, 화살을 휘두르면서 전투를 벌이듯이 춤을 추고, 마치 군대가 진을 짜서 제식훈련을 하듯 행사를 진행합니다. 춤과 같이 행하는 제례로 종묘제례악이 있지만, 이것은 엄숙하고 복잡한 절차를 가진 큰 제사입니다. 반면에 둑제는 작은 제사로 위패도 없으며 단지 창끝에 붉은 털로 풍성하게 만든 둑기를 세우고 제사를 올립니다. 붉은 털은 소의 꼬리로 만드는데 이는 치우천황이 소뿔 모양의 투구를 만들어 썼던 것과 관련이 있습니다.

중국에 사는 소수민족 묘족(苗族)은 치우천황을 조상으로 모시며 살고 있습니다. 매년 음력 10월에 그들만의 명절을 지냅니다. 이때 치우천황이 소 뿔 모양의 투구를 만들어 쓴 것을 기념하기 위해서 여인들은 은으로 화려하게 만든 소뿔 장식을 머리에 쓰고 축제를 합니다. 그리고 거리행진을 할 때는 큰 북이 나오는데 북에는 커다란 뿔을 가진 소의 머리부분이 그려져 있습니다.

몽골은 칭기즈칸의 처소(게르) 앞에 흰색 털로 만든 9개의 깃발을 세웠고, 후에 오스만제국, 코사크족(동슬라브 기마병), 폴란드도 깃털기를 사용했습니다. 현재도 몽골은 정부청사 앞에 9개의 흰 깃털기를 세워 놓았으며, 폴란드 일부 군대에서도 계속 사용하고 있습니다. 몽골은 평화시에는 흰색 기를 사용하고, 전쟁시에는 검정색 기를 사용합니다.

도깨비에게 뿔이 있을까?

● 어린이 동화책에 흔히 등장하는 도깨비는 우리의 전통적인 도깨비 모습과는 다소 다릅니다. 동화책의 도깨비는 일본 도깨비인 '오니'와 많이 닮았습니다. 이는 일제시대 때 일제가 오니의 모습을 가져와 우리 도깨비를 묘사했기 때문입니다. 앞서 설명한 것처럼 우리 도깨비는 일정한 모습을 가졌다기보다 아이, 여자, 노인, 청년 등으로 다양하게 나타나며, 솥, 빗자루, 부지깽이 등 자연물이나 사물이 변해서 나타나기도 합니다. 장난을 즐기지만 미련해서 영리한 인간에게 당하기도 합니다. 우리 전설 속 도깨비의 모습은 신기하면서도 정겹습니다.

이런 이유로 우리의 전통 도깨비에는 뿔이 없다고 말하기도 하는데, 이는 잘못 알려진 것입니다. 유물과 유적 등에 새겨진 도깨비의 모습에는 대개 뿔이 있습니다. 오니의 무시무시한 모습과 우리 도깨비는 분명 다르지만, 뿔이 있는 건 동일합니다. 우리 도깨비 위에 잘못 입혀진 오니의 모습을 지우려다 보니 뿔까지 그렇게 인식된 듯합니다.

그렇다면 왜 일본 도깨비 오니와 우리 도깨비가 닮았을까요? 교류를 통해 우리 민족의 도깨비 문화가 일본에 전해져 일본 도깨비 '오니'의 근간이 되었을 것이고, 이 때문에 두 존재가 유사성이 있는 것입니다.

04

치우천황의 상징,
도깨비

우리 선조들이 남긴 수많은 문화유산에서 치우천황의 모습은 쉽게 찾아볼 수 있습니다. 서울 용산 전쟁기념관의 현관 위에는 활활 타오르는 불속에 용맹한 모습의 도깨비가 새겨져 있습니다. 전쟁기념관이기 때문에 전쟁의 신을 상징하는 도깨비를 조형물의 대상으로 택했을 것이라 생각합니다. 그외에도 전쟁기념관에 전시된 수많은 방패들에서도 도깨비 문양을 쉽게 만날 수 있습니다.

그러면 치우천황은 왜 '전쟁의 신'으로 추앙받아 왔고 도깨비로 표현되었을까요? 도깨비 문양이 널리 쓰이게 된 역사적 배경을 알아보겠습니다.

지금으로부터 약 4700년 전 치우천황이 활약했던 시대에 대한 기록은 매우 귀합니다. 내용들이 약간씩 다르긴 하지만 치우천황의 강력함에 대해서는 공통되게 묘사되어 있습니다. 치우천황의 생김새

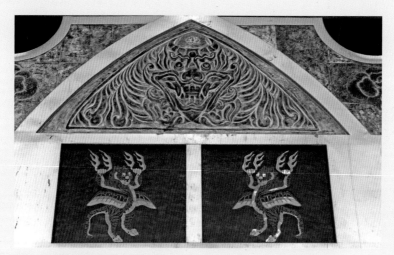

그림 16-8 용산 전쟁기념관의 현관 정면 위쪽에 설치된 전쟁의 신, 도깨비

그림 16-9 (좌)용산 전쟁기념관에 전시된 조선시대의
장방패 / 도깨비 그림이 그려져 있다.
그림 16-10 (우)도깨비 그림이 그려진 원방패

를 동두철액(銅頭鐵額)이라고 표현합니다. 이는 청동으로 된 머리와 철로 된 이마를 뜻하는데, 마치 괴수를 떠올리게 합니다. 그러나 사실 이는 투구를 만들어서 썼다는 의미입니다.

배달국 14대 천황인 치우천황은 광물을 녹여서 금속무기를 만드는 군수산업을 일으켜 강력한 군사력을 가졌습니다. 그래서 치우천황은 칼, 창, 큰활 등 금속무기의 시조로 받들어졌습니다. 활발한 군수산업은 경제력을 바탕으로 하기 때문에 그가 통치했던 시기에 식량 및 물자생산이 활발했음을 알 수 있습니다. 그리고 법제도 정립하여 국가조직을 다스렸던 신석기시대의 위대한 존재였습니다.

치우천황과 관련된 역사 기록들

● **중국 고대의 책 〈관자〉**
갈로산에서 물이 흘러나올 때 쇠가 따라 나왔다. 치우가 이를 받아서 칼, 갑옷, 창, 가닥 진 창 등을 만들었다. 옹호산에서 물이 나올 때도 쇠가 나오므로 치우가 이를 제련하여 옹호극이라는 창과 예과라는 창을 만들었다.
이 기록을 뒷받침해주는 것으로, 철의 옛 글자는 '동이족의 쇠'를 뜻하는 철(銕 = 金 + 夷)을 썼다.

● **중국 송나라의 〈태평어람〉**
치우가 쇠를 녹여 병기를 만들고 가죽을 베어 갑옷을 만들었으며 5병제를 시작하였다. 야금을 시작한 사람은 치우다.

● **중국의 경서 〈주례주소〉 '사사' 편**
치우에게 제사를 지내는 것은 모, 극, 검, 순, 궁과 그 병기를 만든 사람을 기리는 것이다. 치우는 뭇 사람 중 강자이다. 어떤 병기라도 능히 만들었다. 병기 제조에 최고다.

● **유교의 기본경전인 사서삼경 중 하나인 〈서경〉 '주서(周書)의 여형(呂刑)'**
치우가 묘민(苗民, 묘족)을 법제로써 다스렸다.

약 4700년 전 동아시아에서는 여러 세력들이 서로 주도권을 차지하기 위해 다투고 있었습니다. 이때 배달국 치우천황의 군대가 동쪽으로부터 중원(황하강, 양자강 일대)으로 진출하여 질서를 바로잡았습니다. 이때 황제헌원이 천자가 되려고 군대를 일으켜서 치우천황과 싸웠습니다. 지금 북경의 북쪽 만리장성 너머에 자리한 탁록을 중심으로 10년 간 73번 싸웠지만, 헌원이 번번히 패했습니다. 치우는 헌원을 사로잡아서 신하로 만들고 동방문화를 전해주었습니다. 헌원은 현재 중국 한족의 원류인 화하족(중화족)의 조상으로 인정받는 인물입니다.

당대 치우천황이 동아시아에서 엄청난 존재였다는 것은 중국에서 전해 내려오는 그림을 통해서도 알 수 있습니다. 강소성 진강의 남북조 시대 화상석에 그려진 그림에 새머리를 하고 한손에는 칼을, 다른 한손에는 활을 쥐고 있는 치우천황의 모습이 있습니다. 산동성 기남의 무당사 화상석(무씨사당 벽화)엔 곰처럼 생긴 치우천황이 손과 발에 온갖 무기를 들고 있는 모습이 있습니다. 이보다 더한 모습도 있습니다. 팔다리가 각각 두 쌍, 머리가 둘, 눈이 네 개, 소의 발굽이 있으며 머리에 뿔이 있는 모습으로 표현되기도 합니다. 마치 괴수영화에나 나올 법한 험악한 괴물로 그려져 있습니다. 한족(漢族)들은 동이족의 영웅들을 묘사할 때면 사람이 아닌 괴수로 묘사하는 습성을 가지고 있습니다. 약 5600년 전 동이족의 조상인 태호복희씨와 여와씨의 허리 아래를 뱀의 모습으로 그렸고, 염제신농씨는 뿔이 솟아난 것처럼 표현했습니다. 그중에서도 치우에 대한 이미지는 극단적입니다.

그림 16-11 중국 산동성 무량사의 화상석 / 탁록대전을 묘사한 것으로 여겨지는 그림 /
치우천황을 곰 형상의 동물로 묘사해 그가 웅족임을 나타냈다. 치우가 발명한 큰활(대노),
고조선식(비파형) 동검, 가지창, 세갈래창, 몽둥이를 들고 형제와 함께 춤추는 모습

　치우천황은 남보다 앞서 금속무기와 투구를 만들어 사용했으며,
자욱한 안개를 일으키기도 했고, 때로는 비바람과 큰불을 일으켜 전
쟁을 벌였으니, 이기고 싶어도 이길 수 없는 상대였습니다. 치우천황
이 황제헌원과 싸운 10년 간 73번의 전투에서 모두 승리하였기에 그
는 동아시아에서 전쟁의 신(戰神), 군대의 신(軍神)으로 추앙받아 왔
습니다. 그러나 사마천의 〈사기〉에는 헌원이 결국에는 치우천황의
전쟁에서 승리하여 치우를 죽였다고 나와있습니다. 만약 헌원이 치
우천황을 죽였다면 전쟁에 이긴 사람은 헌원이기 때문에 헌원이 군
신(軍神)으로 추앙받아야 될텐데, 어찌된 일인지 치우천황이 먼 후
대에까지 전쟁의 신으로 상징되고 있습니다. 이러한 역사적 모순이
왜 이뤄지고 있는지에 대해서는 한번 고민해봐야 할 것입니다. 치우
천황과 황제헌원의 전쟁기록에 가해진 중국측의 왜곡 때문입니다.

중국, 동이족의 조상 치우를
중화족 조상으로 강제편입하다

　중국 역사의 기록을 보면 치우천황의 위대함을 알 수 있습니다. 한나라를 세운 한고조 유방은 치우천황에게 극진히 제사를 올려 승리를 기원하였고, 진시황도 동쪽으로 순행을 나갔다가 태산에 이르러 치우천황에게 제사를 지냈다고 합니다.

　치우천황에 대한 내용들이 전설같이 들릴 수도 있겠지만, 실제로 그는 고조선보다 먼 옛날에 있었던 배달국의 14대 자오지(滋烏支) 환웅천황으로, 실존했던 인물입니다. 그는 국방력과 경제력이 모두 강한 국가를 만들었습니다. 중국의 소수민족인 묘족(苗族)이 지금도 치우천황을 자신들의 시조로 받들고 있는 것을 보면, 그가 수천 년의 세월을 뛰어넘는 매우 존경스러운 통치자였음을 짐작할 수 있습니다. '우두머리'라는 말도 소뿔이 달린 치우천황의 투구에서 비롯되었습니다. 현재까지 남아있는 고구려 장수들의 투구에도 소뿔이 달려 있습니다.

그런데 1995년부터 중국은 역사를 날조해서 치우천황을 자신들의 조상이라 주장하고 있습니다. 치우천황과 황제헌원이 10년 대전쟁을 했던 탁록에 중화삼조당을 세워 우리 동이족의 조상인 염제신농씨와 치우천황 그리고 한족의 조상인 황제헌원 동상을 모시고 있습니다. 중화삼조당의 내부 벽화에는 치우천황과 헌원이 싸우는 모습이 그려져 있는데, 과거에 괴물로 묘사했던 치우천황은 온데간데 없고 사람으로 묘사되어 있습니다.

오랜 세월 동안 괴물로 묘사했던 치우천황에게 호의적으로 입장을 바꾼 이유는 무엇일까요? 바로 이 책에서 지속적으로 이야기하는 발해만문명(요하문명) 때문입니다. 소위 세계 4대 문명보다 오래되었고 황하문명보다 2천~3천 년이 앞선 발해만문명(요하문명)이 발굴되면서 중국의 태도가 바뀌었습니다. 만리장성 안쪽, 즉 한족문화권에선 발굴되지 않았던 초고대문명의 유적을 중국의 것으로 만들기 위해서는, 발해만문명(요하문명)을 만들었다고 여겨지는 동이족을 자신의 조상으로 모셔야 하기 때문입니다.

이를 위해서 중국은 상고사를 완전히 재편성했습니다. 국가 주도로 진행되는 중국의 역사왜곡 프로젝트는 하상주단대공정, 동북공정, 중화문명탐원공정, 국사수정공정 등 네 가지입니다. 왜 중국이 역사를 왜곡하는 무리수를 두면서까지 우리 선조들의 역사를 자국의

441

것으로 편입시키려는 것일까요?

중국은 통일적 다원민족국가론이라는 이론을 만들어서 현재 중국 국경 안에 살고 있는 모든 민족은 중화민족의 일원이고, 그들이 이룩한 역사는 모두 중국사의 일부라고 주장합니다. 그리고 발해만문명(요하문명)에서 홍산문화를 주도했던 집단들을 황제족이라 보고 있으며, 이는 중국에서 정설로 자리잡았습니다. 그렇게 되면 자연스럽게 치우천황이 다스리던 그 넓은 영토의 역사가 중국인들의 것이 될 수 있기 때문입니다. 참으로 놀랍고도 무서운 이야기가 아닐 수 없습니다.

중국이 말하는 치우천황의 강역에는 오늘날 중국 영토가 되어 버린 산동반도, 요동반도, 만주는 물론이고 한반도까지 포함됩니다. 동이족도 중국 민족이 되는 것이기 때문에 결국 우리의 고대사는 다 중국의 것으로 변하게 되는 것입니다.

도깨비와 씨름

● 도깨비가 씨름을 좋아하는 이유는 치우가 씨름의 원조이기 때문입니다. 중국에서 씨름을 각저희 또는 치우희라고 합니다. 이는 치우가 씨름의 원조임을 말해줍니다. 씨름이 그려진 고구려의 각저총도 치우와의 연관성을 보여주고 있습니다. 우리의 씨름에서 승자에게 소를 줬던 것도 치우를 기념하는 행위입니다. 중국은 씨름을 할 때 전통적으로 뿔이 달린 투구를 쓰고 겨룹니다.

06

도깨비 문양의 힘

치우천황은 중국의 황제헌원과 10년 동안 73번의 싸움에서 다 이 겼기에 동아시아에서 승리의 상징으로 등극하기에 부족함이 없습니다. '힘 있고 용기있는 사람'을 뜻하는 '지위(智爲)'라는 말이 '치우'에서 왔다는 주장도 설득력이 있습니다. 치우천황의 상징인 도깨비 문양은 사국시대부터 고려, 조선에 이르기까지 아주 광범위하게 사용되어 왔습니다. 그러나 민간에서 도깨비상을 사용하는 것은 치우천황이 승리의 상징이라서가 아닙니다. 민간에서 도깨비 문양은 나쁜 기운과 악귀의 침범을 막기 위해 사용합니다.

악귀는 도깨비의 어떤 면을 두려워할까요? 이는 치우천황과 전쟁을 벌인 헌원이란 인물을 통해 알 수 있습니다. 헌원은 특이한 능력을 가지고 있었습니다. 헌원이 곤륜산 근처에서 백택(白澤)이라는 괴상하게 생긴 동물을 만났는데, 이 동물은 신선세계에 살면서 호랑

그림 16-11 도깨비 문양의 문고리 / 신라 왕궁의 별궁터인 경주 동궁과 월지에서 출토(국립경주박물관)

이를 잡아먹고 사람의 말을 했다고 합니다. 헌원은 백택에게 고대 전설 속에서 나오는 11,530종의 귀신과 요괴를 쫓는 방법을 배워서 귀신과 요괴들을 지배했다고 합니다. 한마디로 헌원은 귀신과 요괴의 왕이었습니다.

그런 헌원이었지만 치우천황을 한번도 이기지 못했습니다. 당시 치우천황은 귀신부대를 이길 방법으로 도깨비부대를 운영했습니다. 이때 나오는 도깨비 이름 중에 '이매', '망량', '신도', '울루' 등이 있습니다. 귀신의 왕인 헌원과 도깨비의 왕인 치우와의 싸움에서 치우가 항상 이겼습니다. 이런 이유 때문에 후대 사람들은 치우천황의 상징으로 도깨비를 만들고 귀신이나 악귀를 쫓는 부적처럼 써왔습니다.

대문을 열고 닫는 문고리의 모양이 도깨비 얼굴을 하고 있는 것도 같은 의미입니다. 조선후기의 학자 이익의 〈성호사설〉에 등장하는 도깨비도 '이매'와 '망량'입니다. 그리고 대문에 '입춘대길'이라는 글자 대신에 신도(神荼)와 울루(鬱壘)라는 도깨비 이름을 써붙이기도 합니다. 신도와 울루는 형제이면서 문으로 드나드는 못된 귀신을 통제한다고 합니다. 실제로 퇴계 이황 고택 안채에 '신도'와 '울루'라는 글씨와 더불어 가금불상(呵禁不祥), 문신호령(門神戶靈)이라고 써있는데 이는 '신도'와 '울루'라는 문의 신과 집의 영이 지키고 있으니 불길한 것을 꾸짖어 출입을 금한다는 의미입니다. 또한 조선시대 궁궐에서 천문, 지리, 기상을 살피던 관상감이라는 관청에서도 붉은 글씨로 귀신을 쫓는 글인 '신도울루(神荼鬱壘)'를 써서 궁궐의 문설주에 붙였다고 합니다.

중국 상나라, 주나라 시대의 청동 항아리에도 도깨비 얼굴을 상징하는 도철문이 멋지게 세공되어 있습니다. 도깨비는 우리 한민족뿐만 아니라 동아시아 여러 민족들에게도 중요한 상징이었던 것으로 추측됩니다.

그림 16-12 국립중앙박물관에 특별전시 되었던 주나라 시대의 청동 항아리 / 도깨비 얼굴을 상징하는 도철문이 새겨져 있다.

그림 16-13 국립경주박물관에 전시된 통일신라 도깨비 문양 기와들

그림 16-14 국립중앙박물관에 전시된 통일신라시대 삼족토기의 발에 새겨진 도깨비

그림 16-15 고려시대 도깨비 문양 화로(국립중앙박물관)

07

도깨비,
유럽과 아메리카로 가다

　북방기마민족을 통해서 전쟁의 신(병주兵主)의 상징이 세상에 널리 퍼졌습니다. 서양의 신화를 뒤져보면 치우와 매우 유사한 신들이 등장합니다. 북유럽 노르딕 신 찌우(Ziu)는 '전쟁의 신, 불의 신'이라고 합니다. 고대 독일의 고대 방언으로 찌우(Ziu)는 가장 높은 천신이라고 하는데, 뿔이 달린 투구를 쓴 모습을 하고 있습니다.

　또한 북유럽 켈트 신화에서 전쟁의 신을 티우(Tiw)라고 합니다. 일부에선 그리스신화의 제우스도 치우와 연관성이 있다고 보고 있습니다. 미국 학자 마틴 버넬은 〈블랙아테나〉에서 그리스인들의 조상은 샘족과 동양인의 혼혈이며, 원주민이 동양인이라고 이야기했습니다. 우리 문화와 닮은 꼴이 나타나는 것이 우연이 아닐 수도 있습니다.

　유럽뿐 아니라 전세계를 다녀보면 신기하게도 다양한 도깨비 형상

그림 16-16 러시아 상트페테르부르크의 에르미타지 박물관에 전시된 투르크 군사의 투구 / 소뿔 모양이 달린 도깨비 투구와 닮았다.

그림 16-17 오스트리아 인스부르크의 궁궐 성당, 일명 검은 성당에 진열된 합스부르크 조상들의 청동 조각상 벨트 장식 / 우리의 도깨비와 아주 흡사하다.

그림 16-18 (좌)고대 불가리아의 도깨비 문양이 새겨진 청동 그릇(불가리아 고고학박물관)
그림 16-19 (우)오스트리아 잘츠부르크 모차르트 생가의 대문 문고리 장식. 뱀을 물고 있는 도깨비의 모습

그림 16-20 몽골 울란바토르 겨울궁전 입구에 새워진 석조물에 새겨진 도깨비

그림 16-21 안데스문명의 도깨비 / 안데스문명을 일군 사람들은 극동에서 알류산 열도를 통해 남미까지 건너간 사람들이다. 우리 선조들과 유사한 문화를 가지고 있고, 언어는 케추아어로 우리와 어순이 같은 교착어이다. 안데스 산맥을 따라 만들어진 문화는 피라미드, 솟대문화, 용문화, 무속, 태양신 문화 등의 특징이 있다.

그림 16-22 안데스문명 중 하나인 모체(moche) 문화의 도깨비

을 만나게 됩니다. 우리의 도깨비와 동일하다고 역사적으로 정확히 입증된 것은 아니지만, 오래 전에도 동서양에 활발한 문물교류가 있었던 것을 생각하면, 어쩌면 서양으로 이주한 우리의 도깨비일지도 모릅니다.

전쟁의 신, 승리의 상징, 불패의 신화, 무기를 만든 무예의 시조, 도술로 풍운조화를 일으키고 귀신과 요괴들을 굴복시켰던 치우천황의 도깨비는 아시아를 넘어 전세계로 뻗어나갔습니다. 현대에 들어 치우천황은 수천 년의 세월을 넘어 2002년 월드컵 붉은 악마의 엠블럼으로, 드라마와 영화 속 인물로 다시 살아났습니다.

오랜 옛날부터 주변 민족들에게 두려움과 존경의 대상이었고, 중국의 역사왜곡으로 동이족의 조상에서 한족의 조상이 되어버린 도깨비, 치우천황에게 이제는 제 위치를 찾아드려야 하지 않을까요? 우리가 오래된 상고사를 지금이라도 밝혀내어 지켜야 하는 이유도 바로 여기에 있습니다. 위대한 선조들의 자취를 옛것으로 치부하고 외면하면, 결국 우리의 미래가 위협받을 수 있다는 사실을 잊지 말아야겠습니다.

| 참고서적 |

1. 찬란한 황금관의 나라
·《갑골에 새겨진 신화와 역사》, 김성재, 2000
·《고구려 금관의 정치사》, 박선희, 2013
·《대월지》, 오다니 나카오, 2008
·《박트리아 황금비보》, V.I. 시리아니디, 2016
·《발해연안문명》, 이형구, 2016
·《산해경(山海經)》〈서산경(西山經)〉
·《삼국지(三國志)》〈위서(魏書)〉 '동이전(東夷傳)'
·《설문해자》 1편(상)〈玉部〉
·《신라 금관의 기원을 밝힌다》, 임재해, 2008
·《아프카니스탄의 황금문화》, 국립중앙박물관, 2016
·《인도 유럽인, 세상을 바꾼 쿠르간 유목민》, 라인하르트 쉬메켈, 2013
·《예기(禮記)》 제48〈빙의(聘義)〉 '공자와 자공의 대화'
·《중국의관복식대사전(中國衣冠服飾大辭典)》, 주신(周汛)·고춘명(高春明) 편저, 1996
· "고구려 코드…2000년의 비밀 – 〈5〉 신라금관의 비췻빛 曲玉", 강우방, 동아일보 2005.09.12.
   http://news.donga.com/List/3/70070000000745/20050912/8227631/1#csidx675ede2c2f
   41f2b85d510f237f2b6b4

2. 세계를 지배한 등자(발걸이)와 기마무사
·《고대문명 교류사》, 정수일, 2001
·《고조선 복식문화의 발견》, 박선희, 2011
·《복식으로 본 고조선의 강역》, 박선희, 2006
·《삼국사기》〈고구려본기〉, 김부식, 고려시대
·《유목민의 눈으로 본 세계사》, 스가야마 마사아키, 2011
·《중앙 유라시아 세계사》, 크리스토퍼 백워드, 2009
·《흉노》, 사와다 이시오, 2007
· [논문]〈고구려 등자의 발생과 유라시아 초원지대로의 전파에 대하여〉, 강인욱, 2006
· [논문]〈초기 등자의 발전〉, 최병현, 중앙문화재연구원, 2014

3. 세상을 뒤집은 인류 최초 금속활자
·《세계가 높이 산 한국의 문기》, 최준식, 2007
·《실크로드 문명 기행》, 정수일, 2006
· "구텐베르크 고려를 훔치다", 대구MBC, 2014

4. 모든 언어의 꿈 한글
·《세계가 높이 산 한국의 문기》, 최준식, 2007
·《세종처럼》, 박현모, 2008
·《우주변화의 원리》, 한동석, 1966
·《훈민정음 해례본》

5. 그대 반짝이는 별을 보거든 – 천상열차분야지도
- 《경복궁에 대해 알아야 할 모든 것》, 양택규, 2007
- 《고구려 별자리와 신화》, 김일권, 2008
- 《벽화로 꿈꾸다》, 이종수, 2011
- 《서울은 깊다》, 전우용, 2008
- 《영조어제 해제 7》, 서경희, 한국학중앙연구원출판부, 2013
- 《우주변화의 원리》, 한동석, 1966
- 《조선의 궁궐》, 신영훈, 1998
- 《천문류초(天文類抄)》, 이순지, 조선시대
- 《천상열차분야지도, 각석이 국보 제228호로 지정되기까지》, 전상운, 동방학지 93권, 1996
- 《터키 1만 년의 시간여행 1》, 유재원, 2010
- 《하늘에 새긴 우리 역사》, 박창범, 2002
- 〈한국 고천문학 및 천상열차분야지도 워크숍 논문집〉, 한국천문연구원, 금헌유방택기념사업회, 2006
- 《한양의 지리체계와 공간구조적 특성》, 이원교, 서울학세미나1, 1994
- 《한국의 천문학》, W.C.루퍼스, 1936
- 《한국의 풍수지리》, 최창조, 민음사, 2008

6. 판타지 동물들과 오행 그리고 오신도
- 《고구려 별자리와 신화》, 김일권, 사계절, 2008
- 《동국문헌비고》, 홍봉한, 조선시대
- 《우리문화의 모태를 찾아서 : 한국인의 삶, 얼, 멋》, 조자용, 안그라픽스, 2001
- 《우주변화의 원리》, 한동석, 1966
- 《이충무공전서》, 윤행임 편찬, 조선시대
- 《조선왕조실록》 〈태종실록〉 권25
- 《한국민족문화대백과》 '홍범구주(洪範九疇)', 한국학중앙연구원

453

7. 한 폭에 펼쳐진 우주, 태극기
- 《우주변화의 원리》, 한동석, 1966
- 《태극도설(太極圖說)》, 주돈이, 송나라

8. 체계적인 조직사회의 증거, 고인돌
- 《고대문명 교류사》, 정수일, 2001
- 《한국 고대문화의 비밀》, 이형구, 2012
- 〈한국 고천문학 및 천상열차분야지도 워크숍 논문집〉, 한국천문연구원, 금헌유방택기념사업회, 2006

9. 불꽃 디자인, 청동검
- 《고조선 복식문화의 발견》, 김선희, 지식산업사, 2011
- 《고조선 신화에서 역사로》, 이종호 · 이형석, 2009
- 《금속의 세계사 : 인류의 문명을 바꾼 7가지 금속 이야기》, 김동환 · 배석 공저, 다산에듀, 2015
- 《동북공정 너머 요하문명론》, 우실하, 2007
- 《신통기(그리스 신들의 계보)》, 역자 김원익(저 헤시오도스), 민음사, 2003
- 《삼국유사》 권1 〈기이〉, 일연, 고려시대
- 《주역》 〈설괘전〉 · 〈계사전〉
- 《한국 고대문화 원형의 상징과 해석》, 김양동, 지식산업사, 2015
- 《한국 고대문화의 비밀》, 이형구, 2012
- 《한국의 문화유산 청동기 비밀을 풀다》, 이완규, 하우넥스트, 2014

10. 풀리지 않는 신비의 청동거울, 다뉴세문경
- 《갑골에 새겨진 신화와 역사》, 김성재, 2000
- 《한국 고대문화의 비밀》, 이형구, 2012
- [논문] 〈청동무기류의 성분조성 및 미세조직을 통한 제작기법 연구〉, 보존과학연구 제31집, 황진주, 국립문화재연구소 보존과학연구실, 2010
- [논문] 〈청동잔무늬거울의 복원제작기술과 과학적 분석〉 《보존과학회지》 Vol.28 No4, 윤용현·조남철, 2012
- [논문] 〈한국청동거울에 성분조성 및 미세조직을 통한 제작기법 연구〉, 황진주, 국립문화재연구소 보존과학연구실, 2011

11. 실크와 실꾸리
- 《갑골에 새겨진 신화와 역사》, 김성재, 2000
- 《고대문명 교류사》, 정수일, 2001
- 《고조선 복식문화의 발견》, 박선희, 2011
- 《중앙 유라시아 세계사》, 크리스토퍼 백위드, 2009
- 《패션저널》 http://okfashion.co.kr, 조환, 2013
- http://www.ancient.eu/Tyrian_Purple/ Ancient History Encyclopedia (2009-2017)

12. 7천 년 전의 고래사냥, 반구대 암각화
- 《갑골에 새겨진 신화와 역사》, 김성재, 2000
- 《신석기인들이 남긴 선사예술의 걸작, 반구대암각화》, 이상목, 주류성, 2006
- 《울산 천전리 암각화》, 울산대학교 반구대암각화유적보존연구소, 2014
- "인류 최초의 Sign 암각화", 울산MBC, 2015

13. 세계 최고 농경문화, 쌀
- 〈고양 가와지 볍씨와 아시아 쌀농사의 조명〉, 고양 600년 기념 국제학술회의 학술자료, (재)한국선사문화연구원, 2013
- 《석기시대 경제학》, 마셜 사린스, 2014
- 《자아폭발-타락 The Fall》, 스티븐 테일러, 2011
- 《총, 균, 쇠(GUNS, GERMS and STEEL)》, 재레드 다이아몬드, 1998
- [논문] 〈강원도 고성 문암리 밭유구의 의미〉 《한국매장문화재조사연구방법론8》, 조미순, 국립문화재연구소, 2013
- [논문] 〈한반도 신석기시대 식물자원 운용과 두류의 작물화 검토〉 《중앙고고연구》 제15호, 이경아, 중앙문화재연구원, 2014
- [분석보고서] 〈고성문암리유적2〉, 국립문화재연구소, 2014

14. 한류의 시작, 빗살무늬 토기
- 《갑골에 새겨진 신화와 역사》, 김성재, 2000
- 《고대문명 교류사》, 정수일, 2001
- 《고조선 신화에서 역사로》, 이종호·이형석, 2009
- 《동북공정 너머 요하문명론》, 우실하, 2007
- 《한국 고대문화의 비밀》, 이형구, 2012
- [제59회 전국과학전람회 출품 자료 - 작품번호 1717] "신석기 시대 사람들은 왜 토기에 빗살무늬를 새겼을까?", 이선영·정유진(지도교사 박정열), 2013

454

15. 고대 패션 it-Item, 옥(玉)
• 《갑골에 새겨진 신화와 역사》, 김성재, 2000
• 《고대문명 교류사》, 정수일, 2001
• 《고조선 신화에서 역사로》, 이종호 · 이형석, 2009
• 《동북공정 너머 요하문명론》, 우실하, 소나무, 2007
• 《동의보감(東醫寶鑑)》, 허준, 조선시대
• 《발해연안에서 찾은 한국 고대문화의 비밀》, 이형구, 김영사, 2004
• 《본초강목(本草綱目)》, 이시진, 명나라
• 《사람을 살려내는 왕실 양명술 건강법》, 이원섭, 문중, 2010
• 《산해경(山海經)》 〈서산경(西山經)〉
• 《설문해자》 〈설문1편〉 상 '玉部', 허신, 동한시대
• 《신농본초경(神農本草經)》, 후한시대
• 《요서지역 초기 신석기문화 연구》, 박진호 · 복기대 공저, 주류성, 2016
• 《예기(禮記)》 제48 빙의(聘義)
• 《주역》 〈설괘전〉
• 《중국의관복식대사전(中國衣冠服飾大辭典)》 주신(周汛) · 고춘명(高春明) 편저, 1996
• 《포박자》, 갈홍, 동진시대
• 《한국 고대문화의 비밀》, 이형구, 2012
• 《한민족의 옥문화》, 정건재, 상생출판, 2015
• [논문] 〈발해연안 고대문화와 고조선시기의 단군〉 《고조선단군학》, 이형구, 단군학회, 2004
• [논문] 〈복식과 제의로 본 고조선문명과 홍산문화〉, 박선희, 고조선단군학회, 2015
• [논문] 〈충남부여지역 출토 중국제 옥기의 고고학적 고찰〉 《백제학보》, 임승경, 백제학회, 2013
• [논문] 〈홍산문화 유물에 보이는 인장의 기원과 고조선문화〉, 박선희, 비교민속학회, 2012

455

16. 전쟁의 신, 도깨비
• 《갑골에 새겨진 신화와 역사》, 김성재, 2000
• 《국조오례의(國朝五禮儀)》, 조선시대
• 《관자》, 전한시대
• 《난중일기》, 이순신, 조선시대
• 《둑제》 문화콘텐츠닷컴 디지털악학궤범 http://www.culturecontent.com/
• 《블랙아테나》, 마틴 버넬(미국), 1988
• 《서경》, 공자, 춘추전국시대
• 《우리문화의 수수께끼2》, 주강현, 2012
• 《이야기 동양신화 중국편》, 정재서, 김영사, 2010
• 《주례주소》 〈사사〉 편
• 《중국소수민족 신화기행》, 김선자, 안티쿠스, 2009
• 《진도 도깨비 굿》 디지털진도문화대전 http://jindo.grandculture.net/?local=jindo
• 《태평어람》, 이방, 북송시대

나는 박물관간다

발행일   2018년 3월 20일 초판 1쇄
            2018년 7월 7일 초판 2쇄

지은이   오동석, 김용호
사 진   오동석
디자인   이선아, 유다영
교 정   이영옥

발행처   상생출판
주 소   대전시 중구 선화서로 29번길 36(선화동)
전 화   070-8644-3156
팩 스   0303-0799-1735

ISBN 979-11-86122-69-3